北京物资学院学术专著出版资助基金项目

供应链合作关系及其影响因素研究

解进强　付丽茹　著

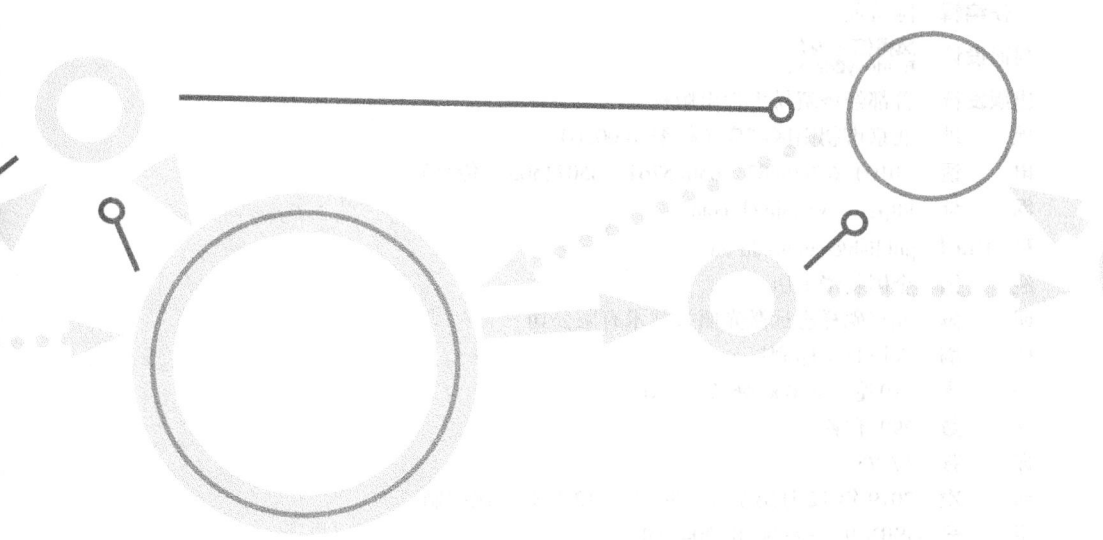

首都经济贸易大学出版社
Capital University of Economics and Business Press
·北京·

图书在版编目（CIP）数据

供应链合作关系及其影响因素研究/解进强，付丽茹著.
--北京：首都经济贸易大学出版社，2019.12
ISBN 978-7-5638-3040-4

Ⅰ.①供… Ⅱ.①解…②付… Ⅲ.供应链管理—研究 Ⅳ.①F252.1

中国版本图书馆 CIP 数据核字（2019）第 257431 号

供应链合作关系及其影响因素研究
解进强 付丽茹 著
Gongyinglian Hezuo Guanxi Jiqi Yingxiang Yinsu Yanjiu

责任编辑	陈雪莲
封面设计	风得信·阿东 FondesyDesign
出版发行	首都经济贸易大学出版社
地　　址	北京市朝阳区红庙（邮编 100026）
电　　话	（010）65976483　65065761　65071505（传真）
网　　址	http://www.sjmcb.com
E- mail	publish@cueb.edu.cn
经　　销	全国新华书店
照　　排	北京砚祥志远激光照排技术有限公司
印　　刷	人民日报印刷厂
开　　本	710 毫米×1000 毫米　1/16
字　　数	299 千字
印　　张	17.75
版　　次	2019 年 12 月第 1 版　2019 年 12 月第 1 次印刷
书　　号	ISBN 978-7-5638-3040-4
定　　价	55.00 元

图书印装若有质量问题，本社负责调换
版权所有　侵权必究

前　言

　　20世纪90年代以来，市场需求日益朝着个性化、多品种、小批量、短周期的方向发展，市场的不确定性和扰动性不断增加。市场特点的变化改变了企业的生存基础，也动摇了传统企业组织模式经济合理性的基础，使"纵向一体化"模式暴露了种种弊端，供应链管理受到越来越多的关注。供应链企业合作运用"系统"思维观和"流"思维观，从满足顾客需求和创造最大价值的角度出发，注重工作过程的协调，重塑企业关系，形成资源互补和能力联盟的虚拟一体化网络，从而取得供应链整体绩效水平的改善和竞争力的提升。当前，全球化竞争日益激烈，企业之间的竞争逐步转变成供应链之间的竞争，企业成功与否将在很大程度上取决于供应链合作水平的高低。

　　2014年11月，APEC会议倡议实施全球价值链、供应链领域的合作，明确提出供应链战略。这也是供应链首次在国际会议上被明确提出，供应链受到国家的高度关注，开始进入国人的视野。2017年10月，国务院办公厅发布《关于积极推进供应链创新与应用的指导意见》，将供应链创新与应用上升为国家战略。

　　本书论述的核心命题是供应链合作关系及其影响因素，解释和验证供应链合作关系质量与其影响因素之间的关系。笔者在文献研究的基础上，界定了供应链合作关系的内涵，从关系资本的视角阐释了供应链合作关系的特征，从时间维、深度维和广度维对供应链合作关系进行分类，并借鉴近关系理论，运用关系质量的六个测量维度对供应链合作关系进行评价。还借助已有的研究成果论证了供应链合作关系质量不同维度对供应链合作绩效的积极影响，这是后续研究的一个基本前提和研究假设。在此基础上，本书从供应链合作关系的内涵导出了供应链合作关系质量的三个影响因素，即企业声誉、企业文化与组织柔性，并借助供应链合作关系发展演进路径及实证研究数据进一步证实了论证的结论。供应链合作关系质量关键要看供应链中各企业之间能否相互信任，企业文化是否相容，信息是否透明、共享，物流是否畅通无阻，资金是否分配合理等。

企业声誉是合作方对企业提供有价值的产出能力和行为属性的一种综合性概括和全方位评价。"声誉"作为信任的功能等价物或替代物，在供应链合作关系的发展演变过程中，尤其是在合作关系的初建阶段，发挥着信息显示作用、隐性激励和强化作用。本书通过实证分析发现，企业声誉与关系质量存在着显著的正向相关关系，而且其对供应链合作关系质量的持久性、关系强度、多样性和公平性子维度也有着显著的间接影响。因此，企业应该确立高尚的价值追求，内强实力，外树形象，不断提升企业声誉，进而改善供应链合作关系质量。

企业文化作为企业员工共同持有的价值观念、理想信念和行为准则，深刻地影响着企业员工的观念和行为，进而对供应链合作关系的发展演变有着重要的调节作用。而且，随着合作关系的扩展和深入，企业文化的影响会越来越明显。本书通过实证分析发现，活力型企业文化对供应链合作关系质量有显著的积极影响，而且其对关系质量的灵活性和沟通性两个子维度都有显著的间接影响。因此，企业应该构建高度信任、开放合作的灵活性文化，人本文化以及学习型文化，实现合作关系质量的改善，努力为企业的长远发展营造良好的外部环境。

组织结构作为一个配置企业职、责、权的结构体系，深刻反映着组织成员之间的分工协作关系。节点企业的组织结构特征是否符合供应链合作关系的要求，决定了物流等职能活动之间的协同程度及物流管理效率的高低，并最终影响供应链合作绩效。本书通过实证分析发现，柔性组织结构与关系质量之间呈现显著的强相关关系，而且其对关系质量的灵活性和沟通性两个子维度都有显著的间接影响。因此，为了改善供应链合作关系质量，企业应该努力实现组织结构的柔性化、分权化、扁平化和团队化，保持与合作伙伴在物流、信息流和商流等方面顺利流转。

在上述实证分析的基础上，本书还构建了供应链合作关系质量及其影响因素的总体分析模型，并运用结构方程分析方法，验证了企业声誉、活力型企业文化、柔性组织结构三个因素之间的关系以及上述三个因素影响供应链合作关系质量的六条路径。

本书最后借助三个案例进一步证实了研究结论。第一组案例是国美、格力与海尔。从国美与格力的纷争入手，剖析了传统产销关系的"脆弱"及

前言

"零和关系"的实质，同时又对国美与海尔合作关系的良好发展势头及成功经验进行了全面总结。第二组案例重点分析海金物流与ABB（北京）公司之间高质量的供应链合作关系及其背后的影响因素。第三组是以龙头企业为主导的农产品供应链合作关系。在产业化联合体内，龙头企业与合作社、农户在合作中已经建立起一种"心理契约"，达到双方合作中的各种行为默契，不仅提高了农产品的产量、安全性和品质，而且有效改善了农产品供应链的合作关系质量，双方通过一系列互助合作行为，实现了合作共赢。

本书在上述理论分析与实证研究的基础上，立足我国供应链合作关系的发展现状，有针对性地提出了三个方面的对策建议，即建立长期战略导向的活力型企业文化，实施供应链环境下的组织变革，提高企业声誉以增强企业间相互信任。

目 录

1 导论 ··· 1
 1.1 研究背景及意义 ··· 3
 1.2 研究定位与研究内容 ··· 7
 1.3 研究思路与方法 ·· 12

2 文献述评 ··· 17
 2.1 不同理论对企业间合作关系的理解 ···································· 19
 2.2 供应链合作关系的文献述评 ·· 24
 2.3 企业间合作关系质量的文献述评 ······································ 32
 2.4 供应链合作关系影响因素的分类述评 ································ 38
 2.5 供应链合作关系对供应链绩效的影响 ································ 42
 2.6 本章小结 ·· 44

3 基本理论概述 ··· 45
 3.1 供应链合作关系的内涵和外延 ··· 47
 3.2 供应链合作关系质量 ··· 56
 3.3 供应链合作关系质量与合作绩效 ······································ 61
 3.4 供应链合作关系影响因素分析 ··· 66
 3.5 本章小结 ·· 76

4 企业声誉对供应链合作关系的影响分析 ································· 77
 4.1 企业声誉概述 ·· 79
 4.2 声誉模型——博弈论的分析方法 ······································ 85
 4.3 企业声誉对供应链合作关系的影响 ··································· 88
 4.4 企业声誉测评 ·· 93

4.5 实证分析 ………………………………………………… 97
  4.6 本章小结 ………………………………………………… 106

5 企业文化对供应链合作关系的影响分析 ……………………… 109
  5.1 企业文化概述 …………………………………………… 111
  5.2 企业文化的测量工具 …………………………………… 113
  5.3 企业文化对供应链合作关系的影响 …………………… 115
  5.4 研究设计与实证分析 …………………………………… 117
  5.5 本章小结 ………………………………………………… 128

6 组织结构对供应链合作关系的影响分析 ……………………… 129
  6.1 企业组织结构的内涵与外延 …………………………… 131
  6.2 企业组织与供应链网络组织 …………………………… 134
  6.3 组织结构对供应链合作关系的影响机理分析 ………… 145
  6.4 研究设计与实证分析 …………………………………… 150
  6.5 本章小结 ………………………………………………… 158

7 综合模型及路径分析 …………………………………………… 159
  7.1 综合模型的建立 ………………………………………… 161
  7.2 样本基本情况分析 ……………………………………… 165
  7.3 各变量的描述性统计分析 ……………………………… 171
  7.4 供应链合作关系质量及其影响因素的验证性分析 …… 179
  7.5 本章小结 ………………………………………………… 188

8 案例分析 ………………………………………………………… 191
  8.1 零供关系：格力、海尔与国美合作关系的对比分析 … 193
  8.2 两业融合：北京海金物流与 ABB 供应链合作关系分析 … 204
  8.3 龙头企业主导的农产品供应链合作关系 ……………… 213
  8.4 本章小结 ………………………………………………… 223

目录

9 我国供应链合作关系发展现状及对策建议 ……………… 225
9.1 我国供应链企业合作关系发展现状 ……………… 227
9.2 推动供应链合作关系的对策建议 ………………… 230
9.3 本章小结 ……………………………………………… 241

10 研究结论及展望 ……………………………………………… 243
10.1 研究结论 …………………………………………… 245
10.2 总结与展望 ………………………………………… 247

参考文献 ……………………………………………………………… 250

附录 供应链合作关系的调查问卷 ………………………………… 265

目录

4　规范性建设与大众传播和区域化发展 …………………… 220
  4.1　类范畴概念的大众传播与立体化 ………………………… 221
  4.2　规范化行为与社会价值的区域化 ………………………… 230
  4.3　本章小结 ……………………………………………………… 241

(三)　研究结论及展望
13.1　结论 ……………………………………………………………… 245
13.2　展望 ……………………………………………………………… 259

参考文献 ……………………………………………………………………… 267

附录　调查问卷及数据统计结果表 ……………………………………… 273

1　导论

여는 글

1.1 研究背景及意义

1.1.1 研究背景

1.1.1.1 环境变迁促使供应链合作受到广泛重视和普遍应用

20世纪90年代以来，经济全球化的加速、信息技术的进步以及管理思想的创新，促使企业竞争的方式发生了不同寻常的转变。由于经营环境的复杂多变，消费者需求的日趋多样化等原因，"纵向一体化"战略已难以在激烈的市场竞争中获得所期望的利润。借助外部资源快速响应市场需求、增强竞争实力成为企业实践的热点，与此同时，对竞争力的研究逐渐突破企业内部的局限，延伸到企业面临的最直接环境——供应链。英国著名供应链专家马丁·克里斯托弗（M. Christopher，1992）曾预言："21世纪的竞争不再是企业与企业之间的竞争，而是供应链与供应链之间的竞争"，"市场上只有供应链而没有企业"。

理论界对供应链合作的关注可以追溯到20世纪七八十年代，当时的日本企业在国际竞争舞台上崭露头角，其汽车、家电、半导体、机床等产品以高质量、低价格风靡全球，其他各国企业，尤其是美国企业受到极大的威胁。因此，美国实务界和学术界都大力探索、研究日本企业迅速崛起的奥秘。研究的结果之一就是关于日本企业与其供应商在产品研发上的紧密合作关系，或者说两者之间的特殊合同关系是日本企业超过美国企业的关键因素之一。随着全球市场竞争的进一步加剧和供应链合作重要性的不断提高，供应链与供应链之间整体实力的较量成为当今市场竞争的主流趋势（唐纳德J·鲍尔索克斯，2007）。欧美企业已经意识到供应链战略合作的巨大作用及其潜在价值，他们吸取日本企业的成功经验，纷纷从对立竞争走向合作竞争，与供应链上其他企业建立互利合作的供应链伙伴关系，如福特（Ford）、甲骨文（Oracle）与思科（Cisco），国际商业机器人与美国电子商务公司，惠普（HP）与恩爱普（SAP），ABB公司与杜邦公司（DuPont），通用磨坊（General Mills）与蓝多湖公司（Land O' Lakes）等。西尔斯、沃尔玛、戴尔（DELL）、宝洁（P&G）、塔吉特等公司的供应链成为许多市场的主要竞争者。

PRTM咨询公司在1998年对供应链的实施绩效进行了调查，统计结果表明，企业实施完整的供应链管理后，可以获得如下效益（柴跃廷，2001）：发货能力提高16%~18%，库存量减少25%~60%，订单履约周期缩短30%~50%，预测准确性提高25%~80%，总体生产效率提高10%~16%，供应链成本降低25%~50%，订货满足率提高20%~30%，产量提高10%~20%。根据贝恩公司（Bain & Co.）的研究，宝洁和沃尔玛信息共享的供应链协同管理模式为双方带来了丰厚的回报：2004年宝洁514亿美元的销售额中有8%来自沃尔玛，沃尔玛2 560亿美元的销售额有3.5%归功于宝洁①。综上所述，供应链合作能够大幅度降低整条供应链的运营成本，提高企业的运营效率和对顾客需求的反应速度，为伙伴企业带来更多的利润。《财富》杂志已将供应链管理能力列为企业的一种重要战略竞争能力，美国政府多次修订有关合作法案以鼓励企业积极合作②，增强企业的国际竞争力。

1.1.1.2 我国供应链合作效果差强人意，失败率较高

我国加入世界贸易组织以来，国内企业融入全球经济的程度日益加深，对供应链合作的需求也愈发强烈，但目前我国企业参与供应链合作的实践效果并不理想。供应链成员间维持高效、双赢的合作关系是一项极具挑战性的任务。由于供应链成员关系管理不善而导致合作关系恶化、企业遭受损失、供应链断裂的案例并不鲜见。

中国物流与采购联合会调查发现，我国企业供应链合作关系的失败率已达50%~60%③，而且一直居高不下；供应链合作关系严重缺乏稳定性和长久性，没有形成真正的风险共担、利益共享的战略联盟关系。事实上，国内很多供应商、制造商、分销商之间为渠道和价格等控制权你争我夺，利益分配失衡导致"双输"，合作状态紧张致使真正的供应链合作关系难以建立和维持；有的合作关系虽然持续时间很长，但双方相互信任程度不高，只是保持普通的交易性合作，供应链集成的价值优势根本无从谈起；有的行业巨头曾经合作"甜蜜"，但在关系深化发展的过程中，很多潜伏的矛盾没有得到重视和及时解决，一旦"蜜月期"过去，矛盾激化可能导致合作关系走向决裂。

---

① 杨俊锋.供应链协同管理——宝洁与沃尔玛的故事[J].中外企业文化,2006,12.

② 1993年，克林顿总统签署的《1993年国家合作和研究生产法案》取代了1984年的旧法案，要求商业机构向司法部和联邦贸易委员会通报他们的合作安排，从而享有民事反垄断责任的单方损失限制；2004年，布什总统签署了《标准发展组织改进法案》，对1993年的法案进行修订，给予了发展组织一定的豁免权，从而进一步使合作条例具有了法律效应，标志着传统的反托拉斯法发生了根本性的变化。

③ 中国物流与采购联合会.中国物流发展报告[M].北京：中国物资出版社,2005.

2007年6月，因拖欠货款、高额返点、保底销售数额等问题，家具业橱柜供应商雅迪尔在全国范围内停止向家居建材零售巨头百安居供货，爆发了"雅百事件"，企业声誉、品牌形象及经济利益受到严重影响，导致企业与消费者均输的恶劣局面。2008年6月，深圳创合公司因同类问题与百安居的零供矛盾再次升级。

健康和谐的供应链合作关系究竟如何衡量，哪些因素制约着我国企业供应链合作关系的发展，如何建立和维持高质量的供应链合作关系，成为我国企业参与供应链合作亟待解决的现实课题。

1.1.1.3 供应链合作关系成为供应链管理的重要命题，但国内研究有待深入和扩展

供应链管理的精髓在于以市场需求为前提，运用"系统"思维观（system thinking）和"流"思维观（flow thinking），使合作伙伴实现供应链上的协同性运作，从而取得整体最优的绩效水平，达到提高供应链整体竞争力的目的。供应链管理的焦点是通过管理相互"关系"，为整个链条中的所有成员带来更多的利润①。供应链合作关系逐渐成为供应链管理的研究核心和热门话题，在理论研究和企业实践方面都给予了空前关注并进行了深入探索②，取得了比较丰富的研究成果。汤世强（2003）、王爱民（2003）、张国有（2001）等学者对供应链企业间的合作竞争关系本质进行了分析，宋华（2002）、许淑君（2001）、李洪波（2001）等学者对供应链的合作条件和内在机制进行了分析，曹文彬（2002）重点研究了供应链企业合作策略，王冰（2003）的研究则偏重于合作效果的分析，陈志祥（2001）、柳键和马士华（2002）侧重于合作关系的建立和维持，以及冲突的解决，陈继祥（2000）、李勇（2001）的研究偏重于战略层面的合作关系分析，但斌（2000）、张钦（2003）从供应链的局部着手，分析具体的供应链合作问题。

研究者普遍认识到供应链合作关系的重要性并极力寻求促进其健康发展的优化路径，但是，对于什么因素能对供应链合作关系的发展产生深刻影响等问题，学术界尚缺乏充分的理论研究和集中分析，相关的理论成果多见于

---

① 马丁·克里斯托弗.物流与供应链管理:创造增值网络[M].3版.何明珂，崔连广，译.电子工业出版社,2006.

② 马士华.供应链管理先行者谈供应链管理[EB/OL].[2005-06-07].http://www.e3356.com/info/shtml/200506/1118114336460.shtml.

关系营销或战略联盟等领域的研究中。已有成果多集中在价格、交货、质量、技术能力、销售能力等显性影响因素的研究上，对组织结构、企业文化价值观等隐性影响因素的作用重视和研究不足。因此，研究供应链合作关系及其影响因素，能够丰富和拓展供应链管理领域的理论成果，对我国企业参与供应链合作具有较强的现实指导意义。

1.1.2 研究意义

1.1.2.1 研究的理论意义

（1）充实供应链管理研究内容。长期以来，在供应链合作关系的研究中，受到关注较多的是合作关系的发展过程、运行机制、绩效评价等内容。对供应链合作关系的影响因素的分析，更多地停留在"硬"的显性影响因素上，往往忽略了"软"的隐性影响因素。本书从多学科视角构筑企业文化、组织结构、企业声誉影响合作关系的分析框架，丰富了供应链管理的理论研究成果，是对供应链合作研究内容的重要充实。

（2）跨学科研究与实证研究相结合的研究方法具有一定的学术价值。供应链合作属于管理学和组织行为学的研究范畴，目前的研究以数理模型和定性分析居多。本书基于社会学和经济学的研究视角，运用实证研究方法验证变量之间的关系，具有一定的学术价值。

（3）深化声誉理论与供应链管理领域的交叉研究。声誉模型的产生和应用主要体现在，在博弈论中阐明合作的发生和保障机制，在管理学中的研究主要体现在企业声誉测量和企业声誉管理两方面。本书对企业声誉与供应链合作关系的实证研究，将丰富声誉理论与供应链合作交叉研究的成果，为企业声誉与供应链合作两个领域的深入探索提供了一定的理论支持。

（4）丰富企业文化和组织理论的实证研究成果。关于企业文化、组织结构与企业绩效关系的研究成果比较丰富，而将企业文化、组织结构与供应链合作关系结合起来的研究则比较少见。本书研究企业文化、组织结构对供应链合作关系的影响，将研究对象从单一企业拓展到供应链合作，相关的实证结果可以进一步丰富企业文化和组织理论的研究成果。

1.1.2.2 研究的实践意义

（1）提高供应链合作的可操作性及成功率。我国企业融入全球供应链参与市场竞争已是大势所趋，能否积极、高效地进行供应链合作是我国企业在

21世纪生存和发展的必要前提。而我国企业对供应链合作关系缺乏比较清晰的认识，实践中的问题也比较突出。本书对供应链企业合作关系价值的分析将有助于企业认清市场形势、开阔思路，树立通过紧密合作追求长远利益的价值观念，并通过创建和维持良好的供应链合作关系保证企业未来持续的竞争优势。此外，本书将通过实证研究验证隐性因素对供应链合作关系的影响，企业可以将被证实的隐性因素作为供应链合作伙伴的选择和衡量依据，能够降低合作风险，提供合作的成功率。

（2）促使企业明确参与供应链合作的思路和重点。供应链合作关系遵循建立、发展、维持的变化过程，企业在由浅入深地参与供应链合作时应该具有明确的行动方案，避免参与合作的盲目性，提高供应链合作绩效。本书将通过逻辑推理和实证分析探索来自企业自身的隐性因素对供应链合作关系的具体影响，为企业参与供应链合作提供新的分析思路和实践重点。

（3）为企业改善供应链合作关系提供对策建议。本书的实证研究有助于深入了解中国供应链企业合作的关系质量现状，探寻不同影响因素与供应链合作关系的作用机理和相关关系，根据研究结论并结合中国本土案例的对比分析，为企业维系和改善供应链合作关系提供具体的对策建议，包括建立灵活、外向的合作型企业文化，增强组织结构的柔性以及加强企业声誉的建设等。

1.2 研究定位与研究内容

1.2.1 研究定位

本书研究的重点是供应链合作关系及其影响因素。供应链合作关系就其一般性而言，属于企业间关系的研究范畴，博弈论、交易成本理论、资源基础论、战略联盟理论等都可以为其奠定研究基础；就其特殊性而言，供应链合作关系属于供应链管理的研究范畴，供应链管理的研究内容包括供应链物流管理、信息流管理、合作关系管理、客户服务管理、风险防范机制、绩效评价等方面。本书主要侧重分析供应链合作的关系质量问题。总体来看，本书就是在供应链合作关系管理理论整体框架的基础上，综合运用经济学、管理学、营销学、社会学等多个学科的观点和方法，以供应链合作关系的特征和发展为主线，重点分析供应链合作关系质量及来自企业自身的隐性影响因素，其目的是为企业间建立和维持高效、和谐的合作关系提供具有较强可操作性的对策建议。本书研究的具体理论定位如图 1.1 所示。

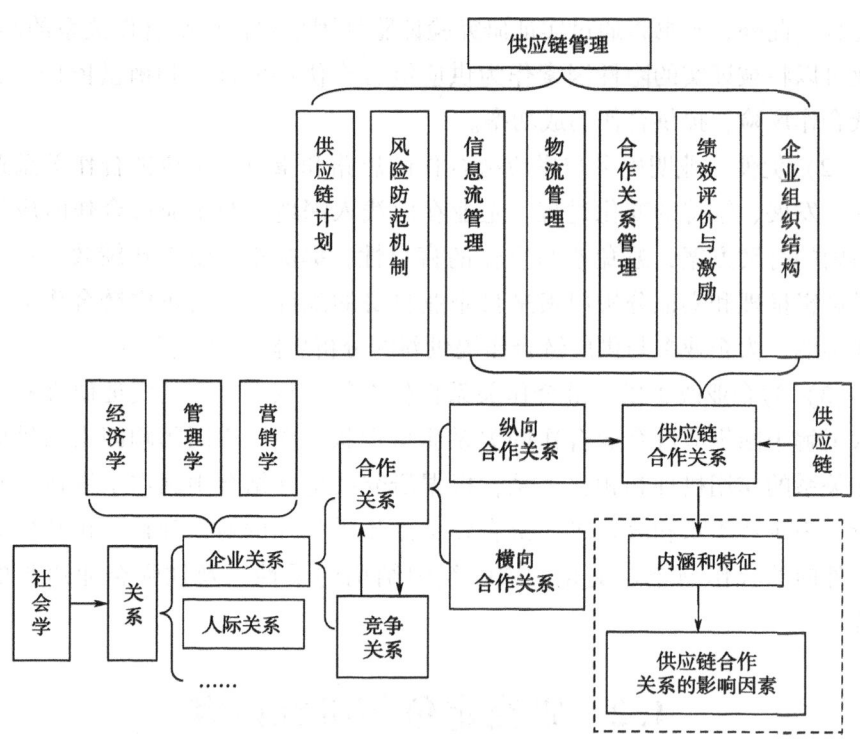

图 1.1　本书研究的理论定位

注：虚线框为本书的研究内容。

1.2.2　研究内容

本书的研究内容主要包括以下几个方面：

（1）从关系资本的视角阐释供应链合作关系的特征，从时间维、深度维和广度维对供应链合作关系进行分类。

（2）对供应链合作关系质量的内涵和外延进行界定，选择关系质量的测量维度。

（3）从多个角度进行分析和提炼，概括出供应链合作关系的影响因素，确定本书的整体研究思路和分析框架。

（4）深入分析企业声誉、组织结构和企业文化因素对供应链合作关系的作用机理，并在此基础上提出本书的相关研究假设。

（5）依据本书的研究假设，建立整体的理论分析模型，建构企业声誉、组织结构、企业文化和供应链合作关系质量四个变量间的结构方程，更加细致地刻画变量之间的影响路径和影响程度。

（6）选取国内外企业供应链合作的典型案例，进行对比分析，探讨当前我国企业供应链合作关系中的主要问题和相应对策。

本书的结构安排如下。

第1章是导论。介绍所研究的选题背景、研究的实践意义和理论意义，研究内容和研究方法，研究思路和研究框架以及本研究的创新点和不足。

第2章是文献综述。根据本书的研究重点，主要从企业间合作的理论基础，供应链合作关系的概念、特征及分类，合作关系质量及其影响因素三个方面进行文献梳理和评述，为本书的研究选择和分析供应链合作关系质量的影响因素奠定基础。

第3章是供应链合作关系理论分析。从关系资本的视角阐释供应链合作关系的特征，根据合作的时间维、深度维和广度维对供应链合作关系进行分类。借鉴相关成果，分析和确定合作关系质量的测量维度，阐明供应链合作关系质量对供应链合作绩效的影响作用。明确本书进行理论分析的前提条件，即企业的利己主义动机、利他主义倾向以及合作双方信息的不对称，然后结合对供应链合作关系的内涵、供应链合作关系发展演进的轨迹的分析以及前期的实证调查研究和文献研究，提炼出供应链合作关系质量的三个隐性影响因素——企业声誉、组织结构、企业文化。在此基础上，对上述三个因素影响供应链合作关系质量的机理进行深入分析，并提出本研究假设和总体研究模型。

第4章—第6章分别研究企业声誉、企业文化、组织结构对供应链合作关系的影响。本部分依据理论构架与研究假设，为四个变量——企业声誉、组织柔性、组织文化以及供应链合作关系质量设计了一份综合调查问卷。对企业声誉的测量采用的是缪荣（2007）开发的适合中国本土企业使用的量表；对组织结构柔性的测量采用了普拉迪普·坎德瓦拉（Pradip Khandwalla）开发的七个问题的量表;对企业文化的测量借鉴仁达方略企业文化倾向评估问卷(L-PCAI),并结合奎因和卡梅伦(Quinn & Cameron)的组织文化评价量表(OCAI),根据本研究需要修改而成。由于本书依据近关系理论来界定关系质量的内涵,所以第4章选择了武志伟(2007)开发的量表,主要通过测量企业与供应链上下游企业间合作的持久性、公平性、灵活性、沟通性、多样性以及关系强度六个子维度来判断供应链合作关系质量。

第7章是综合模型及路径分析。首先对问卷调查样本的基本情况进行介绍,然后对各个变量进行了必要的描述型统计和相关分析,在此基础上借助结构方程验证了灵活型企业文化、柔性组织结构以及企业声誉对供应链合作关系质量有显著的积极影响。其中,企业声誉对供应链合作关系质量中的持久性、关系强度、多样性和公平性四个维度具有显著的间接效应,活力型企业文化、柔性组织结构对供应链合作关系质量中的灵活性、沟通性两个子维度也具有显著的间接效应。在本章最后,还提炼出了六条影响供应链合作关系质量的显著路径,并分析了每一条路径的直接效果和间接效果。

第8章为案例分析。主要对两组非常具有代表性的案例进行分析。第一组案例主要分析了国内三家企业格力、海尔与国美之间的零供关系。研究发现,海尔与国美之间的供应链合作关系质量要明显好于格力与国美之间的关系质量,格力与国美之间合作关系的破裂主要是因为双方工业精神与商业精神的冲突、相互信任和依赖的缺乏以及组织结构和业务流程上的整合乏力;而海尔与国美高质量的合作关系得益于双方合作理念的重大变化,共同的价值认知以及组织结构上的密切配合。第二组案例主要分析了作为跨国公司的ABB与国内第三方物流企业海金物流的供应链合作关系质量及其影响因素。研究发现,海金物流与ABB公司之所以能够长期保持高质量的供应链合作关系,其原因就在于双方在企业文化上的融合以及在组织结构和业务流程上的有效整合,而在合作过程中双方的声誉和信任不断得到积累,又进一步强化了双方的合作关系。

第9章为我国供应链合作关系发展现状及对策建议。首先概括分析了我国供应链合作关系质量的发展现状及存在的主要问题。例如,供应链合作关系管理得不到足够重视,企业合作观念落后,管理水平低下,忽视企业声誉,信任缺失严重等,然后有针对性地提出了对策建议,包括建立长期战略导向的活力型、合作型文化，以供应链合作为导向进行组织结构的柔性化变革和业务流程整合以及提升企业声誉的诸多措施，如摒弃错误观念，树立良好形象，坚持诚信守诺，实现合作双赢等。

第 10 章为研究结论及展望。

1.2.3 研究重点及难点

本书的研究重点，同时也是研究的难点就是活力型企业文化、柔性组织结构、企业声誉与供应链合作关系质量四个要素之间相互作用关系的理论推导和实证检验。研究框架如图 1.2 所示。

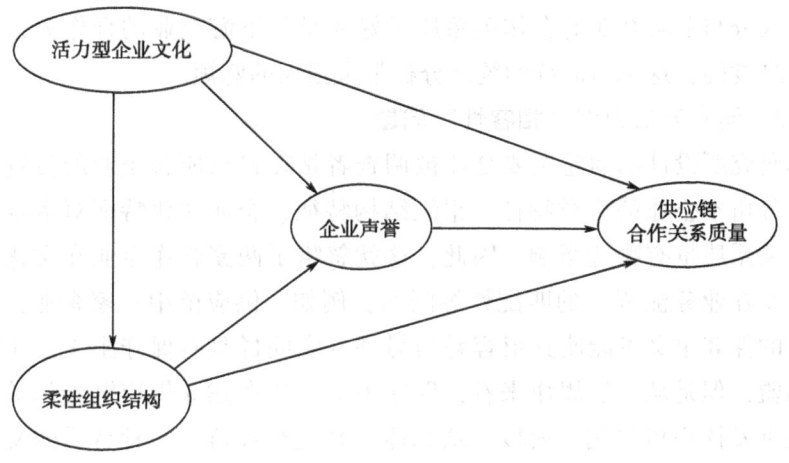

图 1.2　本书研究框架

本书的研究将面临以下难点。

1.2.3.1 对企业角色的界定比较困难

作为整条供应链中的一个中间链条，绝大多数企业在供应链合作中都具有双重身份，往往既是供应商，又是分销商。因此，在探讨供应链合作关系时，有必要对企业的角色进行区分。该企业是作为供应商角色建立的合作关系，还是作为分销商角色建立的合作关系？二者的关系质量是否存在显著的差异？为了克服这一问题的不利干扰，在调查问卷①的背景资料调查中，笔者

---

① 可参阅本书附录中调查问卷的第五部分：背景资料。

专门设置了三道题目：

第一道题目，贵公司在供应链合作中的角色主要是：

可选答案为：供应商、制造商、分销商（批发或零售）、物流服务商和其他（请注明）_____。

第二道题目，贵公司与供应链上游企业（即供应商）的合作关系主要是：

可选答案为：普通的交易性合作、比较紧密的长期合作、战略性合作、战略联盟、本公司已是供应链的最上游供应商和其他（请注明）_____。

第三道题目，贵公司与供应链下游企业（即分销商）的合作关系主要是：

可选答案同第二道题目。

尽管如此，要想严格界定一家企业的供应商或者分销商的角色，并让被调查者区分与上游企业的合作关系质量好还是与下游企业的合作关系质量好也是有难度的，这也给后续的统计分析带来很大的麻烦。

1.2.3.2 问卷无法识别"相容性"问题

本研究所设计的问卷主要是让被调查者站在自己所属企业的位置上进行观察，分析本企业的声誉特征、组织结构特征、企业文化特征对本企业供应链合作关系质量有哪些影响。因此，这就忽略了两家合作企业在文化上的相容性以及在业务流程上的匹配性等问题，例如，供应链中一家企业，其企业文化上的保守主义可能使其很容易与另外一家同样具有保守主义文化的企业进行结盟，但是从一般规律来看，保守主义文化在建立供应链合作关系的过程中很难发挥积极作用，所以，从总体上来进行评价，一种特质的文化或结构必然对应着一定层次的供应链合作关系质量。虽然个别情况发生在所难免，但是大样本调查数据可以在一定程度上消除个别情况的影响。

1.3 研究思路与方法

1.3.1 研究思路

本研究的目的是通过对供应链合作关系及其影响因素的深入分析，使企业能够比较准确地判断其所在供应链的关系质量状况，并把握来自企业自身的影响合作关系的隐性因素，从而提高企业参与供应链合作的绩效。由于供应链合作关系的内涵丰富，不同合作伙伴之间的合作关系存在很大差异，即使是同一合作伙伴，在不同的时点其关系状态也不相同，因此，如何评价供应链合作关系是本研究的一个难点，也是需要首先说明的问题。很多学者运用关系质量对关系的状态和特征的全面反映开发出不同的测量维度并以此来对关系进行综合评价。供应链合作关系质量是对供应链合作绩效的正面反映，主要基于如下两个原因：一是基于以往学者的研究结论，另一个是源于系统观下供应链具有协同效应的基本命题，即只有具备良好的合作关系质量，供应链协同效应才能有效发挥。因此，本书选择关系质量来衡量供应链合作关系。

但是，事实上，如果供应链合作关系质量的现状不容乐观，会极大地抑制供应链的竞争优势。如何正确理解供应链合作关系的内涵和外延，哪些因素对合作关系有潜在、深刻的影响，是本书研究的主题。

本书从两个方面来对供应链合作关系展开分析：一方面是特征分析，从关系资本的角度阐释供应链合作关系的价值性、长期性、集成性、排他性性等特征在一定程度上决定了它会受哪些因素影响；另一方面是类别分析，选择时间维、深度维和广度维对供应链合作关系进行分类，明确供应链合作关系的外延。这其中隐含着国内外学者广泛认可的一个假设：关系发展程度是时间的函数，关系的发展演进是一个阶段性过程。而在关系的不同发展阶段，影响因素的作用也是有所区别的。

究竟哪些是影响供应链合作关系的深层次因素？本书从供应链合作关系的内涵、合作关系的发展演进、实证研究和文献研究的对比分析等角度选择了企业声誉、企业文化、组织结构三个影响因素。如此选择主要基于以下考虑：第一，根据本书的界定，企业声誉、企业文化、组织结构属于隐性影响因素，其内涵丰富、不易直接感知，从长期来看，显性影响因素对供应链合作关系的作用强弱和作用结果，受隐性因素潜移默化的影响。学者们虽然注意到这些隐性因素对供应链合作关系的重要作用，但是缺乏深入的探索，因此，理论分析和实证研究存在较大差距。第二，从企业自身选择影响因素，更有利于提出改进供应链合作关系实操性的对策建议，提升研究的实践价值。

为了提升供应链合作关系质量，需要深入分析企业声誉、企业文化、组织结构的影响机理，并通过实证研究掌握这些因素对关系质量的影响效果，企业对于那些能够促进关系质量提升的因素应该大力培育，而对于消极影响因素，就应该努力消除。

为了使本项研究对我国企业具有更强的现实指导意义，本书最后选取了典型案例进行对比分析，结合相关结论提出了对策建议。

本书的研究思路如图 1.3 所示。

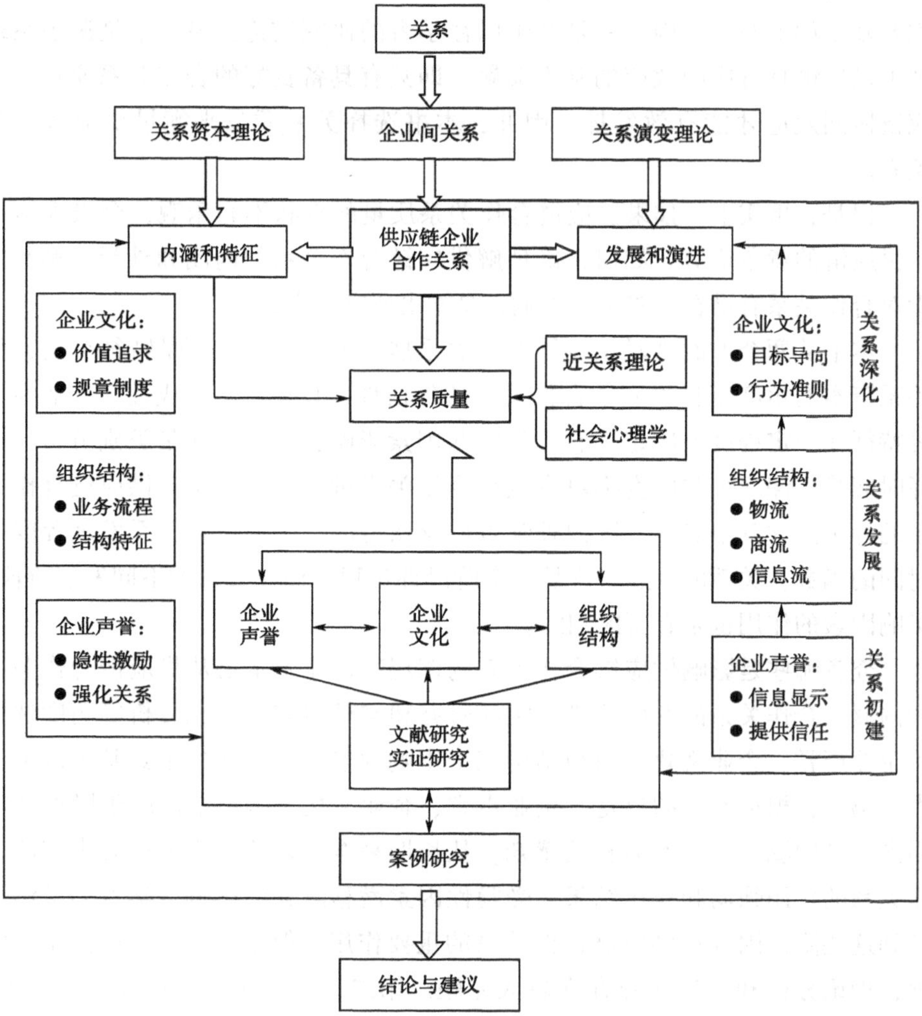

图 1.3　研究框架

1.3.2　主要研究方法

本书在尽可能全面地收集最新理论研究成果，占有大量资料的基础上，使用实证分析和规范分析相结合，国内研究与国外研究相结合，经济学、管理学与社会学等相结合的方法进行研究。本研究中的主要方法如下。

1.3.2.1 文献研究

笔者系统地阅读、整理了国内外与企业间合作关系相关的文献资料，总结了以往研究成果的长处与不足，并将其作为本研究的理论基础。本书围绕供应链合作关系的内涵、企业间合作关系质量、供应链合作关系影响因素三个中心开展资料的整理、分析和评述。资料搜集的范围涵盖交易成本理论、资源基础论、关系营销等理论和供应链管理研究的大量成果。本书是在大量文献资料的基础上展开研究的，通过对前人研究的成果进行分析比较和评价，建立了研究的分析框架。

1.3.2.2 实证研究

本书采用的实证研究方法主要是访谈法和问卷调查法。笔者深入海金物流公司等企业进行访谈和实地调研，目的在于了解企业参与供应链合作的基本情况，为设计调查问卷提供支持，并深入挖掘了案例研究的素材。

问卷调查法是本书获取研究数据的主要手段，本研究借鉴已有的量表，在预调查的基础上进行了部分题项的调整与修改。调查对象包括中国物流招标网会员企业、北京市企业联合会会员企业、上海物流协会会员企业中的中高层管理人员以及首都经济贸易大学工商管理学院在职工商管理硕士（MBA）学员、华南理工大学工商管理学院 MBA 和高层管理人员工商管理硕士（EMBA）学员、北京物资学院物流管理专业研究生课程进修班学员，填表人员主要为企业中与物流业务有关的中高层管理人员。共发放问卷 500 份，收回 335 份，根据样本企业的选取标准以及填表人员的职位、主要负责的业务类型以及工作年限等约束条件，共剔除无效问卷 64 份，有效问卷 271 份，有效回收率是 54.2%。在对数据进行收集和整理完毕后，本书主要利用 SPSS15.0 和 AMOS7.0 两个统计软件进行频度分析、相关分析和结构方程分析。

1.3.2.3 案例研究

本书采用了典型案例的分析方法。第一组案例选择了三家国内企业，关系为制造商与零售商的合作。国美与海尔合作关系的良性发展和国美与格力合作关系的破裂是非常具有代表性的零供关系典型案例，本书从供应链合作关系视角对三家企业的合作关系质量及影响因素进行了深度剖析，研究结论具有一定的理论价值和现实启发意义。第二组是制造商与物流服务商的合作，案例以跨国生产型企业 ABB 与国内第三方物流企业海金物流之间的合作为探究对象，分析了双方高质量合作关系的内容及其背后的隐性影响因素，这对跨文化背景下的供应链合作企业非常具有启发意义。此外，在分析过程中，大量引用了国内外企业供应链实践的案例进行佐证。

1.3.2.4　比较研究

采用对比分析便于挖掘不同现象背后的深层动因。本书选择了正反两方面的一组案例进行分析和比较，被比较对象海尔和格力都属于家电制造业，具有相似的发展背景、品牌形象和经营现状，而这两家企业与电器零售商国美的合作关系截然不同。国美和海尔的合作关系良性发展，国美和格力的合作关系彻底破裂，鲜明的对比使分析结论更值得信服，对合作企业，尤其是零供企业改进供应链合作关系具有参考价值。

2　文献述评

2 文献述评

自从1961年福雷斯特（Jay. Forrester）开始对供应链成员企业之间的相互关系进行研究以来，对供应链企业关系的分析探索已经构成当今供应链管理研究的一个主流方向。本书的研究主题是供应链合作关系及其影响因素，由于本书选择关系质量来衡量供应链合作关系，而关系质量本身也具有丰富的含义和多种测量维度，因此，本章的文献述评包括了对供应链合作的理论基础、供应链合作关系的含义及特征的回顾，梳理和评议了合作关系质量及供应链合作关系的影响因素等研究成果。

对概念的界定，可以直接给出定义，也可以按照研究术语涉及范围的宽窄，逐渐缩小范围直至给出定义。为了便于借鉴不同学科的成果展开研究，本书在回顾供应链企业合作关系的概念时遵循"企业间合作关系—供应链企业合作关系—供应链合作关系质量—影响因素"的思路。

2.1 不同理论对企业间合作关系的理解

2.1.1 有关关系的文献述评

现代汉语词典（2005）对关系（relation）的解释主要有两种：事物之间相互作用、相互影响的状态；人和人或人和事物之间某种性质的联系，如社会关系。从学科研究来看，关系[①]（relationship）是来自于社会学的概念，20世纪六七十年代以后逐渐应用于经济学和管理学领域，成为交易成本经济学、市场营销学、产业经济学中出现频率很高的概念。但是，相关的文献对"关系"这一概念并无一致的翻译或定义（Tsui & Farh, 1997）。根据不同的侧重点，以往研究中对关系的定义可以分成特殊联系、工具性纽带和综合定义三类。[②]

2.1.1.1 关系是一种特殊的联系

很多文献中把关系定义为两个人之间相互的特殊联系（Jacobs, 1979;

[①] 在西方学者的观念中，中国社会的关系（更确切地说是人际关系）是迥异于西方的社会现象，因其蕴含的文化特性，西方文献把关系音译为"guanxi"，其近义词有"relationship""connection"。尽管中国社会背景下的关系特性不作为本研究内容，但并不妨碍借鉴已有成果中对关系概念的界定。

[②] 本部分内容主要借鉴了李新春的研究成果，参见：李新春. 战略联盟、网络与信任[M]. 北京：科学出版社，2006：172-179.

Alston，1989；Tsui&Farh，1997；Ambler，1999；韩巍，席酉民[1]，2001）。雅各布斯（Jacobs）最早采用了这种定义，他认为关系是一种特殊主义的纽带，这种纽带被他称为"关系基础"——即两个人或更多人之间在身份、特征和来源上的共同性，例如夫妻、亲属、同乡、同事、朋友或亲人、熟人和生人等。

把关系看成特殊联系，实际上是把"关系"与"关系基础"等同起来，而这种简单化的等同是不能成立的。两个人之间的关系基础并不能完全决定两个人的关系，关系基础只能部分地规定人们的行为，却无法决定人们内心的情感，无法要求做到以同样的情感、同样的方式对待每一个与之有相同关系基础的人。

2.1.1.2 关系是一种工具性的纽带

西方学者对关系的研究出发点是针对外国企业进入中国时如何在中国开展业务的，因此往往比较强调关系的工具性作用。戈尔德（Gold，1985）指出："关系是当一个人由于控制了某种有价值的商品或通向这种商品的渠道而获得超乎他人的权力时的权利联系。"而奥斯兰（Osland，1990）更把关系明确定义为"需要者和提供者之间的联系"。杨和董（Yeung & Tung，1996）把关系定义为"促成对双方有利的交换或交易的联系"。星和乔恩（Xin & Jone，1996）将关系定义为：定义"在中国因对私人商业活动的法律保障不发达而在社会中建立的个人联系称为关系。"[2]

另外一些定义在强调关系的工具性同时，兼顾了关系的其他方面。例如，魏昂德（Walder）认为关系是"一种工具性倾向与个人感情掺在一起的交换关系"，他在强调关系的工具性的同时，还注意到私人感情的存在。另外两个目前被管理学研究广泛引用的定义是派伊（Pye，1992）提出的"关系是暗含持续的利益交换的友谊"和陈（Chen，1995）提出的"关系是暗示着长期互惠的友谊"。王（Wong Y. H.，1998），亚东和罗（Yadong & Luo，1997），龚鹤强和林健[3]（2007）也持相似的观点。这两个定义在点明了关系的感情内涵之外还指出了关系的长期性和互惠性，比魏昂德的概念更进了一步。

---

① 韩巍,席酉民.关系:中国商业活动的基本模式探讨[J].西北大学学报,2001:1.
② Xin Katherine R, Jone L, Pearce, et al. Connections as substitutes for formal institutional support [J]. Academy of Management Journal,1996.
③ 龚鹤强,林健.关系认知、关系运作和企业绩效:来自广东省私营中小企业的实证研究[J].南开管理评论,2007,10(2).

2.1.1.3 综合定义方法

在注意到关系研究中定义的不一致后,一些学者开始努力给关系下一个更为全面的定义(林南,1998;杨中芳,1998;Fan,2002)。林南认为,关系通过两个人之间的共同特性把陌生人变成"准家庭"的成员,这样会降低彼此在经济交易时的理性。在分析了关系的特性后,他把关系定义为:"关系是可借以寻求用利益不等价地换取社会认同之间的私人交易的、持久的、以感情为基础的工具性联系。关系弥显重要的条件是周围的社会环境认为值得通过行动来争取社会认同。"这个定义与前面的定义不同之处在于:首先,它指出了在关系当中,感情性和工具性两个层面是同时在起作用的,虽然工具是目的,但感情却是基础。其次,点明了关系的私人性和持久性两个重要特性。最后,把关系看成一种交换的基础,而且这种交换是不对等的。

凡(Fan,2002)对关系研究进行的综述是管理学研究中难得一见的综述性文章。① 作者运用了多重定义的方法,考察了关系在作为特殊联系(special relationship)、作为社会网络的联系(connection)、作为一种交换形式和作为一种资源的不同定义,并最终提出了新的定义:关系是一种社会互动的过程,并把是否具备激活这种社会互动的能力作为关系是否仍然存在的标准。但这种社会互动的过程仅仅局限在从求助开始到问题解决或放弃为结束的短暂过程,是把关系等同于关系的一次运用。其多重定义的工作,虽然没有对过去文献中已有的定义进行归结而得出整合的观点,但是增加了对关系概念的新的理解。

2.1.2 不同理论对企业间合作关系的理解

斯密斯、卡洛尔和阿什弗德(1995)在"组织内部与组织之间合作的研究文献评述"中对46篇有关专门论述合作的理论文献进行了统计,发现研究的理论背景很分散,没有一个理论占主导地位。② 合作的内涵十分丰富,如果想用一个主题涵盖它,就必须把很多理论成果紧密结合成一个统一的整体,以便能够阐明合作的本质。近年来,不同学科对企业合作进行了验证和研究,

---

① Fan Y.Questioning guanxi:definition,classification and implications[J].International Business Review,2002(11):543-561.

② 李新春.战略联盟、网络与信任[M].北京:经济科学出版社,2006:10.

包括社会学、心理学、营销学、管理学和供应链管理。[1] 交易成本理论、资源基础论、关系营销理论等从不同的研究视角对企业间合作关系进行了解释[2]。

2.1.2.1 交易成本理论

交易成本理论认为：企业是"一系列合约的连接"（文字的和口头的，明确的和隐含的），交易主体假定为"契约人"，具有有限理性和机会主义行为。交易成本理论的代表人物威廉森（Williamson，1975）将企业间合作关系定义为参与合作的企业基于彼此的利益，建立的存在于市场与层级组织之间的协议关系，这种关系的建立往往伴随着两个或两个以上参与合作的企业之间发生资源交易行为。同时，这种合作关系是一种合作双方在互惠承诺下的互动关系（Anderson，1994），强调双方合作的长期性，将其看作是合作伙伴拥有的一个相似的历史和一定程度共享的长期远景，并具有对未来交易的期望。[3] 从契约的角度看，企业间合作关系属于关系型契约，强调专业化合作和长期关系的维持，各方通过契约及背后的权威规定各自的行为规范，实现一定的利益规制和行为协调的长期契约关系。从治理结构的角度看，企业间合作关系是比普通市场交易相对稳定、比一体化相对灵活的混合结构形式（hybrid），即双方具有独立性。合作协议条款中注明了分摊的成本和分享的利润，同时合作双方必须依赖合约相互提供抵押和发展信任关系，这既可以避免单纯的市场交易可能带来的高度不确定性，减少风险，也可以尽量避免严格等级制度所需的高额管理费用和日常费用的开支。

交易成本理论是所有中间治理结构理论和形式的基础，它从根本上揭示了通过企业之间合作竞争方式连接起来的中间治理结构在综合治理效果方面要大大优于纯粹的市场结构和纯粹的一体化结构，能够同时满足企业大规模化和足够柔性的需要。而战略联盟、虚拟企业则是中间治理结构的典型代表。

2.1.2.2 资源基础理论

资源基础理论是企业竞争优势内因论的代表理论。与交易费用的"成本最小化"目标不同的是，资源基础论认为企业是一组资源的集合，强调通过

---

[1] Soonhong Min, Roath A S. Supply chain collaboration: what is happening? [J]. The International Journal of Logistics Management,2005(16):237-256.

[2] 很多学者将博弈论、战略联盟理论作为企业合作关系的研究基础，这里认为博弈论被用作分析供应链合作的经济学方法更为适合，战略联盟可看作是基于交易成本理论或资源基础理论的一类特殊合作形式，有其特殊的研究内容和关注焦点，因此，文献回顾中不涉及这两种理论。

[3] 转引自：武志伟,茅宁,陈莹.企业间合作绩效影响机制的实证研究[J].管理世界,2005:9.

资源的合理利用来实现"价值最大化"。资源基础理论认为,企业的竞争优势来源于企业战略资源的数量、质量及其使用效率。而任何一个企业的资源都是稀缺的,在企业战略目标与企业战略资源之间总是存在着"战略缺口"(strategic gap)。同时,该理论假设企业资源具有异质性和不完全流动性,因此,市场机制不能完全实现资源在企业之间的转移,此时合作成为一种获取其他公司资源的战略途径。

资源基础论强调企业不仅要用好内部资源,还要有效地融合和利用外部资源,在比较有优势的基础上开展企业间的交流和合作,实现与合作方资源优势的互补,通过聚集和使用有价值资源来弥补"战略缺口",实现公司的价值最大化。供应链伙伴关系就是一种为了弥补自身资源的不足,从而使用或获取供应链上其他企业有价资源的合作方式。

2.1.2.3 关系营销理论

在产业营销领域,杰克森(B. Jackson)在20世纪80年代中期使用"关系营销"这一术语,将其解释为"赢得、建立和维持与产业客户牢固而持久的关系",同时提出了"交易营销"的概念,并用以分析工业客户和卖方之间的长期关系[1]。杰克森将工业客户的行为看作是以交易营销和关系营销为两端的行为谱系(behavior spectrum),建议卖方清楚地识别客户在这一行为谱系中所处的位置,并采取针对性的营销策略。杰克森敏锐地看到企业与工业客户之间存在紧密程度不一的关系,向营销学的"关系范式"迈进了一大步。

1992年,美国学者韦伯斯特(Webster)将企业间交换关系与一些新型商业组织形式(如联盟)通盘考虑,提出了一个从纯粹交易到完全一体化层级企业的连续带理论,如图2.1所示。

纯粹交易 —→ 重复交易 —→ 长期关系 —→
买方—卖方伙伴关系 —→ 战略联盟 —→ 网络组织 —→ 纵向一体化

图 2.1 交易关系的连续带

资料来源:Webster F E. The Changing role of marketing in the corporation[J]. Journal of Marketing,1992:1-17.

韦伯斯特认为,纯粹交易是没有先前或随后互动的两方之间的一次性价值

---

[1] Jackson B. Build customer relationships that last![J]. Harvard Business Review,1985:120-128.

交换，做出交易决定所必需的全部信息实际上都已包含在所交换产品的价格之中。重复交易主要涉及品牌忠诚和重复采购，双方已超越了纯粹交易，出现了初步的信任，但尚不存在有意义的、持续的关系。长期关系涉及相对长期的契约性承诺，但关系也经常是疏离的、敌对性的，买卖双方深陷于以低价为焦点的争斗之中。在伙伴关系中，每一伙伴在某一特定活动领域几乎全面依赖对方，相互信任代替了敌对性态度。在这种关系类型下，价格并不是由市场因素决定的，而是建立在买卖双方有关产品质量、运送、技术支持等多方面协商的基础之上的。合作伙伴关系的特征还包括供应商一般会介入组织顾客的新产品开发过程并与之交流有关信息。战略联盟、网络组织和纵向一体化等形式则是关系紧密程度进一步加深的表现。企业交易关系产生了5个转向：①从一次交易转变为强调建立友好合作关系，长期拥有客户；②从着眼于短期利益转向重视长期利益；③从顾客被动适应企业单一销售转向顾客主动参与到生产过程中来；④从相互的利益冲突转变成共同和谐发展；⑤从管理营销组合转变成管理企业与顾客的互动关系。同时，企业还要与其他的利益相关者建立良好的关系，以便更好地为消费者和社会服务①。

不同理论分析企业合作关系的出发点和关注焦点是各不相同的，每一理论只能提供关于企业间合作的局部观点。交易费用视角关注的是如何有效地控制机会主义行为，降低交易成本；资源观关注的是不同资源的有效结合，注重事前承诺和事后控制；关系营销理论对企业关系的研究不可避免地局限在"营销"的范畴内，更多集中在企业与最终消费者的关系研究上。由于供应链合作关系的复杂性，多重研究视角和复合的研究方法是必需的。

2.2 供应链合作关系的文献述评

2.2.1 供应链

2.2.1.1 供应链的定义

供应链是在迈克尔·波特（Michael E. Porter, 1985）价值链理论的基础上进一步发展而来的。尽管对供应链还没有统一的定义，但历史上还是有不

---

① 王成慧.市场营销理论的演进逻辑与创新研究[M].北京：中国财政经济出版社,2003:193-198.

少学者在总结当时及其以前的供应链研究内容、重点、水平和发展趋势的基础上，给出了其阶段性定义。2001年，我国发布实施的《物流术语国家标准》（GB/T 18354—2001）对供应链的定义是："在生产及流通过程中，涉及将产品或服务提供给最终用户活动的上游与下游企业所形成的网络结构。"并将供应链管理（supply chain management，SCM）定义为："利用计算机网络技术全面规划供应链的商流、物流、信息流、资金流等，并进行计划、组织、协调与控制等。"随着供应链及供应链管理发展和研究水平及研究重点的转移，这些定义又被更新的阶段性定义所取代。较为典型的定义见表2.1。

表2.1 国内外学者对供应链的界定

学者名称	定义
史蒂文斯（Stevens C，1992）	通过增值过程和分销渠道控制从供应商的供应商到用户的用户流就是供应链，它开始于供应的源点，结束于消费的终点
戴维斯（Davis T.，1993）	供应链是执行采购原材料，将它们转换成为中间产品和产成品，并将产成品销售到用户的功能网链
李和比灵顿（Lee & Billington，1995）	供应链是由各种功能实体组成的网络，其职能在于获取材料，把原材料加工成中间产品和产成品，并通过分销系统把产品送到顾客手中
马丁·克里斯托弗（Martin Christopher，1994）	供应链是指组织间的网络合作（network），包含了从上游到下游的产品及服务
甘尼香和哈里森（Ganeshan & Harrison，1995）	供应链是一些设备及配销选择所组成的网络，此网络执行着采购物料、转换这些物料成为半成品与成品、将成品配送至顾客手中的任务
哈灵顿（Harrington，1997）	供应链包括产品流与信息流的变向流程，将供应商到顾客间的所有成员连接起来，成为一个虚拟的企业集合体，将采购、制造、配送与服务等活动连接在一起
比蒙（Beamon，1998）	供应链是一定数量的事业个体间建立的密切合作关系，用以达到获取原物料、将原物料转换为特定最终产品、分送最终产品到零售业等三个目的
乔普拉（Chopra S，2001）	供应链是由为了完成顾客需求的直接或非直接的所有阶段组成。供应链不仅包含制造商和供应商，还有运输商、批发商、零售商和顾客。同时，供应链还包含企业内部为了完成顾客需求的全部功能，包括：新产品开发、市场运作、分销、资金和顾客服务。供应链的目标就是满足顾客需求，并使系统效益最大化

续表

学者名称	定义
马士华 (2000)	供应链是围绕核心企业，通过对物流、信息流、资金流的控制，从采购原材料开始，制成中间产品以及最终产品，最后由销售网络把产品送到消费者手中的将供应商、制造商、分销商、零售商、最终用户连成一个整体的功能网络结构
利丰研究中心 (2003)	供应链是由客户（消费者）需求开始，贯通从产品设计到原材料供应、生产、批发、零售等过程（中间或经过运输和仓储），把产品送到最终用户的各项业务活动
程新章 (2006)	从组织理论和运营管理理论的视角，认为供应链是供应链节点企业以及节点企业与客户之间的一种协调模式和协调机制
范小军 (2008)	从自组织机制的视角，将供应链视为具有不稳定和不可控的组织行为的混沌结构，并认为分形供应链具备自相似、自组织、自优化三个基本特征
马士华（2011）、 张鹏（2014）	将行为因素与运作管理进行融合，认为供应链是一个在不确定条件下各节点企业开展行为决策并相互影响的运作管理系统
王静（2017）	从价值共创的视角，认为供应链是一个由消费者参与的，上下游节点企业之间价值共创而形成的企业生态系统

2.2.1.2 供应链的实质

根据不同学者对供应链的界定，其内涵可以概括为：

（1）参与者是不同的行为主体，包括企业和企业内的部门单位，如原材料供应商、制造商、零售商、消费者等，供应链是这些单位之间的互动与联合关系，是企业之间以及企业内部的合作。

（2）流转的特定要素，如物流、信息流、资金流、技术流等。供应链的业务过程和操作可以从工作流程（商流）、实物流程、信息流程和资金流程四个方面进行分析。供应链的信息流程带动工作流程，工作流程决定实物流程，实物流程反馈为资金流程。

（3）具有某种结构特征，如有始点和终点，呈现出网状结构等。

（4）具有特定的功能，提供某种商品或服务。

供应链的实质是围绕为顾客提供有价值的产品或服务，而将从原材料供应直至产品或服务送至最终顾客手中有关的各方面力量集结在一起的业务运作过程。

　　供应链可以从简单的个别企业角度，到供应链网络的角度来观察分析，可分为最终供应链、段落供应链和基本供应链①。由最终消费者享用的产品都由一条最终供应链（ultimate supply chain）提供。每个产品的供应链各有不同，从最初的原材料供应至产品到达最终消费者的整个过程，包括了所有原材料及零部件供应商、生产商、贸易商、批发商和零售商。最终供应链由延伸供应链（extended supply chain）组成，每段供应链皆提供不同的部件或服务，为产品增加附加值。每个段落供应链可能由多个企业组成，从企业个体的角度看，每个企业都是一条基本供应链（basic supply chain）。

2.2.2　供应链合作关系

2.2.2.1　供应链合作关系的定义

　　供应链合作关系有很多相似的术语，如供应商—制造商（supplier - manufacturer）关系、卖主—买主（supplier-buyer）关系、供应商关系（supplier partnerships）、供应链联盟（supply chain alliance）、战略网络（strategic network）、公司间网络（inter-firm network）等，但目前学术界尚无统一的定义。表2.2列出了一些国内外较有影响的学者对供应链合作伙伴关系所下的定义。

表2.2　国内外主要学者对供应链合作关系的界定

学者名称	定义
贾里洛 （Jarillo. J. C.，1988）	战略网络是在不同而又有关系的营利性组织之间长期的、有目的的安排，使这些公司获得和维持对网络外部竞争者的竞争优势
布里克和厄恩斯特 （Bleeke & Ernst，1991）	伙伴关系是独立公司之间所成立的策略性关系，它们拥有共同的目标，并为共同目标而努力，重视彼此相互依赖的关系；通过共同努力可完成由各自公司无法独立达成的目标，伙伴关系建立的最主要动机是为了获取竞争优势
伙伴关系采购有限公司 （Partnership Sourcing Ltd，1993）	供应链合作伙伴关系是客户与供应商不论规模大小，致力发展成为一种基于信任和明确的共同目标的长期关系，努力创造世界级能力和竞争力

---

① 利丰研究中心.供应链管理:香港利丰集团的实践[M].北京:中国人民大学出版社,2003:36-52.

续表

学者名称	定义
特雷热（H. M. Treasury, 1993）	合作伙伴关系是供应商与买方为了共同利益建立的合作关系
瓜提（Gualti R., 1995）	合作联盟是独立发起的公司间在交易、分享和共同发展等方面的联结
赫佐格（V. Herzog, 2001）	合作伙伴关系是享有共同的目标，为共同利益努力并且高度相互依赖的独立实体之间的战略关系
乔治·贝克（George Baker, 2002）	供应链战略合作伙伴关系是长期、亲密的供应商关系，当不可预见的事件发生时，各方能够通过调解达成一致
道格拉斯（Dougzas, 2004）	供应链合作伙伴关系是基于相互信任、开放、共担风险、共享收益的一种特定的企业关系
中国物流与采购联合会（2004）	供应链合作伙伴关系是在供应链内部两个或两个以上独立的成员之间形成的一种协调关系，以保证实现某个特定的目标和效益。相对于某个企业来说，它既包括企业与上游供应商的关系、企业与下游客户的关系，同时也包括企业和第三方物流的关系
马士华（2006）	供应链合作关系是供应商与制造商之间或制造商与经销商之间，在一定时期内共享信息、共担风险、共同获利的伙伴关系
汤世强（2006）	供应链战略合作伙伴关系是指供应链中相互独立的上下游企业间基于信任和共同目标，共享资源、共担风险、共同获利的非正式长期协议关系
陈长彬（2008）、孙红艳（2011）	供应链合作关系是基于契约条件下，通过加强互信与合作、信息共享、共有计划和共同解决问题，各合作伙伴企业之间建立的直接的、长期的合作关系，以实现"双赢"或"多赢"
付丽茹（2012）	供应链合作关系按照交易型合作关系、协调型合作关系、协同型合作关系三个阶段进行演进发展
李忆（2013）	分析专用性投资对供应链合作关系的调节效应，以及信任和依赖等供应链合作关系内在因素
杨丽（2015）	从委托—代理关系视角，分析从信息、利益、激励等方面构建不同层次协调机制，提升物流服务供应链合作关系
陈长彬（2019）	供应链节点企业为了达到特定的目标和绩效，在一定期限内建立的信息共享、利益和风险分担的机制

2.2.2.2 供应链合作关系的特征

许多学者在与传统的企业之间关系进行比较的基础上，对供应链战略合作伙伴关系的特征进行了研究（见表2.3）。

表2.3　国内外主要学者对供应链合作关系特征的描述

学者名称	特征描述
伯恩斯和惠特尔 （Burnes & Whittle, 1995）	长期投入；双方都是积极主动的；双方都集成关键业务活动；致力于发展和维持紧密的合作关系；能够明确地确定双方成本、价格和利润；双赢的理念，双方均应从供应链的角度获取收益；双方致力于全方位的持续改进
蒙奇卡 （Monczka R., 1998）	相互依赖；密切组织合作；不断提高信任水平；不断增强信息共享趋势
戴尔 （Jeffrey H. Dyer, 1998）	共享信息、协调相互依赖的活动；投资于关系专用型资产；依赖信任来治理关系
古纳塞卡兰 （A. Gunasekaran, 2001）	直接和长期的联系，鼓励共同制订计划和解决问题
马萨基 （Masaaki, 1999）	高度相互依赖；不断投入；很少采用正式合约或法律执行手段；长期合作和忠诚；公司之间的边界变得模糊
李华焰等 （2000）	高度的信任机制；双方有效地进行信息共享；供应方直接参与买方的产品研发，共同寻求解决问题和分歧的途径，而非寻找新的伙伴；长期稳定的供应合同；以实现双赢为目标
陈琦等 （2001）	高标准的信任与合作关系；共享信息的高度信赖关系；不断降低供应品的成本和提高质量的契约关系；长期共识，超越合同约束
马士华等 （2006）	直接、长期稳定地紧密合作，相互之间信任并共享信息，共同努力实现共有的计划和解决共同的问题
曾文杰（2010）、 谭宏（2011）	持续沟通、较高的信任、承诺和合作，资产专用性增强
胡海青 （2014）	供应链节点企业之间信任、沟通、合作交流范围、投入资源、互惠性显著改善

续表

学者名称	特征描述
许杰峰 (2015)	合作内容广泛，合作层次高，关注合作关系带来的长期效益，能够最大限度地发挥双方优势，实现供应链整体最大利益
陈长彬 (2019)	通过降低成本、减少存货、提高质量与产量、缩短交货期，改善最终用户满意度，优化双方在财务或运作上的绩效

2.2.2.3 供应链合作关系的分类

（1）根据上下游企业对合作关系的专属性投资程度进行划分。本绍（Bensaou，1999）针对美国和日本企业研究其与供应商关系的相关问题，以"专属性投资"（specific investments）的程度来衡量买方和供应商之间伙伴关系的差异性。所谓"专属性投资"是指企业一旦对某一伙伴关系投资下去，则很难或需要以很高成本才能转移至其他伙伴的一种资产。买方的专属性投资，包含了有形和无形的投资，有形的是买方针对供应商所花费在厂房和机器设备等方面的投资；无形的是人员培训或双方为了合伙关系所分享的信息及知识等。而供应商的专属性投资亦包含了有形的工厂或仓库建筑以及无形的为了配合买方的人员及信息系统等的投资。

依据专属性投资程度的高低，本绍（1999）将供应链合作关系分为四种类型，如图2.2所示。

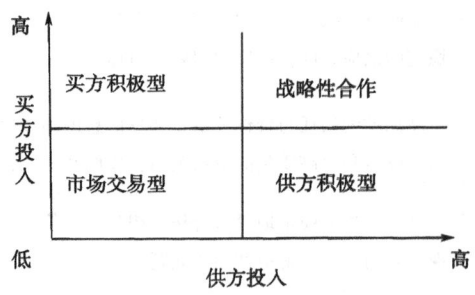

图2.2 基于特定投资的供应链合作关系分类

战略性合作关系：买卖双方都有很高的专用性投资时，双方所呈现的合伙关系很密切。

市场交易型关系：双方都没有很高的专用性投资，合伙关系很薄弱，转换成本很低，可以很轻易地在市场中寻找其他的合作对象。

受制的买方关系：或称作买方积极型合作关系，当买方有高专属性投资而供应商的专属投资却很低时，表示买方因投资了不易移转的设备而受制于供应商。

受制的供应商关系：或称作供方积极型合作关系，当供应商有高专属性投资而买方的专属投资却很低时，表示供应商因投资了不易移转的设备而受制于买方。

（2）根据企业能力或资源的性质，合作关系可划分为互补性合作关系和相似性合作关系。互补性合作指将具有不同核心能力的伙伴集成，共同完成某些活动，实现一定目标。例如，面向产品开发的合作，就是具有生产能力的企业寻找具有设计资源和设计能力的伙伴，以快速推出低成本、适销对路的新产品。相似性合作指具有相似核心能力或资源的企业的合作。例如，在短期内需要大量生产能力时，为了快速及最大限度地占领市场，具有相同能力的企业联合生产。

（3）根据合作伙伴在供应链中的力量对比情况和发挥作用不同划分。马士华（2006）根据节点企业在供应链中的地位、重要程度，将企业分为主体企业和客体企业。主体企业是指在供应链合作中占主动地位，对供应链的业务起主导作用，其参与或退出都会使供应链发生明显改变，在本行业中具有较强实力和行业地位，或者是拥有决定性资源的企业；客体企业是指在供应链中不起主导作用，处于被动响应角色的企业。

克恩斯托弗和朱特纳（Christopher M. & Juttner U., 2000）从"权力分配的角度"将伙伴关系分为两种：对等（multilateral）关系，指合作伙伴间处于平等互惠地位且彼此互相信任；阶层（hierarchical）关系，指具有主导权的伙伴负责协调其他的伙伴。

宋立荣（2001）根据合作企业在供应链中的作用不同，将合作关系划分为中心依附型（主导性合作）关系、强强联合型（均衡性合作）关系和共生网络型关系。

中心依附型关系是指以一个核心企业为中心，其他企业就好比一个个单元围绕在这个虚拟中心的周围，形成一个网络，依附于这个中心来安排自身的生产和其他活动。这个虚拟网络的总体策划、整体调控及驱动力都是由核心企业来负责的。各企业与核心企业都建立了高效的信息传递路径，能够了解各企业的工作进展情况并决定下一步的行动方向。例如，香港利丰公司通过分解价值链来进行供应链管理，它不仅参与产品的设计和生产，而且对供应商进行管理，扮演着整个价值链核心企业的角色，对整个供应链上各节点企业的成本、生产（交货）周期、质量和库存等都进行了有效的管理和控制。这不仅使利丰公司自身获得很大的价值，而且使供应链上各节点企业也获得很高的效益，真正实现了"共赢"。

强强联合型关系指两家都拥有核心技术、实力强大且力量相对比较均衡、进行独立决策的企业或组织形成的战略性协作联盟，通过合作创造出最大的竞争优势，任何一方不能干涉、决定另一方在协作联盟外的其他活动，具有相对平等的权利进行参与和决策。如供应链中有不止一个主体企业的情况。

共生网络型关系指由多个相对独立的企业单元形成的相对松散的、动态化的网络型虚拟整体，各个企业通过订单、长期合作的经验而形成一个链网。共生网络的优势是，很多中小型企业可以提供弹性和专门的产品和服务，以专业的供应链管理者作为中介/核心，利用非强制和柔性的管理，既能使整个供应链更灵活和敏捷，又能把各个单位组合起来，形成规模，优化整个供应链的配置。

从企业实际运作情况来看，中心依附型最为有效，而其他两种类型之所以不能有效执行，主要源于其驱动模式不清晰，任何一方的驱动力量都不足以影响其他各方向同一方向进行。但中心依附型合作并不能保证平等，更多的是以核心企业意图来进行的，非核心企业的谈判能力较弱。

从已有研究成果来看，对供应链合作关系内涵和特征的描述主要集中在供应链管理领域，学者们形成了一定的共识：基于共同目标、相互信任和相互依赖的伙伴关系，是长期稳定和深度合作的伙伴关系，是合作企业之间资源、信息、利益、风险共享或共担的双赢性关系。对供应链合作关系的分类也形成了基本一致的观点。但是，已有研究对供应链合作关系的含义和特征的描述具有一定重合性，对其他学科理论的研究成果借鉴有限，还具有深入拓展的研究空间。

2.3 企业间合作关系质量的文献述评

目前来看，关系质量的研究成果集中在营销学和社会心理学等领域。斯托尔巴卡和斯特兰德维克（Storbacka & Strandvik, 1995），格罗鲁斯（Gronroos, 1996），雷奇汉（Reichheld, 1996），拉斯特、泽丝曼尔和雷蒙（Rust、Zeithaml & Lemon, 2001）从价值角度对合作关系进行了衡量，他们普遍认为，良好的、健康的关系质量能为企业创造巨大的资产，所有优秀企业都具有良好的关系质量。[①] 格罗斯比（Crosby，1990）研究证实未来的销售机会在很大程度上取决于关系质量，摩尔曼（Moorman，1993），伍尔夫（Wulf，2001）等的研究认为关系营销的核心思想在于通过提高关系质量而达到提升关系绩效或改善关系结果的目的，通常是关系质量越高，顾客对于与组织间的互动关系感到越满意，并认为该组织值得信任，进而承诺双方进一步的关系。在供应链合作中，合作关系质量的优劣程度能够较好地反映供应链合作关系的状况，并最终体现在供应链合作绩效上。

2.3.1 关系质量的概念

关系质量本身是一个相对模糊的概念，其涉及的内容过于宽泛，以至于难以给出专门而具体的界定。表2.4列出国外学者在不同研究领域中对关系质量的代表性定义。

表2.4 国外学者对关系质量的代表性定义

学者名称	定义	学科领域	研究对象
古梅松（Gummesson，1987）	关系质量是企业与客户互动关系的质量，是客户感知质量的组成部分，高的关系质量能够引致客户对质量的正向感知并构建双方的长期业务关系	关系营销	B-C，B-B
格罗斯比（Crosby，1990）	关系质量就是顾客在以往消费满意的基础上，对销售人员（商店）未来行为的诚实与信任的依赖程度	服务营销	B-C，B-B
利杨德和斯特兰德维克（Liljander & Strandvik，1995）	关系质量是顾客在关系中所感知到的服务与某些内在或外在质量标准进行比较后的认知评价	服务营销	B-C，B-B
亨尼-格瑟劳和克利（Hennig-Thurau & Klee，1997）	关系质量是双方关系满足顾客参与关系的需求的适宜程度	关系营销	B-C
史密思（Smith，1998）	关系质量是由一系列积极结果所组成的高级结构，反映出关系的总体强度以及满足顾客需要及期望的程度	服务营销	B-C，B-B

---

① 姚作为.关系质量的关键维度——研究述评与模型整合[J].科技管理研究,2005:8.

续表

学者名称	定义	学科领域	研究对象
约翰逊（Johnson, 1999）	关系质量解释为营销渠道中成员关系的总体深度与气氛	关系营销	B-B
格鲁诺斯（Gronroos, 2000）	关系质量是顾客与服务企业在长期的互动关系中所形成的动态的质量感知	关系营销	B-C, B-B
霍姆伦德（Holmlund, 2001）	提出了感知关系质量的概念，认为其指商业关系中合作双方的重要人士根据一定的标准对商业往来（效果）的综合评价和认知，具体包括技术、社会与经济三个维度	关系营销	B-B
刘人怀（2005）	从社会交往的角度，根据不同研究行业来具体选择，其中，沟通质量、参与、冲突的处理、关系投资等应当成为关系质量的维度备选因素	关系营销	B-B
武志伟等（2007）	从关系强度、关系持久性和关系公平性三个方面来对关系质量的内涵进行界定	关系营销	B-B
王辉 2012）	促进企业间相互信任、信息共享、风险共担等惯例达到协调一致，促进新知识、高价值信息的获取、识别和消化	关系营销	B-B
卡希尔（Cahill, 2010）、沙颖（2015）	物流外包情境下，界定关系质量的六个维度：信任、承诺、依赖、专用性投资、感知的机会主义行为和创新	服务营销	B-C, B-B
易岚等（2017）	供应链关系划分为信任、满意、承诺	关系营销	B-B

注：B-C 指企业与消费者，B-B 指企业与企业。

从以上定义可以看出，在服务营销领域，学者们多是从人际关系接触和感知出发来界定关系质量，在关系营销领域，学者们主要从双方互动的视角来定义关系质量，两个领域的研究范围均涉及 B-C 和 B-B。其他学者的有关界定尚未突破上述思想。

2.3.2 关系质量的测评方法

不同的定义和研究思路使得学者们对关系质量的测评方法和测量维度也各有侧重。服务营销领域是运用"顾客—员工—企业"模型研究关系质量，企业间合作关系质量的研究则更多是从关系协作与关系管理的层面来分析的,具体研究思路:①将关系质量的研究层面从人际关系扩展到企业关系本身;②考虑对合作双方关系加强管理,增加对承诺、沟通质量、冲突的解决以及双方关系资源投入等因素的重视,以减少机会主义行为等现象,延续双方的互信关系。

从方法论和研究视角来看,西方关系质量评估研究主要站在制造商角度,具体分为两类测评方法:价值法和指标法。关系质量价值评估法侧重于评估关系质量的财务产出,希望通过数据来反映关系质量的高低所带来的顾客对企业价值贡献的大小,因此相关的文献均含量化的计算公式。[①] 代表性的测量方法如关系赢利能力模型、顾客终身价值评估、客户价值评价体系,尽管每个公式都可以近似地算出顾客关系的终身价值,但是每个顾客对于企业收益的生命周期难以估算,而且企业为每个顾客支付的成本以及由此而获得的收益等数据难以准确收集,这些都会影响价值法的数据准确性和操作便利性。指标法的核心思路是将关系质量分解为若干组成维度分别测量,分解的角度不同,形成了观点各异的几种主流评价模型,见表2.5。

表 2.5 关系质量的测评方法

测评模型	代表学者	测评维度	理论基础
关系质量二维论	格罗斯比、伊万斯和考尔斯(Crosby、Evans & Cowles, 1990),诺德和巴特尔(Naude & Buttle, 2000)	信任和满意	人际关系理论
伙伴关系模型	莫尔和斯派克曼(Mohr & Spekman, 1994),库莫、舍尔和斯廷坎普(Kumar、Scheer & Steenkamp, 1995),诺德和巴特尔(Naude & Buttle, 2000)	承诺、合作、信任、沟通、适应、参与以及冲突的共同解决,对关系投资的意愿与对关系持续性的期望	人际关系理论
近关系理论	凯利耶(Kelleyet, 1983),乔伊斯(Joyce A. Young, 2000)	强度、持久性、频率、多样性、灵活性、公平性	社会学、心理学
关系质量模型	霍姆伦德(Holmlund, 2001)	社会、技术与经济三个维度与过程、结果两个维度进行组合	社会学、经济学

[①] 张广玲,吴文娟.关系质量评估的研究范畴、方法与展望[J].武汉大学学报,2005:11.

2.3.2.1 关系质量二维论

格罗斯比、伊万斯和考尔斯（Crosby、Evans & Cowles，1990）在零售业的背景下提出关系质量的两个维度是信任和满意，这也是多数文献所公认的关系质量结构的重要维度（Naude & Buttle，2000）。他们认为信任是指对推销人员的信任（如Swan等，1985），而顾客满意是指对推销人员的满意（如Crosby & Stephens，1987）。格罗斯比（Crosby）等运用人际关系理论的研究方法将信任和满意等反映互动质量的因素作为关系质量结构中的内生维度，而将相似服务领域的专长、关系销售行为等描述销售人员与顾客的个性或自身特点的因素作为关系质量的外生变量，建立了最早的关系质量维度结构，为后来的研究奠定了理论基础。但格罗斯比等的研究只限于定性分析层面，没有回答究竟关系质量是否只用两个维度就可以测量，衡量关系质量的信任和满意有哪些具体指标等问题。

2.3.2.2 伙伴关系模型

在格罗斯比等学者的研究基础上，莫尔和斯派克曼（Mohr & Spekman，1994）沿着关系双方的互动角度，在实证分析的基础上，提出任何成功的伙伴关系的基本特征是承诺、合作、信任、沟通、参与以及冲突的共同解决等。这个模型是对德怀尔和莫尔（Dwyer & Mohr，1987）提出的由满意、信任以及减少机会主义构成的三维度结构的扩展。库莫、舍尔和斯廷坎普（Kumar、Scheer & Steenkamp，1995）在研究公平对非对称企业间关系的影响时，根据发展长期关系的要求，提出了包含信任、承诺、对关系投资的意愿与对关系持续性的期望等在内的维度结构。诺德和巴特尔（Naude & Buttle，2000）认为，供应链关系质量由信任、适应、沟通和合作等关键的相关维度组成。综上所述，伙伴关系模型中人际关系等传统分析模式依旧占据重要地位，相对于二维论来说增加了新的维度，企业间关系中颇为突出的公平问题也被逐渐引入研究之中，但是依然没有提出具体的解决方法以及衡量方法。

2.3.2.3 近关系理论

该理论最早源于心理学对婚姻关系质量的研究，由于夫妻之间婚姻关系与企业间合作关系的特征比较接近，因此可以从企业间合作关系本身的特征较好地反映合作关系的质量优劣（Kelleyet，1983）。乔伊斯（Joyce A. Young，2000）从战略联盟关系本身的特性出发，运用近关系理论从关系强度、关系

2 文献述评

的持久性、关系频率、关系的多样性、关系的灵活性和关系的公平性等维度对联盟伙伴的合作关系质量进行界定和度量。虽然近关系理论对维度没有提出具体的衡量指标，但是它从合作关系自身的特点来对关系质量进行描述，涵盖了营销学中对关系质量的主要观点，相对于营销学对关系质量的界定通常是从合作关系的结果来判断，而不能够直接从合作关系自身的特点做出有效的判断来说是一个进步。近关系理论为关系质量的研究提供了新的研究视角和理论基础。

2.3.2.4　关系质量模型

霍姆伦德（Holmlund，2001）认为，商业关系作为价值创造过程中的无形提供物，不仅涉及社会因素，还牵涉合作双方的技术与经济因素。因此，有关研究不能仅从社会的角度，而应从更广阔的视野来进行分析。霍姆伦德以早期的服务质量模型为基础，把服务质量的过程与结果维度扩展为关系质量的过程与结果。他认为，作为价值创造过程中的两个竞争范围，过程与结果领域代表着商业伙伴对关系质量的感知过程与感知结果。每一领域均包含技术、社会与经济三个维度，这三个维度又是指对关系质量竞争方向的具体划分，代表着对关系质量的结果与过程的不同评价指标。霍姆伦德将技术维度进一步分为过程类型（设计、生产、库存控制、运输、维修与补救等）、过程特性（可靠、创新、能力的使用、速度、有形资源的使用、灵活与安全）与技术结果（可靠性、创新性、一致性、美观性与耐久性）等三个子维度。在社会维度中，结果被分为个人（感染力、信任、相知、尊敬、亲和力与喜悦）与企业（内部凝聚力、吸引与信任）两个层次，过程的子维度则与个人结果的子维度完全相同。在经济维度中，结果按成本收益被区分为关系利益（具有竞争力的价格、规模、边际利润、生产率提高与隐性关系奖励）与关系成本（直接关系成本、间接关系成本与隐性关系成本）两个部分，而过程则被分为定价、成本计算和生产率三个子维度。

霍姆伦德的研究试图纠正关系质量研究过分重视社会因素的问题，力求综合运用多种理论的研究方法，从动态、广泛的角度建立一个更具适用性的模型。但由于其对有关研究领域的界定过于宽泛，导致其维度描述与其他主流文献的研究相比出现了较大偏差，如经济维度中的关系利益与关系成本，在其他学者的研究中被作为关系质量的前置因素（Hennig-Thurau、Gwinner & Gremler，2002）或被作为关系价值的构成部分（Ravald & Gronroos，1996），而技术维度的几乎所有子维度及其内含维度,基本上反映的都是关系所涉及的产品或服务本身的技术质量,此类质量的好坏会影响顾客对产品或服务的质量感知,进而影响顾客对关系质量的感知,但能否作为关系质量的维度还有待深入探讨。此外,霍姆伦德的维度结构过于复杂,很难用来进行实证分析,从而也难以用于实际测量①。

通过对以上四种主要的关系质量模型的回顾,可以看出,指标法也有自身的局限性:第一,现有的研究当中的指标体系不够完备,如关系由认知、情感和行为等三种成分构成,研究者大多过分强调关系的情感或行为层面,而较少关注认知层面。第二,多数研究成果只是一种基于个体经验的假设,缺乏相应的实证检验,影响了关系质量指标体系的稳定性和推广性。第三,有不少质量维度是相互重叠的,如合作、沟通、参与、问题的共同解决或冲突的解决、共同目标等概念之间有着类似或者重复的含义。尽管存在不足之处,但并不影响指标法在关系质量测量研究中的主流地位和重要作用。目前关系质量研究的重点集中在企业与(狭义)顾客的关系质量问题上,而企业间关系质量评估则是未来的研究趋势,已有的研究成果有利于解释企业间关系质量的形成机理,从而为建立良好的关系质量提供方向性指导。

2.4 供应链合作关系影响因素的分类述评

自 20 世纪 90 年代起,企业在与外界组织建立和培养关系受到哪些因素影响就成了研究者们共同的兴趣,不少研究者都建立了量表并进行实证研究(Xin & Pearce, 1996; Lee et al., 2001)。这些研究可以分为两类:第一类致力于回答环境因素和企业因素如何影响关系的运用,基本上通过理论上的演绎得出自变量和因变量的相关性并进行假说检验;第二类则致力于回答人际交往的因素如何影响关系的好坏,更多是通过对管理人员的访谈归纳出一些可能的影响因素并进行问卷调查,而没有把影响因素放在统一的理论框架内,也没有证明这些因素在逻辑上是否完备。② 根据本书的研究内容,主要回顾一下第一类文献。

根据系统论的观点,系统的输出是系统要素、要素间联系与外部环境共

---

① 刘人怀,姚作为.关系质量研究述评[J].外国经济与管理,2005;1.
② 李新春.战略联盟、网络与信任[M].经济科学出版社,2006;181-182.

同作用的产物,因此,供应链系统的合作效果受节点企业自身素质、节点企业间作用程度和外部环境的共同影响。本书按照影响因素的来源和性质将影响供应链合作关系的因素划分为三类:第一类是来源于企业自身的可控制因素;第二类是来源于合作企业双方互动过程的可协调因素;第三类是来源于供应链企业之外的环境、政策等不确定性因素①。由于第三类因素的不可控性较强,因此不作为本书的研究重点,对影响因素的文献回顾主要考虑前两类因素。

2.4.1 来源于企业自身的影响因素

良好的合作关系从选择优秀的合作伙伴开始。

2.4.1.1 选择供应商的影响因素

迪克森(Dickson,1966)通过对170份采购代理人和采购经理的调查问卷进行分析,认为质量是影响供应商选择的一个"极端重要"的因素,交货、历史效益、保证、生产能力和设施、价格、技术能力和财务状况7个因素则"相当重要",遵循报价程序、沟通系统、美誉度、管理与组织、态度、形象等因素"一般重要"。

韦伯等(Weber、Current & Benton,1991)综述了74篇有关供应商选择的文献后,发现价格是讨论最多的影响因素,接下来依次是交货、质量、生产能力和设施、地理位置、技术能力等,管理与组织的影响较弱,其他的因素则很少提及。

塞图拉曼(Sethuraman,1998)在研究伙伴关系的衡量因子时指出,经销商认为产品的供应能力(产品品质、新产品开发、完整的产品线)及产品周转率是影响伙伴关系的主因。

叶海亚和金曼(Yahya & Kingsman,1999)运用层次分析法,通过对16位富有经验的经理和主管的调查,得到了供应商评价体系及相应的权重,按权重大小排列,影响因素有交货、质量、设施、技术能力、财务状况,管理和响应因素,与迪克森给出的评价准则差别并不大。

---

① 在合作伙伴关系的研究中,较少的学者开始关注不确定环境对合作关系的影响,如 Chung-Jen chen,John 等指出伙伴特征和联盟形式的选择受环境因素的影响。详见:Chung-Jen Chen. The effets of environment and partner characteristics on the choice of alliance forms[J]. International Journal of Project Management,2003(21):115-124;John Mentzer T,Soonhong Min,Zach G Zaehria. The nature of interfirm partnering in supply chain management[J]. Journal of Retailing,2000(4):550-553.

谌述勇、陈荣秋（1998）在对神龙汽车有限公司及其20家零部件供应商进行调查的基础上，认为对供应商的评价应参考供应商在质量、交货期、批量柔性、交货期与价格的权衡、多样性等方面的水平，而不能仅仅依据价格进行评价。

綦振法（2003）等从定量因素与定性因素结合的角度，提出企业文化是供应商选择评价的一个维度。

2.4.1.2 选择销售商的影响因素

销售处于供应链系统的下游环节，销售商是联系客户和制造商的重要纽带。海德（Heide, 1988），莫尔（Mohr, 1990）研究表明，制造商在选择销售商时，着重考虑的影响因素有销售能力和销售成本。

塞图拉曼（1998）指出，制造商认为声誉、市场渗透能力（技术力、对市场的专业知识、存货管理、控管能力），以及财务能力是影响伙伴关系的主因。

赵晓烃（2002）总结出制造企业选择分销商的过程中通常必须考虑的因素有：分销商的市场范围、产品政策、地理区位优势、产品认识、预期合作程度、财务状况及管理水平、促销政策和技术、综合服务能力等因素。

2.4.1.3 其他角度的分析

朴森和罗（Seung & Luo, 2001）在实证研究中，把关系的影响因素划分为制度因素、战略因素和组织因素三类。其中，制度因素包括了企业的所有制形式和所属的经济区域，战略因素是指企业的战略是否以市场为导向，组织因素包括了企业的规模、资源（包括技术能力和管理能力）和历史长短三个因素。调查结果发现，三种因素都对企业间关系的运用有影响。

威尔逊（Wilson, 2001）提出，一些促使伙伴关系成功的变量来自合作企业自身的包括声誉、无法收回的投资、绩效满意等。

马士华（2000, 2005）认为在核心企业，影响供应链战略合作伙伴关系的因素主要有企业规模和行业影响力、产品开发能力、市场占有率、主导产品结构等，此外还应包括商业信誉、经营思想与合作精神，组织结构和文化凝聚是供应链合作长远、健康发展的基础。

张秀萍（2005）的研究发现，企业的文化、信誉、信用状况是选取合作伙伴的重要依据，他提出基于产品特点和量级匹配等原则来选择供应商和客户，这与宋华（2002）从能力均衡入手解决供应链冲突的思想是一致的。高陆等（2003）也认为企业信誉是影响企业间合作能力的重要因素。

张岳松（2005）认为企业文化（核心价值观）、组织结构和高层管理者的支持等是良好关系建立的基础，并将其视为供应链合作关系的促进要素。

宋华（2007）等的实证研究发现，企业本身的文化背景和处事方式是合作企业间冲突解决方式的重要影响因素，并最终影响着供应链合作关系的发展方向。汤姆金斯（Tompkins）顾问公司指出组织结构或组织文化的改变是伙伴关系成败的一个要求。

2.4.2 来源于合作企业双方的影响因素

兼容是成功的合作关系需要具备的重要条件，很多学者从合作企业兼容的角度分析了影响合作关系的因素（Geringer，1988；Lewis，1990；Brouthers，1995；Sierra，1995）来源。鲍尔索克斯（2007）认为，成功实施关系的关键是明智地选择合作伙伴，合作伙伴应该具有一致的文化、相同的战略眼光和相互支持的运作理念。高陆等（2003）认为合作企业间文化兼容程度、信息平台兼容程度是影响企业间合作能力的重要因素。李、佩和王（Lee、Pae & Wong，2001）认为决策不确定性、伙伴的机会主义行为和交往双方的近似程度是影响合作关系的三个要素。他们建立了假说：决策不确定性和交往双方的近似程度与关系质量正相关，而伙伴的机会主义行为与关系质量负相关，这些假说都在实证检验中得到验证。

企业可能过高估计合作伙伴关系的益处，而忽视其潜在的弊端。林和方德万（Ring & Van de Ven，1994）指出，合作风险是企业合作的伴随物，在联盟行为过程中，合作各方要面对两种风险，即关于未来环境的风险和关于合作的风险。学者们习惯将来自于合作伙伴关系的风险称为关系风险，关系风险与合作伙伴内部伙伴之间的合作能否顺利进行有关，包括目标冲突风险、契约风险、信息风险、信任风险、文化差异风险等。威廉姆森（Williamson，1985）认为，合作伙伴的机会主义行为是合作风险的主要源泉。马新安（2000）认为，风险共担和控制是供应链合作关系稳定运行的保证。许志端（2003）通过分析得到导致供应链合作风险的资源交换、合作意图等七种影响因素。章海峰（2004）阐释了合作过程中信息共享与牛鞭效应的反向变动关系以及利益分配带来的供应链合作风险。

节点企业在合作过程中，通过供应链平台来共享信息和获取资源，企业间的交流、协作、承诺、适应性、相互依赖性和信任等,对供应链成员间的合作关系和企业绩效有着重要的影响(Fynes,2005)。王(Wong,1998)的研究结果显示,信任和互相适应与关系质量正相关,而人情和依赖性则与关系质量不相关。威尔逊(Wilson,2001)提出一些促使伙伴关系成功的变量主要包括:信任、社会性契约、替代性伙伴的比较程度、共同目标、权力和依赖、技术、适应性结构性契约、合作以及承诺等,而这些变量在某个阶段可能相当重要(主要变量),但在其他阶段则有潜在的影响(潜在变量)。

方青(2004)指出影响供应链合作伙伴关系的因素包括合作利润分配、风险共担、信任和沟通等。徐春宇(2006)提出并证实了战略外包模式下企业间信任程度,信息及知识共享程度与企业合作关系、企业合作绩效存在正相关关系。陶什(Tas,1998)等认为合作伙伴的风险偏好、企业间的沟通机制以及适应性等都会对信任的强度产生影响。乔普拉和麦多(Chopra S. & Meindl P.,2001)认为,当可利用的完全信息和未来所有意外事件都能够预料到时,契约是最有效的提升信任的方法。

综上,从既有文献来看,质量、交货、价格、生产能力和设施、技术能力、销售能力、市场占有率、地理位置、财务状况等因素是选择供应商的重要参考因素,这些因素多是能在短期内为企业带来良好合作绩效的、具体可衡量的指标;管理与组织、美誉度、企业文化、信誉、信用等因素也被研究者逐渐关注,尽管这些因素对企业的短期合作绩效作用可能不显著,但长期来看会对合作关系产生积极的影响。来源于合作企业双方的影响因素主要有文化兼容、相互信任、信息及知识共享及其带来的关系风险等,这类因素产生于双方互动中并作用于合作关系,本身不易调控,但却深受企业自身的价值观、经营理念、组织结构等因素影响,对合作关系的作用不可轻视。

2.5 供应链合作关系对供应链绩效的影响

随着供应链管理的发展,理论界和实务界都重视到供应链合作伙伴关系对绩效的影响作用,国内外一些学者对此进行了探究。

麦克法迪恩(Mcfadyen,1993)研究指出,紧密的合作伙伴关系有助于改善成员间产品的质量,可以降低成本。他通过对加拿大企业的调查来证明这一结论。乌西(Uzzi,1997)在对纽约市服装行业的调查研究中也说明了合作伙伴关系对于改善绩效的重要性，他从信任度、信息共享和共同解决问题的能力三个方面对供应链合作伙伴关系进行衡量，认为良好的合作伙伴关系会比简单的契约交易给企业带来更多的好处，不仅可以使企业更好地适应外界的变化，而且能够降低成本和提高收益。纳拉辛汉和杰亚拉姆（Narasimhan & Jayaram，1998）发现紧密的合作伙伴关系导致较高的生产绩效，他运用结构方程模型检验了原材料定制、制造目标、客户响应度与生产绩效之间的关系，并且指出供应链紧密的合作伙伴关系已开展于原材料定制、生产目标的制定以及客户柔性等方面。罗斯·布伦南（Ross Brennan，1999）研究企业的供应链时发现，成员间伙伴关系的稳定有助于改善企业的生产能力以及强化市场供给弹性。拉姆和阿南德（Ram & Anand，2005）提出了基于JIT的供应链关系结构，该关系模型由供应商的质量管理、供应双方的信任、信息共享和供应双方的邻近性组成，并得出供应链关系对战略联盟形式和供应链绩效有直接影响的结论。布瑞恩·芬斯（Brian Fynes，2005）对爱尔兰电子行业近二百家企业进行调查，实证说明了紧密的供应链合作伙伴关系对企业设计、一贯质量和客户满意方面的质量绩效有明显的促进作用。

我国学者在此方面也进行了研究。陶青和仲伟俊（2002）用资源的投入来反映供应链企业的合作程度，运用博弈论的方法研究合作伙伴关系中合作程度对企业收益的影响，得出了不同情况下企业要使其收益最大化应当选择的投入水平。王凤彬（2004）在界定供应链节点企业间界面关系测量维度的基础上，通过全球PC制造行业竞争格局变化中国际商业机器人公司（IBM）和戴尔公司的供应链结构特征的案例对比，分析了供应链竞争优势如何从供应链节点企业间的关系重塑中产生，并如何影响供应链绩效水平。严建援和徐斌（2005）通过长期对我国一些企业构建供应链上跨组织信息系统的应用状况观察，发现跨组织信息系统的应用可能会对供应链合作组织间的关系产生影响，进而影响供应链的绩效，说明供应链双方合作伙伴关系中有效沟通与信息共享的重要性，并且与供应方信息的共享会对销售商在平均库存下降和运营成本节约两方面有较大的价值。潘文安和张红（2006）从供应链合作伙伴关系中的信任和承诺方面入手，研究组织信任和个人信任与供应链绩效的关系，指出组织信任、个人信任与供应链绩效正相关，并且通过承诺作用于供应链绩效。

综合以上分析，不难发现紧密的供应链合作伙伴关系对绩效的重要影响，

供应链合作关系及其影响因素研究

但是这些研究中也存在着不足和局限性。首先，供应链合作关系质量是信任、承诺、满意、信息沟通等多个维度组合的共同架构，并且这些维度相互作用，共同影响着供应链合作绩效。以往的研究多是从供应链关系质量中某一个或某几个维度来分析其对供应链合作绩效的影响，缺乏从供应链合作关系质量整体的视角全面分析其对供应链合作绩效的影响，将各维度的作用人为割裂开来。其次，此前的研究多是以供应商或制造企业某一方为着眼点来分析供应链合作伙伴关系对其自身绩效的影响，缺乏从双方合作绩效的角度展开分析，而且对绩效影响结果的分析也不够细化，供应链合作伙伴关系具体影响其绩效的哪些方面，都是由关系质量的哪几个维度来影响的，这些问题还没有进行深入分析。此外，还应考虑外围环境等不确定性因素对供应链合作绩效的影响，以求得全面分析供应链合作关系质量与合作绩效之间的关系。

2.6 本章小结

本章从企业间合作的理论基础、供应链合作关系的概念、特征及分类、合作关系质量及其影响因素等多个方面进行了文献梳理和评述。研究者在基本概念和特征方面形成了比较一致的观点，对关系质量的概念界定主要是营销学领域的研究成果，具体概括为人际关系感知和合作双方互动两种视角；关系质量的测评中，实用性较强的是指标法，几种代表性测评模型各有优劣。供应链合作关系质量的影响因素分析对来源于企业自身和来源于合作企业双方的两大类因素进行了综述和阐释，为本书选择和分析供应链合作关系的影响因素打下了基础。

供应链合作关系一直是供应链管理的核心课题，合作的关系质量直接影响着供应链协同效应的发挥和整体价值的实现。然而，哪些因素对合作关系有着深远的影响，具体的作用机理如何，正是本书所要研究的核心问题，也是已有研究中需要拓展的内容，更是经济全球化背景下中国企业参与供应链合作，保持健康、和谐的合作关系需要解决的现实问题。

3 基本理论概述

3 基本理论概述

3.1 供应链合作关系的内涵和外延

3.1.1 供应链中的企业关系

供应链企业之间的主要经济行为表现为合作，但不可避免地存在着竞争和冲突。合作、竞争与冲突在供应链中有什么联系和区别，各自发挥什么作用是界定供应链合作关系之前需要明确的问题。

3.1.1.1 供应链企业间的合作与竞争

矛盾斗争和协调合作是事物之间联系的两方面要求。在传统经济向现代经济发展的过程中，企业间关系经历了从松散到紧密、从纯粹对抗到合作为主的演化过程，在性质上表现为竞争、合作和竞合三种类型。

主流经济学认为竞争的效率要高于合作，市场是为竞争而存在的，只有竞争才能充分发挥市场的效力。根据演化论的观点及合作与竞争共存的事实，竞争与合作本身无优劣之分，只是在不同的环境下，人们会有不同的选择，但选择的目的不过是为了追求更多的利益。合作和竞争各有所长，合作的优势在于资源共用、信息共享、获得规模经济和风险共担；竞争的优势在于可以独占剩余，并且可以根据环境的变动适时调整行动。合作与竞争的不同优势适于解决不同的问题，竞争是一种变压力为动力的机制，迫使行为人不断提高自己的能力以击败对手，而合作则是通过设计完善的监督考核机制或者依赖于行为人的自觉意识（合作文化）来实现合作的优势。

现实世界中，外部竞争的压力促使企业通过合作来保持竞争优势。供应链伙伴之间既是合作关系，也是竞争关系，合作是因为每个伙伴企业需要利用其他企业的专门资产，通过合作而使用各企业的专长，以使大家共同获利；竞争是因为每个企业试图将伙伴企业的专用资产用于个体目的。在供应链之间，竞争多于合作，供应链内部是合作多于竞争，企业在互补领域中合作，在对立领域中竞争。供应链中企业间关系是以合作为主流，但仍然有竞争行为存在。具体表现为企业在价值创造（供应链效益）的过程中合作，而在价值分割（利益分享）的过程中竞争，合作与竞争共存。但是，供应链企业间的合作与竞争并不是截然分开，而是相互影响的，即利益分配以价值创造为基础，反过来又影响下一轮的价值创造。在利益分配的过程中，各成员企业也不能完全自由地竞争，过度的竞争会明显损害供应链整体的效益，供应链企业间的适度竞争对提升合作关系质量起促进作用。

3.1.1.2 供应链企业间的合作与冲突

冲突是存在于组织内部或组织之间的对立紧张过程。冲突双方的交互作用和影响表明，冲突是直接针对对方的互动行为，是矛盾表面化和激烈化的过程。虽然竞争有时会成为冲突的根源，但两者不能混为一谈。竞争是指相关企业在追求同一目标，而只能有部分企业实现的情况下发生的行为或现象；而冲突强调的是在一方意识到另一方会采取各种行为直接危害自己的利益时所发生的行为或现象。

供应链企业冲突属于企业间冲突（inter-organization conflict），具体是指两个或两个以上的供应链企业在目标、利益、认识等方面互不相容或互相排斥，从而产生心理或行为上的矛盾，进而导致抵触、争执或攻击事件（胡继灵，2007）。由于供应链上企业在目标、文化、组织结构、管理模式等方面存在各种差异，合作的性质和范围也处于动态变化之中，因此，冲突行为与合作行为在某些时候是并存的，合作中并非完全没有冲突。在分销渠道研究中，学者们曾倾向于认为合作是冲突的对立面，故而用对渠道冲突的研究来代替对渠道合作的研究。但是，二者并不在同一个维度上，不是简单意义上的此消彼长的关系。换言之，高水平的合作往往意味着成员之间低水平的冲突，但低水平的冲突并不一定意味着成员之间高水平的合作。两个没有交集的组织之间是不存在直接冲突的，但也没有合作。

按照现代的冲突观，冲突并非全是坏事。有些冲突确实是属于破坏性的、应避免和减少，但也有一些冲突是建设性的。一味强调和谐、融洽和安宁并不一定能使供应链合作取得好的效果，相反会使供应链缺乏生机和活力。而适当的冲突能使供应链保持旺盛的生命力，促进企业间更好地沟通、改进决策过程，使其得到不断完善和创新。因此，保持适度的冲突水平，抑制程度过高或过低的冲突，对供应链企业合作是有积极的促进作用的。

3.1.2 供应链合作关系的内涵

3.1.2.1 基于关系资本的分析视角

企业作为经济活动的主体，是与多个方面发生多种联系的网络节点。为

3 基本理论概述

了创造和保持竞争优势，企业注重选择适合自身的供应链，主动嵌入①到供应链网络中，逐渐积累形成具有高增值性的资本——关系资本。本书对供应链合作关系的界定是基于关系资本的视角，因此，首先对关系资本的概念和特征进行阐述。

企业间合作关系通常被看作是企业的一种关系资本（武志伟等，2005），对关系资本的解释和分析主要来源于企业智力资本的研究。关系资本一般是指企业与内部、外部的组织或个人之间经过长期交往、合作互利行为所结成的一系列认同关系，且进行投资和运营使之持续增值，并给企业带来竞争优势的一种无形资本（田金花，2006）。纵向联盟的伙伴之间有着比横向联盟更为明显的关系资本（徐亮，2007）。

关系资本具有以下特性②：

第一，增值性。企业关系资本具有战略价值，它能为利益相关者带来长期性的利益，为企业创造长期性的竞争优势，能使企业比竞争对手有更高的劳动效率，更低的产品成本，从而使企业取得更高而长期的经济效益，实现价值最大化。

第二，特有性。企业关系资本是在企业发展过程中长期培养和沉淀而成的，为关系伙伴所共同拥有，其难以被其他企业模仿和替代。它是依靠企业自身不断学习、创造乃至在市场竞争中不断积累、磨炼后逐步建立和发展而成的。

第三，整体性。关系资本的形成必然是关系伙伴间整体优化的结果，必然在整个关系伙伴拥有的全部资源中发挥作用，它体现在关系成员间生产经营活动的各个方面。因此，当关系成员的一个或几个出现问题便会破坏关系资本能力的发挥，甚至使关系资本丧失。

第四，延展性。企业关系资本可有力地支持企业向更有生命力的新事业领域延伸。它可以通过对资源进行有效整合而形成，比如可通过知识创新延伸出具有竞争力的新产品和新服务，通过其发散作用，使企业更好地满足消

---

① 嵌入（embeddedness）最早是由经济史学家卡尔·波拉尼（Karl Polanyi）在1957年论文《作为制度过程的经济》中提出来的。1985年，美国新经济社会学的代表人物格兰诺维特（Mark Granovetter）在《美国社会学杂志》上发表的论文《经济行动和社会结构：嵌入性问题》把嵌入性的研究推向了一个新的阶段，他（1992）提出"嵌入是指二元关系以及整个关系网络对交易结果的影响"。

② 彭星闾,龙怒.关系资本——构建企业新的竞争优势[J].财贸研究,2004;5.

费者不断变化的需求。

3.1.2.2 供应链合作关系的内涵

基于对已有文献的借鉴和关系资本的分析视角，本书将供应链合作关系定义为：供应链合作关系（supply chain partnership，简称SCP）是指两个或两个以上独立的供应链上下游企业在一定时期内基于信任的共享资源和信息、共担风险、共同获利、能够持续增值的伙伴关系。

供应链合作的价值实现要求合作企业间高效协调，即通过对各合作伙伴的状态、结构、功能等表征系统特征的要素进行作用而产生整体供应链的全局一致性，实现整体系统在不同发展阶段的预期目标。实现供应链协调，相当于把蛋糕做大，并使得供应链中每个企业的收益得到改善。实现供应链合作伙伴协调的方式主要有两种：直接协调和间接协调。直接协调指某一成员对其控制的某些供应链变量施加影响，由于这些变量的变化促使其他成员改变行为，使供应链朝着利益最大化的方向迈进。直接协调具体包括利益协调、信息协调、组织协调、流程协调等。直接协调并不能解决所有的问题，需要其他协调方式的配合。间接协调指通过成员之间的权力（power）和信任（trust）的力量来实现供应链的"帕累托改进"。

供应链成员根据其角色和职能不同可划分为产品或服务供应商、产品或服务需求商。同一企业面对不同的合作伙伴可能承担不同的角色，如某企业相对其上游企业是需求商，相对其下游企业是供应商。本书研究的供应链界定为延伸供应链的范畴。

3.1.2.3 供应链合作关系的特征

从文献综述中可以概括出学者普遍认同的供应链合作关系的主要特征：长期性、集成性、信任性、双赢性。本书从关系资本的分析视角出发，对供应链合作关系的特征给予新的解释。

（1）价值性。我们从关系资本的角度来理解供应链合作关系，发现价值性的特征正是从关系资本的特点引申出来的。资本是能够带来增值的价值，关系资本作为一种实际的或潜在的资源，能够给合作双方带来超额价值（关系租金），这种价值除了以财务收益表现外，还可以表现在组织之间的学习、增加企业知识存量、获得更多信息、减少不确定性以及结成关系所带来的身份等方面的收益。例如，一些中小供应商以与沃尔玛这样世界级的著名公司有长期合作关系而自豪，与沃尔玛的关系提升了企业的信誉和声望，其价值

3 基本理论概述

是难以用金钱来衡量的。

对供应链企业合作关系的研究表明，供应链的关键绩效来源于企业之间的关系租金，而这种关系租金只有在企业之间建立良好的战略合作关系才能实现。

（2）集成性。供应链合作关系的发展已经从以产品或物流为核心转向以集成或合作为核心，关系资本的整体性特征反映在供应链合作关系上，就是它的集成性特征。集成是对各元素的有序组成，不是将各元素进行简单的叠加，供应链合作的效果主要取决于供应链系统各元素（组成企业）的集成化水平。

要使供应链成为真正有竞争力的武器，就需要对企业间的资源、技术、业务、员工、组织、文化进行优化整合，通过对生产经营过程中的物料流、管理过程的信息流和决策过程的决策流进行有效的控制和协调，将企业的内部供应链与外部供应链有机集成起来进行管理，达到全局动态最优目标，既适应市场环境提出的高质量、高柔性和低成本的要求，又能保证节点企业获得双赢。

集成功能一般由供应链中的核心企业来组织完成。例如地处香港的利丰集团，为全世界 26 个国家的 350 个经销商制造各种服装，但它却没有一个生产车间，而是在世界各地拥有 7 500 个生产服装所需要的各类生产（如原材料生产运输、生产毛线、纺织、染色、缝纫等）厂家，并与它们保持非常密切的联系。该公司最重要的核心竞争力之一就是在长期的经营过程中所掌握的、对其所有供应商的制造资源进行统一集成和协调的技术，它对生产厂家的管理控制就像管理自家内部的各部门一样熟练自如。[①]

（3）持久性。关系的发展是以双方具有持久和重复的交易为条件的，如果双方是短期、一次性的交易，则缺乏建立关系的内在动力。关系资本的形成必须进行较长时期的积累，需要不断地投资和协调，不是一两次活动和接触可以造就的，有些关系甚至是几十年发展的结果。一般而言，关系成员的合作时间越长，信任水平就越高，关系资本就越容易建立。另外，关系性租金的形成需要企业间特定关系资产的投资，而这项投资受到规制安排的长度，即防止机会主义的拘束性契约延续时间的影响。关系性特定资产的投资通常

---

① 张秀萍.供应链竞争力[M].北京:中国人民大学出版社,2005:28.

是固定、预先支付的，而且比其他投资持续的时间更长、成本更高昂，所以，只有在确保投资者能在规定时期内收回这些成本，合作方才会进行关系性资产的投资。戴尔研究表明，日本的部件供应商之所以倾向于长期、高昂的关系性资产的投资，是因为汽车生产商确保投资的期限通常有8年，而美国只有2.3年，所以，美国的部件供应商不愿意从事过多的关系性资产投资（Dyer 1997）①。

（4）排他性。关系资本与特定企业共生共存，具有资产专用性，不可转移或者让渡给其他企业，难以被其他企业模仿和替代。如果转移后的收益明显大于转移成本（switch cost），企业才会产生中止关系的意愿，否则，将选择继续留在关系内。由于更换新的合作伙伴可能带来一系列新的问题，如对新的关系方的评估、关系过程的适应和协调等，所以，关系的双方一旦建立紧密的合作关系，一般不会轻易更换合作伙伴。

目前，我国零供企业的合作模式排他性较低，势必将影响双方合作的深入性和稳定性，最后使合作关系流于松散。如海尔已先后与苏宁和国美开展供应链整合等多方面的合作，同时还不断在二、三级市场开设专卖店；国美在取消海尔进场费的同时，也已与索尼、西门子、飞利浦等公司达成协议，同样不再收取进场费。

从关系资本的角度看，价值性是供应链合作关系的本质特征，集成性、长期性和排他性等具体特征则是对供应链合作关系价值实现不可缺少的条件和保障，也是关系租金产生的重要原因。

3.1.3 供应链合作关系的分类

分类研究是由抽象到具体，由一般到特殊，由共性到个性的分析过程。供应链合作关系的特征更多地概括了合作关系的抽象、共性的一面，然而，供应链伙伴之间的合作关系可能具有迥然不同的特点，而且与不同的伙伴之间建立的合作关系也不尽相同。供应链企业合作关系的分类，不仅有利于供应链企业合作理论研究的深入和细化，而且有利于企业识别和改进同上下游企业的合作关系。前面文献综述中已经对供应链合作关系常见的分类进行了概括，这里我们提出一种新的分类思路。

---

① 宋华.企业战略联盟中关系性租金的形成[M].北京:经济科学出版社,2000.

国内外学者广泛认可关系发展是一个阶段性过程（发起、建立、发展、维持和解散），其中隐含着这样一个假设，即关系的发展程度是时间的函数①。紧密的合作关系不可能一蹴而就，而是随着时间推移而逐渐演化和培育出来的。因此，可以认为时间是决定关系亲近和紧密程度的重要力量，但这并不是说时间长短是关系性质的决定性力量，时间是合作关系的必要条件而非充分条件。事实上，由于行业结构或国家政策的影响，市场中一些企业间供应合同可以长达数年之久，然而，这种合同关系未必是紧密的。除标准的产品供应和采购，双方在其他领域可以没有任何合作往来，所以，这样的关系虽然从时间方面而言是一种长期关系，但并不属于紧密的合作关系。

关于纵向合作关系的描述，罗伯特（Robert，1998）依据合作行为的差异性概括出合作关系的转变，如图3.1所示。

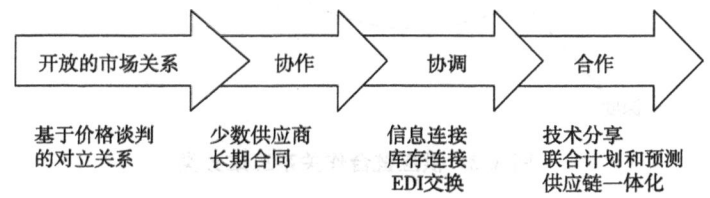

图 3.1　从开放的市场关系到合作关系的转变

资料来源：Robert E, Spekman. An empirical investigation into supply chain management[J]. The International Journal of Physical Distribution & Logistics Management, 1998, (8): 630-650.

在以上研究成果的基础上，我们根据合作的时间维、深度维和广度维将供应链合作关系分为交易型合作关系、协调型合作关系、协同型合作关系三类。时间维表示合作时间的长短，深度维和广度维用来描述合作关系的紧密程度。关系的深度主要指涉及专用性资产、共同计划及开发、共享信息的程度，关系的广度主要指合作方之间合作领域的多样性程度②。根据关系的广度、深度和合作时间，绘制关系类别的三维图示如图3.2所示。

---

① 陈英毅.企业间营销关系:关系、互动和价值[M].上海:上海财经大学出版社,2006:77-115.
② 迈克和凯文(Mike & Kevin,2000)从广度和深度两方面对合作关系进行了匹配,其中,广度指合作伙伴的数量,深度指合作的规模,肖尚纳(2006)指出单纯利用两维变量进行分类难免有些局限,也可以利用投资水平、技术依赖度等来描述合作关系的深度和广度,大卫和秉宪(David & Byung,2002)提出利用组合变量建立多维模型.详见:肖尚纳·柯恩,约瑟夫·罗塞尔.战略供应链管理[M].北京:人民邮电出版社,2006:149-153.

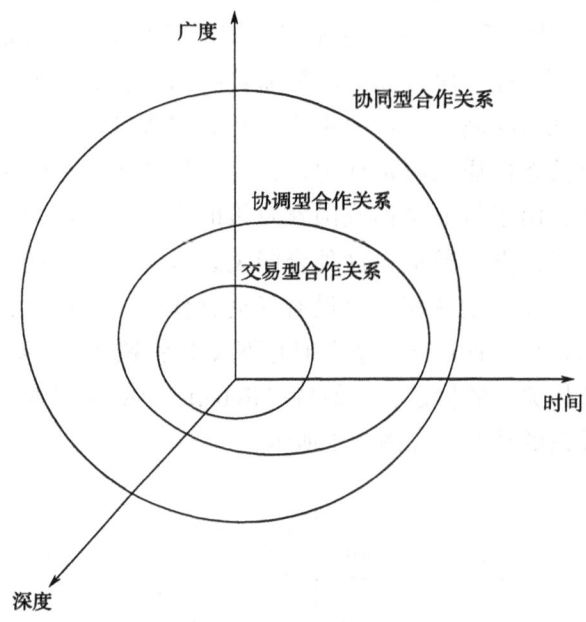

图 3.2 供应链合作关系三维分类

从图 3.2 可以看出，协调型合作关系在时间长度上可以与协同型合作关系比较接近，但合作的广度和深度却远远不如战略性合作关系。无论从理论还是实践角度看，协同型合作关系都比协调型合作关系的内涵更为丰富，这也是各国学者不遗余力地对其进行深入探究的一个原因。

3.1.3.1 交易型合作关系

交易型合作是以合作伙伴之间最有效率、最有效益地执行交易为目标，是最基本的、也是至今应用最广的合作模式。譬如，客户与供应商达成协议，在某一段时间内或是在达到特定采购量时，就以事先协议好的价格进行采购，这就是交易型合作关系。买方在协议生效期间，为取得固定采购价格，必须采购一定数量的产品，以降低供应商的风险，也有助于其生产计划的完成。交易型合作伙伴很少专注于降低供应链管理成本及提高供应链收益，关注的焦点是提高交易执行的简捷性，但并不表示这种合作关系没有战略价值。例如，可以省去持续不断的重新谈判，降低交易费用。交易型合作通常应用于采购通用物料及非直接生产物料的客户—供应商关系，主要是依据价格决定与之交易的供应商，企业比较注重最优化日常交易所耗精力，不太重视发展

3 基本理论概述

长期的伙伴关系。交易型合作关系很少需要先进的信息系统。事实上，许多交易型合作企业缺乏必需的信息及及时反应信息所需的系统与基础设施，许多交易采用人工方法进行。

3.1.3.2 协调型合作关系

交易型合作向协调型合作发展的过程中，合作伙伴的信息沟通由单向流动向双向流动转变，体现出较高的信息共享水平，并能够紧密地协调流程的计划和执行。例如，供应链伙伴提供自动承诺和确认，并共享相关预测、库存可用性、采购订单、订单与交货状态等方面的信息。支持协调型合作关系信息共享的基础设施与流程应更为复杂和专用，需要投入大量的时间和资金，进行更高水平的谈判与妥协。因此，协调型合作关系需要合作伙伴双方的长期承诺，需要双方认真履行。这种合作模式较适用于更具战略性的关键供应链伙伴，合作双方都期望能从长期的合作关系中获益。供应商管理库存（vendor-managed inventory，VMI）就是一种常见的协调型合作模式。供应商管理库存大多数都是自动化项目，客户授权于供应商及时补货以确保不缺货。供应商可以依据预测和库存消耗信息的共享，对客户端的库存实行远程管理；也可以利用当前的库存消耗率和库存水平信息，决定是否需要补充库存。无论是在哪种情况下，供应商是不依赖于企业的订单而直接进行库存管理的，因此，有效的信息共享和长期承诺是供应商管理库存的成功关键，也是协调型合作关系的保证。

3.1.3.3 协同型合作关系

有关"协同论"的研究表明，协同导致有序，不协同导致无序。有序是指系统各要素保持一定的秩序和一定的规则，表征着系统结构在组合上的协调与适度。协同作用决定了系统内部子系统的合作能力，是供应链各子系统和元素耦合联系的中介，是供应链结构具有稳定性、有序化的原因，它左右着系统状态变化的特征和规律。协同作用发挥得好，能使各子系统、各种构成要素围绕着系统的总目的产生协同放大作用，即供应链整体功能大于局部功能之和，最终达到供应链的协调状态；协同作用发挥得不好，所产生的负向作用力会破坏各个子系统及构成要素间的协调，产生反向放大作用，导致系统整体功能小于局部功能之和，促使系统向不协调状态演化，甚至导致供应链系统崩溃。

供应链伙伴合作程度最深最广的合作就是协同型合作，协同型合作关系通常也称为"战略合作伙伴关系""战略联盟"（strategic alliances）。协同型合作关系中，合作关系已超越了供应链运作，包含了其他关键业务流程。合作伙伴可以共同投资研发项目、供应商开发以及知识产权的开发项目，实现从实体资产到知识资产的共享，甚至延伸到了人力资本的共享；合作伙伴共同开发信息，而不只是相互传输和交换信息而已；双方更专注于未来的战略愿景，而不只是专注于短期计划和战术的执行。考虑供应链需求的产品开发项目就是协同型合作关系的极佳实例。企业将关键物料供应商和合同制造商视为产品开发团队不可或缺的重要成员，就能够使产品设计方案与一流的供应链绩效实施方案相匹配。与其他类型的合作关系只限于产品数据交换不同，协同型合作伙伴能够共享产品数据管理系统。

3.2 供应链合作关系质量

供应链合作关系的内涵丰富，不同合作伙伴之间的合作关系存在疏密之分，优劣之别，所以直接对其进行测量的方法尚不多见。很多学者运用关系质量对关系的状态和特征进行全面反映，并开发出不同的测量维度对关系进行综合评价。因此，本书选择关系质量来衡量供应链合作关系。

3.2.1 概念界定

学者对关系质量的界定比较丰富，但直接给供应链合作关系质量定义的还比较有限。这里提两个定义，一个是诺德和巴特尔（Naude & Buttle, 2000）的观点：供应链合作关系质量是指构成整体行为维度的高阶建构，包括信任、适应、沟通和合作等关键维度；另一个是法因思等（Fynesa、Búrca & Voss, 2005）的观点，他们将供应链关系质量定义为：合作关系的双方进入积极、长期的合作关系的程度及运用信任、适应、沟通和合作等指标运作关系结构的程度。

供应链合作关系属于企业间关系的范畴，因此，供应链合作关系质量自然具有 B-B 关系质量的特征。我们借鉴前人的研究成果，总结如下：供应链节点企业的合作关系应是满足各自需求程度的全面认知和综合评价。由此，供应链合作关系质量可以由一系列衡量维度进行测量，这也将是本书关注的一个重点。

3.2.2 关系质量的测评维度选择

关系质量是由多个维度组成的，但是具体细分为哪些维度，直到目前尚没有统一定论。从本书前面的文献评述来看，多数学者经常提到和使用信任、满意、沟通、适应、强度、信息分享和长期关系定位等维度对关系质量进行测量。本书认为，"信任"作为合作关系的基本因素搭建了影响因素与合作关系之间的桥梁，"满意""适应"等维度更侧重对关系质量效果的反映，"强度""沟通""长期性"等则是对关系质量本身的测量，其他如合作关系的"公平性""灵活性"也是衡量关系质量的必要维度。

近关系理论对关系质量的测量维度包括关系强度、关系持久性、关系沟通性、关系多样性、关系灵活性、关系公平性，能够比较全面地反映合作关系的质量优劣，同时也涵盖了营销学中对关系质量的主要测量维度。而学者本绍（1999）以信息分享机制的建立（透过多样媒介进行交换、常态性互访或实施工程师驻厂制度、高度模糊定义及不结构化）、接口整合特征管理（经常有非例行之意外事件、花费大量时间与供应商协调、高度互信及强烈承诺的买方公正议事）和合作气候及流程特征（供应商参与初期的设计、全面性的协同行动、供应商有良好声誉）等构面来衡量伙伴关系质量，其测量维度与近关系理论的部分测评维度是一致的。因此，我们借鉴近关系理论的相关观点来对供应链合作关系质量进行界定和度量。其中，持久性、强度、多样性等维度是对关系质量客观特征的测量，沟通性、灵活性和公平性等维度是对企业互动中形成的、不易观测的关系质量特征的测量。

近关系理论提出了要对长期关系基本结构的深刻洞察，该理论最早由凯利（Kelley，1983）等人提出，起初用于心理学领域对婚姻关系质量的研究，很多学者将婚姻用来比喻长期的商业关系（Spekman & O'Neal，1998）。乔伊斯（Joyce A. Young，2000）将其引入对企业间合作关系的研究之中，重点利用关系质量的特征来对企业间合作关系进行分析。本书借鉴近关系理论的测量维度，从关系持久性、关系强度、关系沟通性、关系多样性、关系灵活性、关系公平性六个维度对供应链企业合作关系质量进行分析。

3.2.2.1 关系持久性（relationship duration）

供应链合作关系持久性是指供应链合作企业合作关系可察觉的时间维度，包括合作关系已持续的时间和合作双方对将来合作的预期两个子维度，关系持久性是反映关系质量的一个重要变量。一般而言，合作关系已经持续的时间越长，表明关系持久性越好。同样，合作双方对未来合作时间的预期越好，也表明双方关系持久性越好。研究显示，在绩效较好的合作关系中，合作双方都具有长时间的合作经历。日本企业和供应商的紧密合作关系首先体现在与供应商关系的长期性上，即企业能与每个供应商保持长期密切的联系[1]。

其他一些研究也表明，结成合作伙伴关系后，其优势一般要等到三年以后才能显现，将合作伙伴关系当作企业的短期行为或"救命稻草"是不可取的；供需双方在发展有效协调和知识交换方面，短期来说是非经济的，让供应链中的企业认知和获取对方的资源并且确定合理的方式是需要一个较长时期才能实现的，只有两个企业的协调交易关系维持较长的时期，企业才能产生一种共同的认知，从而促进独特的有效沟通[2]。此外，合作关系的持续性能推动企业之间的适应能力和协调能力，产生关系性特定资产。例如，香港利丰贸易公司与许多客户的合作关系维持了5年、10年或者更长的时间，长久的合作使双方都能学习如何有效率地合作，相互协调运转以降低成本。

3.2.2.2 关系强度（relationship strength）

供应链合作关系强度主要是指合作伙伴之间关系契约的强度。一般而言，关系契约包括结构性和社会性两个部分。关系契约的结构部分是指与关系相关的物质资本和人力资本方面投资的专用性程度。合作各方在合作过程中投入的土地、建筑、机械设备、产品、人力、技术等都是为合作关系投入的有形和无形的结构要素。2005年5月，家具业橱柜供应商雅迪尔与家居建材渠道巨头百安居实行战略合作。雅迪尔进入百安居将近50个店，并为其投资1 500万元建立三个工厂，甚至放弃发展势头良好的"全面经销商体系"对百安居采取全面倾斜政策。百安居也曾经一度将雅迪尔作为重点扶持的供应商，为其提供最好的位置，免费为其做广告等。

理论上讲，如果关系双方在与形成关系有关投资方面的专用性越强，双方的关系强度也越强。反之则说明关系强度较弱。只有企业愿意做出关系性

---

[1] Dyer J H, Ouchi W G. Japanese-style partnerships: giving companies a competitive edge [J]. sloan management review, 1993: 51-63.

[2] Kotabe M, Martin X, Domoto H. Gaining from vertical partnerships: knowledge transfer, relationship duration, and supplier performance improvement in the US and Japanese automotive industries [J]. Strategic Management Journal, 2003(24): 293-316.

特定资产的投资，才有可能从价值链中提高经营绩效。日本企业和供应商合作关系的深入发展会带来双方在资金上的互相支持，例如，供应商专门针对顾客企业做所谓"顾客化投资"，双方在人员上也互相交流等。关系契约的社会部分主要是指在专用性投资过程中围绕这些资产发生的合作活动，尤其是合作企业中个人之间的关系互动，如合作企业雇员之间关系的形成等。如果合作伙伴之间合作活动发生越频繁，伙伴间的关系交往越多，说明双方的关系强度越强。反之则说明关系强度较弱。

3.2.2.3 关系沟通性或频率（relationship frequency）

沟通是两个企业之间通过正式或非正式的渠道进行有意义的和及时的信息共享和知识交流。供应链合作关系沟通性是指在一个给定时间内合作双方发生的与合作相关的活动的次数。由于时间等因素的影响，关系效能会产生损耗或折旧，通过双方频繁互动可以抵消关系损耗或折旧给关系质量和绩效带来的负面影响。关系双方的互动频率越高，说明双方都不愿意看到关系损耗或折旧对关系产生不利的影响，倾向于通过频繁互动来抵消不利因素的影响，保证双方高质量的合作关系和合作绩效。

希普尔（Von Hippel，1986）提出在用户、生产商、供应商之间建立一个信息、知识传输分享机制，激发生产上的创新；其研究发现，在一些产业（如科学仪器）中，超过2/3的创新可以追溯到用户的建议或想法，而在另外一些产业（如电信终端设备）中，大多数的创新可以追溯到供应商，供需双方的合作关系慢慢形成并且逐渐稳固，形成良好的沟通机制。与此相似，有学者在比较研究日美汽车产业生产率差异的过程中发现，日本企业较美国企业内制率低，但来自供应商的提案（特别是生产改进提案）多；另一方面，在供应商的开发能力上，日本也比美国强，所有这些都与日本注重密切的信息交换和知识分享有一定的关系。① 英国马狮公司把开放的和有诚意的会谈看作是良好关系的一个标志。克莱斯勒公司为加强与合作伙伴的关系，往往直接与供应商上层沟通，并外派高层领导人到供应商所在地工作，以加深与供应商相互之间的了解和加强相互之间的沟通。零售业和日用品合作的典范宝洁和沃尔玛的合作已经超越了单纯的物流层面，他们共享最终顾客的信息和会员卡上的资料，宝洁可以更好地了解沃尔玛和最终客户的产品需求，从而

---

① 宋华.企业战略联盟中关系性租金的形成[M].北京:经济科学出版社,2000:2.

更有效地制造产品。

3.2.2.4 关系多样性（relationship diversity）

供应链合作关系多样性是指关系双方合作活动所涉及范围的大小和复杂性。一般而言，合作伙伴之间的合作关系既可能只在某一个固定领域展开，同时也可以涉及多个相关或不相关的合作领域。企业间的交易达到一定的规模与广度，才能促进参与方投资关系性特定资产，提高联合行为的效率。合作双方合作涉及的领域越多，合作范围越广，说明双方合作关系越具有多样性。合作双方关系多样性也客观反映关系质量的好坏，当双方刚刚展开合作，合作关系还不是很稳固时，往往只在某一固定领域开展合作，关系的多样性较差。随着双方关系交往的加深，双方的合作领域也会随之扩展，关系会逐渐显示出多样性的特点。在其他条件一定的前提下，关系多样性越好，合作双方关系质量也越高。当然，由于合作特性所限，有些合作关系只能在固定领域展开，在这种情况下，关系多样性可能更多地表现为关系复杂性的增加。例如，库苏玛诺（Cusumano，1991）研究发现，日本企业和供应商的紧密合作关系的具体体现是：供应商在客户产品开发上的早期参与；企业与供应商在计划、生产、质量、成本等方面的信息沟通；在成本和质量改进上的互相帮助等。

3.2.2.5 关系灵活性或便利性（relationship facilitation）

供应链合作关系灵活性主要是指合作双方灵活处理在合作过程中发生的超过合作契约约束活动的能力，也可以看作是合作伙伴对可能导致正式和非正式协议改变的外界环境变化的适应性，或者是商业伙伴对找到对关系双方都有利的关系问题解决方案的意愿。在企业关系契约中，契约的不完备性使得合作双方无法完全预知未来在契约执行过程中面临的各种不确定性及导致冲突出现的必然性。如果关系双方在合作过程中能够在不损害双方关系的前提下，保证一定的关系灵活性，适时将契约的约束放在一边，就有可能提高合作的效率和保持合作的活力。因此，关系灵活性或便利性就成为解决合作过程中出现的冲突及维持令双方满意关系的关键因素。

3.2.2.6 关系公平性或对称性（relationship symmetry）

供应链合作关系的公平性是指合作双方的合作契约或合作机制是否具有平等性，即合作双方在沟通、使用对方资源和利益分配等方面是否享有公平待遇。在古典契约中，契约的执行完全是在契约关系的范畴中进行的，而关系契约是一种超契约规范，在契约中不仅包括一般契约中的规范要求，而且随着契约关系的扩展，如自由、平等、尊严等一些社会和政治规范都会被逐步纳入关系契约的范畴。存在良好公平机制的合作关系有利于合作双方的沟通和资源共享，能减少冲突发生的可能性，公平的分配机制也是保证合作关系得以维系和发展的重要因素。2007年6月6日，上海雅迪尔居饰用品有限公司公开宣布，在全国范围内停止向百安居供货，原因在于双方就货款、返利、扣点等利益分配问题难以协调，这一事件宣告着雅迪尔与百安居从"蜜月般的战略合作伙伴关系"走向决裂。

3.3 供应链合作关系质量与合作绩效

李新春（2006）对2006年以前管理学领域研究关系的文献进行了分类回顾，综合各类文献的研究思路，发现比较共同的框架是"关系先决条件（或影响因素）—关系—企业的绩效改善"。关系质量的优劣最终反映在对实现企业目标的影响上，一方面，高质量的合作关系会明显促进关系资本的积累和价值实现；另一方面，高质量的合作关系也能促使合作企业表现出良好的合作绩效。国内外研究中，对供应链合作关系的衡量集中在合作绩效上，但由于企业与其合作伙伴间关系的发展，强烈地影响到供应链的绩效表现，已有供应链相关文献致力于对伙伴关系的探讨。下面重点讨论供应链合作关系质量的不同衡量维度对合作绩效的影响，用以表明研究供应链合作关系质量的价值和意义。

3.3.1 供应链合作绩效的概念

3.3.1.1 供应链绩效

从供应链的构成形态上讲，供应链绩效评价是一个复杂的过程，由供应商绩效、核心企业绩效和销售商绩效等子系统构成。目前已有研究主要评价整个供应链或者评价各子系统的绩效。国内外学者古纳塞卡兰（Gunasekaran，2001）和刘小平（2002）都分别对供应链整体绩效进行了评价，提出了一种在战略、战术和操作层次上评估供应链绩效的模型以及一些关键性的评价指标。这一模型的出发点是考虑到绩效评估指标会对企业在战略、战术和操作三个层面上的决策分别产生影响，因此需要对供应链管理中不同层次的绩效分别进行衡量。我国学者霍佳震（2004）也提出了一种基于流程的供应链整体绩效评价指标体系，该指标体系首先区分不同的主体，从所有者、经营者、最终顾客三个主体方面考虑关键因素，然后面向顾客选择指标，构建了一个由结果层、运作层和战略层组成的供应链绩效评估体系。马士华（2000）认为供应链绩效应从内部绩效度量、外部绩效度量和供应链综合绩效度量三方面考虑，并提出了常见的供应链绩效评价指标。

除了对供应链整体绩效的评估，国内外许多学者对供应链各子系统的绩效也进行了广泛的研究。哈特纳勒（Hatnerall，1988）曾以制药行业为例展开调查，提出了8项准则用于评价供应商绩效。坎南（Kannan，2002）认为在对供应商绩效的评价中需要考虑配送和服务质量、反应度和信息共享三方面的关键因素。徐贤浩（2000）在对供应链绩效评价的研究中提出了包括产需率、产品循环层周期和成本在内的供应链核心的企业绩效指标。罗斯（Ross，2002）建立了以配送中心为供应链核心的企业绩效评价模型。目前现有研究有的侧重评价整个供应链，有的侧重评价各个子系统，但相对忽视了供应链整体与各系统之间的联系、影响和制约。特别是近年来供应链企业合作成功的比率还相对偏低，越来越多的学者认识到应将供应链企业的合作绩效作为一个独立的问题加以系统地考虑。

3.3.1.2　供应链合作绩效

虽然国内外学者对企业间合作绩效进行了相对深入的研究，但是合作绩效的定义和测量一直还没有形成一套公认的行之有效的办法，并且不同的合作形式对合作绩效的关注角度又有着较大差别。供应链中，企业间合作绩效就是对供应链内部双方合作活动的业绩和效率的统称，它可以看作是企业合作目标的实现程度，强调的是双方共同利益与某一方自身利益的统一，其内容包括合作活动的效率和结果等方面。企业间合作的动机不一，合作的方式也多种多样，合作成员在合作过程中投入的资源也不尽相同，使得合作绩效的内涵非常广泛，合作的结果具有很大的无形性，难以用客观的指标对合作绩效进行量化性评述。因此，对合作绩效的测量大多采用管理人员主观打分的办法。这里将供应链中的企业间合作绩效分为直接绩效和间接绩效两个方面。直接绩效是指供应链成员合作短期目标的实现程度，包括通过合作来降低成本、提高产品质量和客户满意度等。间接绩效是指供应链合作带来的一种对企业竞争优势的提升，是双方合作从战略角度长期作用的一种结果。

供应链合作的直接绩效主要从成本、质量、客户满意度三个构面来加以衡量。成本一直被认为是供应链绩效最重要的指标。供应链节点企业开展合作后，成员企业首先感到的就是生产等各方面的成本的降低。供应链合作的一个主要的目的就是降低各项成本，而在供应链的建模与优化中也都是以成本最小化为目的。成本已成为目前供应链合作成效好坏的主要考察方面。马士华等（2002）就从财务的角度把控制成本与良好的现金流作为衡量供应链绩效的一个指标。质量是供应链合作的一个重要的运作指标，它通常是指由于企业在供应链上的合作而使得产品或服务在性能、设计和个性需求的满足等方面的改进与提高。需要指出的是供应链关注的质量绩效不仅包括供应商等上游企业提供的原料或部件产品的质量，而且更关注整条供应链为最终用户提供的产成品的质量。供应链企业为了获得长远的财务业绩，必须创造出令客户满意的高质量产品和服务。最终客户的满意程度是检验供应链合作业绩的主要方面。供应链用来衡量客户满意度的评价指标主要包括市场份额、客户保有率、客户获得率、客户满意度等。搞好供应链合作的目标之一就是为整个供应链中的客户提供持久稳定的收益，因而供应链管理的核心之一便是进行客户管理。深入了解客户的需求以及评价满足客户需求程度的大小，是供应链调整经营方法和策略的主要依据。

供应链合作的间接绩效。间接绩效反映的是合作从战略角度长期作用的一种结果，是通过合作对各企业和整个供应链竞争优势的一种提升。供应链企业合作的形成不仅仅是以获取短期收益为目的，还应确保长期合作的稳定并在激烈的市场竞争中保持长久的竞争优势，这是供应链企业合作的根本动因。供应链企业应在不断的、长期的合作中，通过优势资源的互补，使合作中的企业在同行业中的竞争力加强，使得供应链形成一种独特的、难以模仿的资源模式。只关注眼前的合作成效对于供应链企业来说是片面的和不可取的，在实际当中，合作的短期效应有时候并不是很明显甚至是不好，但是供应链这种合作行为能够继续下去的原因是企业对这种长期的间接绩效的追求。

3.3.2 供应链合作关系质量对合作绩效的影响作用

3.3.2.1 关系质量的持久性有利于合作绩效的提升

舍恩伯格和安萨里（Schonberger & Ansari，1984）认为，合作关系持续的时间越长，表明关系持久性越好。同样，合作双方对未来合作时间的预期越好，也表明双方的关系持久性越好。而持续的合作关系不仅会加深合作双方彼此的信任和依赖，使双方的合作更加默契和高效，而且依据关系资本理论，企业与合作伙伴为实现其目标而建立、维持和发展合作关系所进行的投资会形成一种关系资本，这种关系资本必然会给拥有者带来最大化效益。研究显示，在绩效较好的合作关系中，合作双方都具有长时间的合作经历。埃尔拉姆（Ellram，1995）认为合作关系的持续性决定供应链伙伴关系强弱的程度，以长期发展为导向的成功联盟的结果是产生单个企业无法实现的高绩效运营。卡和皮尔逊（Carr & Pearson，1999）证实，具有关键供应商并实施战略性管理的长期合作关系对财务绩效有积极的影响。

3.3.2.2　关系质量的沟通性、多样性和公平性会明显改善合作绩效

及时、高效的沟通可以消除企业合作中的矛盾和冲突，使双方关系逐步加深，双方的合作领域也会随之扩展，关系会显示出多样性的特点，在其他条件一定的前提下，关系多样性越好，越有利于双方合作绩效的改善。保证公平性是双方合作的一个必要前提。良好的公平机制不仅有利于合作双方的沟通和资源共享，而且能减少冲突发生的可能性。当然，法因思等（2005）就认为关系的持久性、沟通性、公平性、灵活性等在提升合作关系绩效方面能互相促进并反映在实践中，如影响供应商质量管理、共同制造、共同解决问题和卖方评价的程序，且影响成本、质量、交货和柔性等方面的绩效，他们假设的供应链关系质量对供应链绩效具有积极的影响的理论，在爱尔兰电力部门的制造企业调查分析中得到了证实。

就合作关系的多样性而言，卡特和埃尔拉姆（Carter & Ellram，1994）发现供应商参与产品设计对产品质量有积极的影响，纳拉辛汉和杰亚拉姆（Narasimhan & Jayaram，1998）验证了集成的供应链活动对于外包决策和实现制造目标的结合在依赖性、柔性、成本和质量方面都有正向作用。

此外，埃弗斯等（Dong & P. T. Evers，2001）也指出供应链企业之间良好的协调能够为企业带来竞争优势。达菲与费恩（Duffy & Fearne，2004）的研究表明，供应链合作关系追寻在合作企业之间建立一种沟通、持续发展的关系，促使双方有更多的合作机会。伯克金（Burkink，2005）通过研究上下游的买卖关系，发现渠道成员之间通过有效的沟通和交往，能够增进下游企业对上游企业的了解，进而提高下游企业的经营绩效。武志伟等（2007）结合国内环境证实了关系质量的合作时间、关系的强度、公平性等维度对合作绩效有显著影响。

3.3.2.3 关系质量的关系强度、灵活性也会对合作绩效产生积极影响

供应链企业在合作过程中，必然会发生各种形式的交往活动，还会涉及物质资本和人力资本等专用性资产的投资问题，而这些交往活动和专用性资产投资是深化双方合作关系所不可或缺的，对提升合作绩效也是非常有必要的。但是，在合作过程中能够在不损害双方关系的前提下，保证一定的关系灵活性，适时将契约的约束放在一边，就有可能提高合作的效率和保持合作的活力。因此，既维持一定的关系强度，又保持适度的灵活性就成为维持双方满意度、提升合作绩效的关键因素。

许多的实证性研究结论都从侧面反映了关系强度对提升合作绩效的作用。例如，高（Kao，1993）认为合作关系对于市场的扩展和销售增长有着直接的积极影响，跟客户企业保持良好的关系可以提高对方的满意度，并降低业务的不确定性，和供应商保持良好的关系能保证原材料良好的质量和及时的供应，从而可以帮助企业获得更好的市场绩效和财务绩效。格罗斯比（1990）证实了关系质量对销售效果有正向的作用，通过对批发商和零售商的深度访谈和面对面互动的观察，发现关系质量在新产品销售方面得到更快的确定并展示出更加友好的态度、较少的问题、较少的意见不一致和相互的顺从，从而提高了新产品的市场占有率。

库马（Kumar，1996）以经验为依据研究了一个可替换的汽车配件的制造商和他的 400 多个零售商之间的关系。研究证明，当零售商和制造商进行高水平的合作时，能够产生比低水平的合作多 78%的销售量，额外的销售使得制造商和零售商获得更高的利润。美国博斯公司（Bose Corporation）——一家生产高保真设备的公司，在 20 世纪 90 年代早期开发出 JIT2 理念和方法，即让供应商的一名员工在客户的采购部门全天候工作，从而代替了原来的采购员和推销员，使客户与供应商之间的流程更加紧密，交流更加深入。上门服务的供应商代表得到了授权，可以使用客户的生产计划系统向自己的公司下订单，还可以对自己公司提供的物料做物料计划。供应商以前遭遇的需求不确定性因而大大降低了，简化的供应流程也令博斯公司的业务得到改善，其中包括：及时交货的百分比提高了 50%，而物料损失和短缺的百分比下降了 50%；物料成本降低了 6%；设备利用率提高了 26%，库存积压大幅度下降。①

---

① 艾伦·哈里森，雷姆科·范赫克.物流管理[M].北京:机械工业出版社,2006:151.

总之，对供应链企业合作关系的研究表明，供应链的关键绩效来源于企业之间的关系租金，而这种关系租金只有在企业之间建立良好的战略合作关系才能实现。这里分析的合作绩效，既包括供应链整体绩效，也包括合作企业的自身绩效，其中，后者以市场占有率、合作的满意程度、销售增长率和利润增长率等作为衡量指标。供应链合作关系为合作主体提供了一个信息和资源的交换平台，合作成员可以通过这一平台获取自己所需的稀缺资源和能力，并进行充分的沟通和交流，协调冲突，解决矛盾，进而实现预期的合作目标。供应链合作给企业带来的竞争优势最终体现为合作绩效的改善，关系质量对合作绩效的优劣有着直接影响（Joyce A. Young, 2000）。

3.4 供应链合作关系影响因素分析

3.4.1 理论分析的前提

供应链合作注重于满足顾客需求的整个链条运作过程的协调，重塑节点企业间的关系，从而形成围绕互补资源和能力联盟的虚拟一体化形态的供应链网络，以实现供应链整体价值的最大化。因此，供应链企业合作能否成功，取决于供应链上下游企业之间在目标、资源、能力等多个方面的协调和配合情况。供应链合作关系质量的高低，关键要看链条上的各合作伙伴之间的信息是否透明共享，物流是否畅通无阻，资金是否分配合理，文化是否相容等。由此，结合供应链合作关系的价值性、长期性、互动性、集成性和排他性等特性，我们对供应链合作关系影响因素分析如下。

在进行理论推演和假设论证之前，提出贯穿本书的四个前提条件。

3.4.1.1 企业具有利己主义动机

主流经济学以"经济人"的"利益最大化"[①]为基本假设，"经济人"是被赋予了完全利己行为动机的、追求自身利益最大化的完备理性主体。市场中的企业作为"经济理性人"，其行为自然完全建立在追求利益的基础上。这

---

① 既没有证据表明个体"利益最大化"是对人类实际行为的最好近似，也没有证据表明自利最大化必然导致最优的经济条件。以自由市场经济为例，比如在日本，那里以规则为基础的行为，系统地偏离了自利行为的方向——责任、荣誉和信誉——都是取得个人和集体成就的极为重要的因素。详见：阿马蒂亚·森. 伦理学与经济学[M]. 北京：商务印书馆，2005.

一假设也可以从企业的定义中得到证实,"企业专指具有独立法人资格的从事生产、流通等经济活动的盈利性机构(黄津孚,2007)"。经济活动中,企业之间的确不存在永远的"朋友",只有永远的"利益"。因此,在供应链合作中,具有经营自主权的企业追求利益最大化是无可厚非的。当然,企业所追求的利益既包括短期利益,也包括长期利益;既包括财务利益,也包括无形收益。

两个世纪以前,经济学家亚当·斯密(Adam Smith)在讨论市场经济时曾做过这样的论述:个体在寻求自身利益的同时也能推动群体利益的实现。纳拉亚南和拉曼(Narayanan & Raman,2006)对 50 多个企业的供应链长达 10 年的研究表明,千万不要做这类乐观的假设。供应链中的一方寻求自身利益最大化,并不一定能促使整个供应链的利益最大化。因此,供应链合作的价值和竞争优势的实现需要利他主义的指导。

3.4.1.2 企业具有利他主义倾向

主流经济学对经济主体的利己与利他等因素关系的争论充满经济学的发展过程。就目前学者的研究成果看,无论是抽象演绎,还是经验研究,都证实了企业的利他性。亚当·斯密的《道德情操论》(1759 年)就是立足于"利他"的人性展开的分析方法。2001 年 5 月的《美国经济评论》刊登了"12 位富有经验的实地调查专家",历时多年,"在五大洲 12 个国家"进行调查研究的最后成果,令人信服地证实了人们除了对于自己可能的物质支付表现出很自然的关注之外,对于公正和互惠也表现出根本性的关注。现实的人类社会中许多人愿意为修正物质利益的"不公平"分配而承担个人的损失,同时奖励那些以合作态度维护公平或者遵守规则者,惩罚那些不合作的人,尽管这些对于他们自身来说可能代价不菲。目前比较统一的观点是经济人的"利己"与"利他"同时并存,尽管他们的目的和作用各不相同。①

利他行为可以分为亲缘利他、互惠利他与纯粹利他三种形式②。企业的利他性主要表现为互惠利他。特里弗斯最早采用囚徒困境博弈提出了描述互惠利他主义行为的自然选择模型,阿克塞尔罗德与汉密尔顿运用博弈论方法,发展了合作进化理论,提出一个有机体付出代价帮助另一个有机体,可以在

---

① 大多数国内学者(林莎,邓春玲,马姗伊,王辉)认同:利己是"经济人"行为的根本目的,利他是"经济人"实现目的的有效手段,为己利他是"经济人"的普遍持久行为。

② 叶航.利他行为的经济学解释[J].经济学家,2005(3).

下一次受另一有机体帮助时获益更大的观点[①]。郝身永，涂一峰（2007）认为利他行为受利己动机支配，本质上仍是利己的，也可以纳入"经济人"范式中。

3.4.1.3 信息不对称

在信息经济学中，信息不对称（information asymmetry）是指交易各方拥有的信息不对等、不相同，一方拥有另一方所没有的信息。在供应链中，企业间的信息对称是相对的，而信息不对称是绝对的。一方面，由于供应链上的企业都是独立的经济实体，每一个企业都比合作方更了解自己的生产和经营状况，各自都拥有私有信息。例如，制造商的生产成本、产量及库存信息，零售商的销售成本及实时销售与库存信息，还有制造商和零售商对未来需求的预期等都属于私有信息。与此同时，供应链中的每一个企业都是"理性人"，为了追求自身的最大利益，它们会有意隐瞒本企业内部的某些核心信息，即在合作中实行有限的信息共享。更有甚者会故意扭曲信息来满足自己的私利。

3.4.1.4 不完全合同

合同的不完全性（张维迎，2000）是指一个合同不能准确和完备地描述与交易有关的所有未来可能出现的状态以及每种状态下合同各方的权利和义务。不完全合同出现的原因主要有：

第一，大量偶然性因素的存在，导致不确定性。要预先了解和明确针对所有这些可能性的反应，需要很高的搜集信息及谈判成本，不仅费用非常高，而且不可行。

第二，信息不对称也导致合同的不完全。因为和交易有关的信息可能只为交易的一方私有或交易一方的行为无法为所有的交易方观察到。

第三，把一切事项都写进合同并在法律上强制执行会带来僵化（Klein，1997）。因为合同条款必然是不完美的，一旦被写进合同，交易者便可以通过僵化地执行这些不完美的条款来进行无理讨价，即使文字条款是与参与方的意图相违背的。而要想取消某些条款，就需要花很大的代价。因此威廉姆逊（Williamson，1985）认为，由于未来事件在开始时并不能够完全预测到，偶然事件的发生使得事先的规定缺乏适应性，而且由于交易双方的关系是一种动态发展变化的过程，严格的合同很可能导致实际冲突。

综上所述，企业首先是个"经济人"，它只有维护了自己的利益，才能为

---

① 郝身永,涂一峰.利他主义行为与"经济人"范式[J].湖北经济学院学报,2007(4).

社会创造利益。完全"利己"的企业是难以发展的,但是完全"利他"的企业则将难以生存,更谈不上发展。企业能否获得可持续发展,在价值观上,在理念上,在竞争与合作上,就是一个如何在"利己"与"利他"之间恰当地把握"度"的问题。"双赢"的时代已经到来,企业已经意识到零和博弈只会使自身的生存空间越来越小。保持竞争优势的条件是合作企业共同把"饼"做大,然后再"分而食之",每个企业都能得到较自身产出更大的一份,皆为赢家。做到为对方利益着想,合作才能稳固根基。尽管企业的利他性为供应链合作提供一定的解释和支持,但由于信息不对称和不完全合同的客观存在,加上企业的利己主义动机,供应链合作中企业的机会主义行为仍不可轻视。

3.4.2　影响因素选择

供应链合作关系是若干影响因素的函数。

供应链合作关系 = f(质量、交货、价格、技术能力、企业文化、声誉、组织结构、文化兼容……)。

本书选择企业声誉、组织结构、企业文化作为供应链合作关系的影响因素具有理论的逻辑性和现实的可行性。

3.4.2.1　由供应链合作关系的内涵引出影响因素

(1) 供应链合作要求节点企业的业务流程要高效协调和有机整合,组织结构需要随之进行适应性调整。

供应链管理是一种全新的管理思想和方法,它的运作需要组织保障。供应链的业务过程和操作可以从工作流程(商流)、实物流程、信息流程和资金流程四个方面进行分析。供应链的信息流程带动工作流程,工作流程决定实物流程,实物流程反馈为资金流程。为实现供应链整体绩效必须进行企业内部流程重组与整合及企业间流程协调,并且需要组织结构与之匹配。

传统的以职能为基础的组织结构受到越来越多的挑战,难以适应供应链管理的要求。传统企业组织部门界限分明、单独操作,而部门之间的关联业务往往就会因各自为政而发生冲突,引发产、供、销的脱节,物流、信息流经常被扭曲、变形。供应链管理是跨职能部门界限的,传统的组织结构及评估系统往往使信息不完整,追求自身利益忽视整体利益,这也将造成供应链"牛鞭效应"的产生。马士华(2002)提出:自从业务流程再造提出后,适应供应链管理的组织结构变化逐渐从过去的注重功能集合转向注重过程（或称流程）的重构上来。面对供应链管理的要求，企业的组织机构和功能都必须彻底实现转型，转型后的企业组织应该具有扁平化、敏捷化、柔性化的特征。

（2）信任是供应链合作的基础，企业声誉、企业文化通过信任影响供应链合作关系。

"信任"被认为是企业间合作的基础性建构，相互信任既是供应链成员间互惠互利的需要，也是供应链合作关系健康发展必不可少的行为路径和治理机制。在供应链伙伴关系的文献中，可以发现无论是哪种视角下，信任对企业间合作的建立、发展以及合作的类型都有显著影响。信任可以减少、简化社会复杂性（Luhuman，1979），增加企业的战略柔性（Young – Ybarra & Wiersema，1999），提高企业的适应能力（Lorenz & Edward，1979）和预测能力（Sako，1979），当管理跨越多个不同组织时，上述的这些能力显得格外珍贵①。多尼（Doney，1997）、萨科（Sako，1994）和大卫（David，2000）等的研究表明，组织间长期关系的构筑、企业绩效的提升、关系承诺以及忠诚度的提高、长期合作等都依赖于组织间信任的建立。古拉蒂（Gulati，1995，1998）提出在长期的合作关系中，信任是必不可少的。伯切乐（Burchell，1997）认为及早建立成员间的信任关系是联盟成功的基础。达斯和登（Das & Teng，2002）认为伙伴间的信任关系是战略联盟形成和发展的重要前提。反之，信任的缺失将导致企业间功能的冲突、不确定性增强、合作关系的解体等事件的发生。达斯和登（2001）研究了不同合作类型中的不同信任，将信任分为两类：能力信任（competence trust）和善意信任（goodwill trust）。合作的成功和这两种信任都是分不开的，即合作伙伴不仅要有能力去履行合约中的职责（能力信任），还要有意愿去履行（善意信任）。

有关研究表明，"声誉"要素是许多学者共同认可的信任前因（先决条件），"文化"要素对信任的形成与产生起到了非常重要的作用。在设定的企业利己主义、信息不对称、不完全合同等条件下，互惠利他很容易转变为利己不利他，机会主义行为很可能发生。机会主义行为破坏了企业间的信任，进而损害了合作关系。即使没有机会主义行为，合作者是否具备将善意信任

---

① 林英晖.供应链企业间信任研究：价值、评判与建立[M].北京：经济管理出版社，2007.

3 基本理论概述

转变为合作价值的能力,也是建立高质量的合作关系需要关注的重要内容。企业声誉、企业文化能够对善意信任和能力信任的实现提供保证,为改善合作关系、提高关系质量做保障。

如果双方以前没有合作经历,就只有依赖彼此的声誉,实证研究表明,良好的声誉与信任成正相关关系。一个企业拥有诚实、公平、可信赖的声誉,意味着它在将来的合作中的行为更加透明,更值得信任。因此,声誉对机会主义行为有很大的影响,拥有良好声誉的供应商具有在市场上履行诚实和一致行为的潜质,因为机会主义行为的潜在成本非常高,投机行为会在企业所在的社会网络中快速传播,使该企业失去很多和其他企业合作的机会。声誉的"易碎性"使企业不会为了眼前的利益去破坏已经获得的声誉。研究华人企业组织中信任的学者发现,华人企业主要通过声誉产生信任,而法制化的信任很少(Whitley,1991)。例如,香港利丰作为一家百年老店,拥有庞大的国际网络、各种权威机构的认证和供货商的长期合作关系,公司治理及透明度亦得到广泛的认可,在行业内有着90多年积累的良好声誉,成为利丰公司的信任源泉,吸引了全球供应商或客户并取得了他们的信任,利丰成了一个信任中心,并且还成为一个具有号召力的盟主。

信任的来源之一就是对规则的信任,相信规则可以调整主体的行为。企业文化为企业内每一种制度、每一种制度的每一条规范提供解释,间接提供了供应链成员对规则的信任。企业的行为规则怎样,决定它在多大程度上遵守这个规则会在其他成员中产生相应的信任,这些信任反过来影响供应链成员关系。另外,企业文化中吸收的社会传统文化在企业员工心中产生的深层次积淀,也影响着企业之间的信任。

企业文化的核心价值观将影响合作企业对该企业的信任水平。斯蒂芬(1997)认为,共同的价值观体系实际上是一系列企业所重视的关键特征,具体体现在七个方面:创新与冒险、注意细节、结果定向、人际导向、团队定向、进取心以及稳定性。其中,"结果定向"是一种与"信任"密切相关的价值导向,反映组织管理人员在多大程度上集中注意力于结果,而不是强调实现这些结果的手段与过程。那么,"结果定向"的企业员工就极有可能采取不正当的手段,甚至为了自身的利益而不惜牺牲他人的利益,这种价值导向一旦为合作企业获知,便很难对该企业产生善意信任;反之,如果企业管理者对过程合法性、诚实性的关注强于对结果的关注,那么,这种价值导向被合作企业获知，便很容易对该企业产生善意信任。由此可见，企业文化中核心价值观的不同会影响其他企业对该企业的信任。

3.4.2.2 基于供应链合作关系发展演进的分析

拉奥和佩里（Rao & Perry，2002）把关系发展的各种思想分为阶段理论（stage theory）和状态理论（states theory）两类。阶段理论认为关系发展是一个随着时间的推移，通过逐渐增加资源投入和相互依赖，依次经过各个阶段而演进、前行的过程。状态理论则强调关系在任一时间点上是不可预测的状态，强调环境或机遇对于关系形成和发展的重要性。无论是在静态的时点，还是从动态的发展过程审视供应链节点企业的合作，都会发现关系质量受企业内外部很多因素的影响，这些因素在供应链合作关系的不同阶段，其影响程度也有不同。

一个企业能否与其他企业建立和深化合作关系，与企业的商业信誉有很大的关系①。在供应链合作关系的建立阶段，合作企业都对对方不甚了解，企业在市场中活动的以往历史记录——"声誉"能够向潜在的合作伙伴展示企业在本行业中所处相对位置的信息，包括竞争能力、企业形象以及遵循社会规范的制度信号，便于剔除有恶意违约记录的声誉较差的企业，为合作关系的建立和发展打下坚实的基础。声誉作为信任的功能等价物或替代物，在供应链合作关系发展演变过程中，尤其是在合作关系的初建阶段，发挥着重要的信息显示作用。

根据企业声誉选择合作伙伴后，组织结构在合作过程中发挥出主要的影响作用。一旦形成供应链合作关系，就必须设计新的或改造原有的组织机制以适应合作伙伴之间的业务整合和流程调整，保证供应链内部的企业间组织的高度协调。为了成功实践供应链合作关系，企业在组织流程和结构上必须进行根本性的变革。组织结构的调整是企业实现从传统自营物流到现代供应链物流运作模式转变的战略实施保证。组织结构实现流程化、分权化、扁平化、柔性化和团队化等的程度对合作企业间物流、商流和信息流的顺利流转发挥着重要作用，进而深刻影响着供应链合作业务的顺利进行以及供应链合作企业物流管理效率的高低，并最终影响供应链企业的协同绩效。

---

① 马士华,林勇.供应链管理[M].2版.北京:机械工业出版社,2006:123.

随着合作关系的深化和合作时间的延续,合作伙伴的价值观和理想信念在合作中的作用越来越明显。尤其是供应链中的核心企业,其可以通过自身的影响力把核心理念和行为方式辐射到其他合作企业,使价值观成为连接节点企业的无形纽带(马士华,2006)。这种纽带作用,不仅可以提高各节点企业的归属感和认同感,有助于消除企业间合作关系的隔膜,而且还是供应链整体综合实力的重要组成部分和竞争力的核心。由于合作伙伴具有不同的文化背景,文化差异阻碍沟通的顺畅进行,甚至形成冲突,使合作双方的关系恶化。文化相容的合作伙伴才可能具有共同的奋斗目标和行为准则,企业间的合作才具有坚实的基础。

根据关系的发展阶段理论,供应链合作关系是随着时间的推移,依次经过各个阶段而演进、前行的发展过程。企业声誉、组织结构、企业文化作为影响供应链合作关系的三个战略性影响因素,在供应链合作关系发展演变的不同阶段依次发挥着主导作用,如图3.3所示。

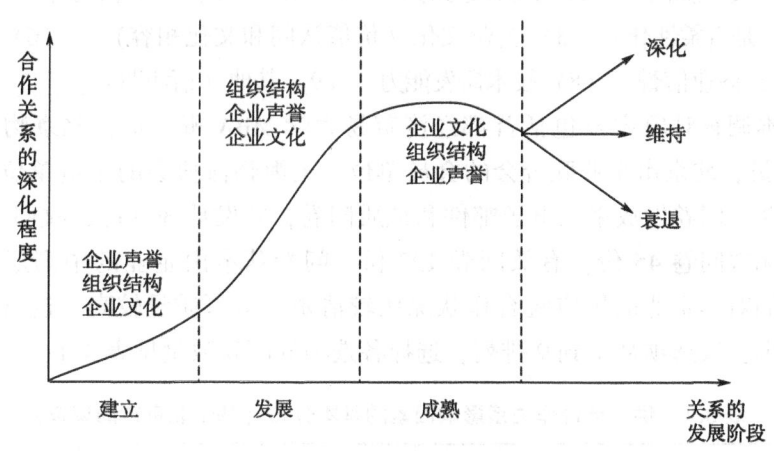

图3.3 合作关系影响因素与合作关系发展演变

从图3.3可以看出,我们有意将企业声誉、组织结构和企业文化在供应链合作关系的不同发展阶段进行了排序,目的是说明上述三个影响因素在合作关系的不同阶段发挥的主导作用是不同的。在供应链合作关系的初建期,企业声誉的作用,尤其是信息显示作用扮演着主导角色。随着供应链合作的逐步深入,流程协调的地位逐渐突出,组织结构对合作双方物流、信息流和商流的流程整合发挥着重要的影响作用。在合作关系逐步发展到一定阶段后,双方能否进行深度合作，则往往取决于双方的价值追求、行为准则等企业文化方面的特征。关于不同因素在供应链合作关系的不同发展阶段的具体影响程度的差异，成为笔者今后进行深入研究的方向。

3.4.2.3 基于实证研究和文献研究的对比分析

从上面分析可以看出，良好的企业合作绩效是高质量合作关系的反映。因此本研究的分析立足于这一基本结论，重点研究企业自身的深层次因素对合作关系质量的影响，为供应链企业保持健康、和谐的合作关系提供对策建议。

为了从企业自身因素中筛选出的关键影响因素，突出研究成果对我国企业的实践价值，课题组在问卷题项中专门设置了与供应链合作关系质量影响因素相关的题目：

14. 影响贵公司与供应链上下游企业合作关系的因素，请按影响程度从高到低排列：（多选排序）_____
（1）资产规模　（2）组织权力的集中或分散　（3）市场占有率　（4）组织形态（是否柔性化）（5）企业文化（价值认同和文化相容）　（6）盈利水平　（7）商业信誉　（8）技术研发能力　（9）其他（请注明）_____

样本调查对象主要包括首都经济贸易大学 MBA 班学员、北京物资学院 MBA 学员，北京市企业联合会的会员单位、上海物流协会的会员单位和其他一些企业。问卷发放采用电子邮件和纸质问卷，共发放 300 份，收回 237 份，其中，无效问卷 45 份，有效问卷 192 份。问卷基本由企业的中高层经理填写，他们对本企业的供应链合作状况比较清楚，填写质量较高。进行简单统计后发现：按选项从 1 到 9 排列，选择各选项的问卷数量见表 3.1。

表 3.1　供应链合作关系影响因素的基本分布（基于北京市的调查）

题目序号	1	2	3	4	5	6	7	8	9
所选数量	149	141	152	138	145	117	160	139	19

按照所选数量由大到小排列的选项顺序为：7-3-1-5-2-8-4-6-9。

从表 3.1 可以看出，企业选择供应链合作关系影响因素时，除题目所列的具体因素外，填写"其他"项的仅有 19 家企业，可见项目组提供的影响因素选项比较全面，与企业供应链实践中的选择基本一致。企业填写的"其他"因素主要有价格、领导个人因素等。这表明问卷中设计的影响因素与企业的

3 基本理论概述

实践情况基本上是相一致的。

从影响因素的特征和性质进行考察发现，有的因素比较直观，能够被合作伙伴直接感知，在短期内便能对合作伙伴的绩效产生比较显著的影响，本书称之为显性影响因素；有的因素内涵丰富，不易被合作伙伴直接感知，对合作伙伴的短期绩效作用不明显，但长期来看，会通过合作理念、合作行为对合作关系质量产生深入的影响，本书称之为隐性影响因素。对影响因素进行分类的目的只是在于更系统地把握已有的文献成果，便于进一步深入研究。有的因素可能并不能明确归入其中一类，但是这并不妨碍对隐性影响因素的选择。

根据这种分类方法，质量、交货、价格、生产能力或设施、技术能力、销售能力、市场占有率、地理位置、财务状况等因素属于显性影响因素；管理与组织、美誉度、企业文化、信誉、信用等因素属于隐性影响因素。将本书的调查结论与文献综述的研究结论相比较可以发现，研究结论是基本一致的，即：供应链合作关系的影响因素中，企业普遍关注显性因素，对隐性影响因素关注程度较低。笔者认为由于两类因素对合作企业短期绩效的影响力不同，企业更倾向于选择和考虑对短期绩效产生显著影响的因素。但是，企业所有影响因素要在供应链合作中高效地发挥作用，离不开企业价值观、行为理念和组织结构的软硬件支持。本研究调查结论与文献研究结论显著不同的是：商业信誉在国内供应链合作关系中的影响力巨大，而国外企业界和理论界却没有类似的结论，这从侧面说明了中国转型经济背景下企业间信任制度缺失导致企业必须寻求约束性保障。

本书从供应链合作关系的内涵、合作关系的发展演进、实证研究和文献研究的对比分析等角度选择企业声誉、企业文化、组织结构三个影响因素。如此选择主要基于以下考虑：第一，根据本书的界定，企业声誉、企业文化、组织结构属于隐性影响因素，其内涵丰富、不易直接感知，从长期来看，对供应链合作关系会产生比较深刻的影响。学者们虽然注意到这些隐性因素对供应链合作关系的重要作用，但是缺乏深入的探索，因此，理论分析和实证研究存在较大差距。第二，从企业自身选择影响因素，更有利于提出改进供应链合作关系实操性更强的对策建议，提升研究课题的实践价值。

基于以上分析，可以得出供应链企业合作关系影响因素的分析模型，如图3.4所示。

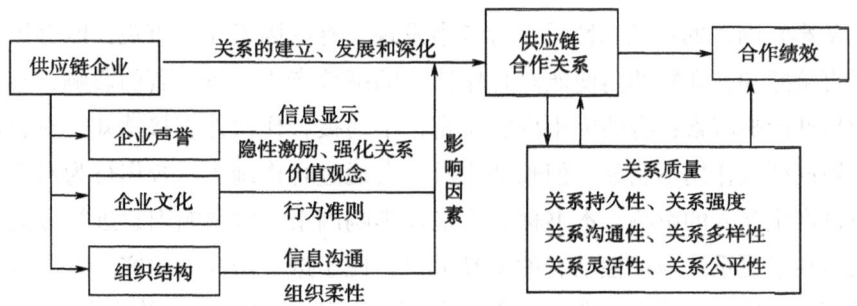

图3.4 供应链合作关系影响因素分析框架

3.5 本章小结

本章从关系资本的视角界定了供应链合作关系的内涵和外延，根据合作的时间维、深度维和广度维将供应链合作关系分为交易型合作关系、协调型合作关系、协同型合作关系三类。合作关系质量是对供应链合作关系的全面衡量和综合评价，本书借鉴近关系理论的相关成果对合作关系质量测量维度展开具体分析；从已有研究成果来看，关系质量的持久性、沟通性、多样性、公平性、关系强度和灵活性都会对供应链合作绩效产生积极的影响，这是本书下面分析的基本前提和出发点。

4 企业声誉对供应链合作关系的影响分析

4 企业声誉对供应链合作关系的影响分析

古典经济学家认为自由竞争能够带来"经济和谐"的理想境界,其中蕴涵着信息是完备和对称的假设前提。然而,真实的经济世界并不像"精致"的理论模型所构想的那样——信息完备并且均匀分布,而是充满风险和不确定性。在信息不对称的情形下,声誉的价值凸现出来,伴随着博弈论、交易费用理论和信息不完全理论等提供的有力分析工具,声誉问题的研究受到高度重视并得到了较快的发展。本章主要分析企业声誉对供应链合作关系的影响机理,并进行实证研究。

4.1 企业声誉概述

2000年6月,美联储主席格林斯潘在哈佛大学演讲时说道:"如果竞争是市场经济的引擎,那么声誉就是使之运行的燃料。"[①] 声誉是一个企业获得持续稳定发展乃至生存的重要保障。声誉的好坏,直接影响着企业当前及长远发展,并对其所在区域的经济有重要的影响。美国学者戴维斯·扬认为:"任何一个团体组织要取得恒久的成功,良好声誉是至关重要的,声誉管理是一个价值不菲的产业。"管理学者霍尔(Hall)在1992年进行的调查中发现,英国的经理们把声誉作为13种无形资产中最重要的一种。2001年,管理学者赫顿和克德曼(Hutton & Goodman)等人对《财富》杂志评选的500家"最受尊敬的企业"进行了问卷调查,结果显示,声誉管理已经成为这些企业中各类沟通与公关活动中最重要的一种活动。在市场经济条件下,作为一种全新的管理方法,声誉管理已经渐渐成为企业在激烈的市场竞争中赢得胜利的一种重要手段。企业强化声誉管理,赢得社会公众的认同并取得相互信任是其生存之本。随着市场日趋复杂和不确定性的增加,作为一种稀有的、有价值的、可持续的、竞争对手难以模仿的无形资产,企业声誉往往决定着企业成败。学者们也越来越关注企业声誉在市场竞争中所扮演的战略角色,发现企业声誉在建立进入壁垒、培养顾客忠诚、吸引投资者、招揽优秀员工以及强化竞争优势方面的作用越来越凸显,所以认为有效开发和管理企业声誉这种无形资产能使公司驱动市场。

---

① 邓晓辉.企业研究新视角:企业声誉理论[J].外国经济与管理,2004(6).

4.1.1 企业声誉的概念

概念的清晰界定是科学研究的前提,在研究和开发企业声誉测量工具之前有必要对企业声誉本身的内涵进行明确界定。

4.1.1.1 声誉的概念

韦氏(Webster)词典(1983)对声誉的定义是最简洁的,即企业声誉是一种猜想、一种估计,是其他人对一个人、一件事或一种行为所持有的估计……无论是可赞许的还是不可赞许的。我国《现代汉语词典 2002 年增补版》中对"声誉"的解释是声望、名誉①。《新牛津英语词典》(2001)中,对声誉(reputation)一词的解释如下:"the beliefs or opinions that are generally held about someone or something. Or widespread belief that someone or something has a particular habit or characteristic。"② 在经济学中,关于声誉的定义并没有一个统一的说法,从不同的角度可以对声誉有不同的理解。克雷普斯等(Kreps, Milgrom & Roberts, 1982)在有关"序贯均衡"(sequential equilibrium)的著作中将声誉描述为一种认知(perception),即在信息不对称条件下,一方参与人对于另一方参与人是某种类型(包含其偏好或者可行性行为)的一种认知,且这种认知会通过二者重复博弈所产生的信息不断地被更新③。克雷普斯(Kreps, 1990)认为一个人的生命是有限的,但组织的生命是无限的,包括企业、社团、中介在内的现代组织都是将一次性博弈转化为重复博弈的机制,是声誉的载体(reputation bearer)④。希阿墨和克莱茵(Shearmur & Klein, 1997)更加明确地指出现代社会复制声誉的主要手段是现代组织,包括企业组织、社团组织(如宗教团体、商会),以及大量的中介组织。⑤

4.1.1.2 企业声誉的概念

企业声誉的研究者往往结合自身的研究问题,从不同的视角提出企业声

---

① 中国社会科学院语言研究所词典编辑室.现代汉语词典2002年增补版(修订版)[M].北京:商务印书馆,2002:1311.

② 皮尔索.新牛津英语词典[英][M].上海:上海外语教学出版社,2001:1576.

③ David Kres, Robert Wilson. Reputation and imperfection[J]. Journal of Economic Theory, 1982, 27(2):253-279.

④ 余津津.现代西方声誉理论述评[J].当代财经,2003(11):18-22.

⑤ Shearmur, Klein. Good conduct in great society: Adam Smith and role of reputation[M]. Ann Arbor: The University of Michigan Press, 1997:29-46.

4 企业声誉对供应链合作关系的影响分析

誉的概念,因而对于企业声誉存在大量不同的表述。

斯宾塞(Spence,1974)认为,声誉是企业把他们的关键特征传递给其成员以使其社会地位最大化的过程的结果。魏格尔特等(Weigelt & Carnerer, 1988)认为,声誉是属于一个企业的与其过去行为有关的一系列特征的集合。丰布兰(Fombrun)系统地回顾了经济管理类文献中的各种观点,发现企业声誉被描述为:①"企业品牌在市场领域中的效应";②"未来活动和行为的一种象征,在代理理论中被认为是维护和促进代理原则的一个保证";③"在会计方面的一种好名声";④"在组织理论中被认为是企业身份的表现";⑤"在管理领域被认为是一种潜在的市场进入壁垒"。在此基础上,丰布兰(1996)把企业声誉界定为"对一个企业过去行为和将来前景的一种感觉描述,这种感觉形容了当企业与其他竞争对手相竞争时,企业对它的所有的利益相关者的综合吸引力"。丰布兰和闰多瓦(Fombrun & Rindova,1996)又指出,企业声誉是企业过去行为和结果的一种综合体现,这些行为和结果反映了企业向各类利益相关者提供有价值的产出的能力,它能衡量一个企业在竞争性和制度性环境中,在内部员工以及其他外部利益相关者中的相对名望。其他国外学者的有关界定尚未突破上述思想[①]。萨克斯顿(Saxton,1998)认为,声誉是随着时间流逝,通过企业的利益相关者的眼睛看见或通过他们的想法和语言表达的对组织的印象。哥德西和威尔逊(Gotsi & Wilson,2001)认为,企业声誉是随着时间的流逝,一个利益相关者对企业的全面评价,这种评价是基于利益相关者的直接经验、能提供有关企业的行为以及与其他主要竞争对手相比的信息的任何其他形式的沟通和象征性活动。惠滕和麦凯(Whetten & Mackey,2002)认为,企业声誉是利益相关者以自己对企业的期望为评估标准来对企业的行为做出的判断。马宏(Mahon,2002)认为,企业声誉是通过在企业中没有直接角色或对企业没有直接投入的利益相关者之间的相互作用而动态地形成并发展的一种关于一个企业实体的印象。塔克等(Tucker & Melewar, 2005)认为,企业声誉是利益相关者基于对组织的过去、现在和未来活动以及活动的沟通方式的理解而持有的对组织的感知。该定义认为,声誉是基于企业的所有活动而形成的,并且声誉最终能够因管理而变化。

国内一些学者借鉴西方社会学、经济学对声誉的分析,尝试着对企业声

---

① 福诺布龙.声誉与财富(成功的企业如何赢得声誉)[M].郑亚卉,译.北京:中国人民大学出版社, 2004.

誉进行定义。于勤（2001）认为，企业声誉是一个企业获得社会公众信任和赞美的程度，通常由知名度、美誉度和信任度构成①。张四龙、周祖城等（2002）认为，企业声誉是各利益相关者根据所掌握的直接或间接的经验或信息对企业所做出的总体评价，反映了利益相关者对企业信任与尊敬的程度②。殷盛（2004）认为企业声誉是企业的一种整体性的无形资产，它是行为主体，即企业各方面行为能力的综合反映；是企业所有社会行为及商业行为等的凝结；是企业在同其利益相关者，包括政府、社会公众、供应商、顾客、投资者、竞争对手以及企业内部员工交往过程中形成的整体印象③。黄春新（2005）从消费者角度出发将企业声誉界定为基于企业过去行为及其对所有利益相关者当前的和可预知的影响及消费者群体经由自身感知，对企业的认知评价与情感倾向。

从以上定义可以看出，学者们关于企业声誉的定义有很多种类，有的侧重解释企业声誉的性质，有的侧重解释企业声誉的结构构成，还有的侧重解释企业声誉形成过程。综上所述，根据论文的研究需要，本书主要借鉴丰布兰（1996）的界定，认为企业声誉既是一种附于企业自身的客观存在，又是利益相关者的一种主观反映，是企业的最广泛利益相关群体形成并发展起来的对企业的一种由情感反应和理性认知构成的态度结构，是利益相关者对企业提供有价值的产出的能力和行为属性的综合概括，是一种系统的全方位评价。

4.1.1.3 相关概念的辨析

为了进一步加深对企业声誉的理解，下面对企业声誉与企业形象、企业信誉、企业品牌这些极易混淆的无形资产进行辨析。

（1）企业声誉与企业形象。企业形象是个体形象、类想象、组织形象、艺术形象、自为形象五层形象的复合集成。④ 比如说麦当劳黄色弧形"M"的招牌门面等。

企业声誉与企业形象都是企业利益相关者对于企业各种有形或可见的表现所给予的群体评价与一般认定，不少学者认为二者是等价的，因而常被相

---

① 于勤.对我国企业加强声誉管理的思考[J].南京经济学院学报,2001(2):27-29.
② 张四龙,周祖城.论企业声誉管理的必要性[J].技术经济,2002(2):24-26.
③ 殷盛.浙江地区企业声誉定量评价模型[D].杭州:浙江大学,2004.
④ 罗长海.企业形象原理[M].北京:清华大学出版社,2003:5-16.

互替换使用。但也有一些学者认为二者存在差异,可归结为两方面:①时间因素,企业形象可以通过商标、广告、公关等手段在较短的时间内获得,而声誉是关于企业特性的价值判断,塑造良好的企业声誉是一个长期过程,需要企业有长期的优秀表现。②范围因素,企业形象来自不直接与公司会面的那些人对公司特点和价值的描述,而企业声誉则更广泛地代表了所有利益相关者的观点。声誉是认同与形象之和的函数,即声誉=f(认同+形象),本书认为企业形象是企业声誉的重要组成部分。

(2)企业声誉与企业信誉。企业声誉与企业信誉的相似之处在于:两者都能够增加利益相关者对企业的信任度,增强企业的吸引力;两者都是企业通过长时间的努力赢得的,都具有易碎性的特点,并且重新塑造声誉和信誉需要企业付出更多的努力。例如,美国安然、世通等公司的财务丑闻使企业的声誉和信誉遭受了严重的打击,根据 2005 年 12 月的《华尔街日报》报道,在公布的 2005 年年度声誉测评排名中,安然公司仍然是声誉排名最低的公司。

企业声誉和企业信誉也存在着本质上的区别。企业信誉最显著的特点在于受企业资产的影响很大,企业资产、企业的资本结构是企业信誉风险的重要组成部分;而企业声誉则强调准确决策的重要性,企业决策在声誉方面的含义在于这一决策将影响到利益相关者对它的看法。此外,企业声誉涉及的范围要比企业信誉更加广泛,企业的治理水平、财务绩效水平、企业的长期发展价值以及企业的战略类型等都能对企业的声誉塑造产生重要影响。

(3)企业声誉与企业品牌。企业名称和标识是企业品牌的两个因素,企业品牌会使消费者对企业所提供产品或服务产生期望。企业声誉和企业品牌的联系主要表现在:企业品牌包含或吸收社会责任,能够提升声誉;当企业品牌的允诺能够得到持续实现,企业声誉会随之加强;当企业品牌和企业领导人密切相关,个人声誉遇到危机时,企业的品牌和声誉将面临挑战。

4.1.2 企业声誉的构成

在企业声誉的构成方面,有的学者强调利益相关者的理性认知,有的学者强调利益相关者的情感反应,也有很多学者认为企业声誉是二维的,既包含理性认知成分,也包含情感反应成分。例如,格瑞和巴尔莫(Gray & Balmer,1998)认为声誉是利益相关者对一个企业的特征的理性评估,从构成内容上将情感成分完全排除在外。与之相反，丰布兰（2000）认为，企业声誉是以顾客、投资者、雇员和普通大众对企业的情感反应来表达的。但是，关于为什么仅有认知成分以及为什么情感反应是被排除的，学者们尚缺乏深入研究。霍尔（1992）将企业声誉明确描述为由认知和情感组成的，从而把认知和情感两方面结合在一起。杜兹（Dozier，1993）指出企业声誉既依赖于直接的经验也依赖于加工过的沟通信息。克罗伯-瑞尔和温伯格（Kroeber-Riel & Weinberg，2003）指出应把声誉看作一个态度的结构，态度是由认知、情感和意向等要素构成的一种心理状态。曼弗雷德（Manfred，2004）拓展了他们对声誉的定义，认为企业声誉有认知和情感两个要素。因此，他认为评估企业声誉时不仅仅要评估对企业外在特征的主观理解，例如"成功企业""高品质的产品"等，而且要评估这些特征对客户的内在影响，例如"我从内心接受这家企业""我认同该企业的发展理念"等。本书认为应该从认知与情感两个维度对企业声誉进行全面分析，并在设计企业声誉评价要素指标体系时，既从以往企业声誉概念和测量文献中收集了一些测量被调查者对一家企业理性认知的指标，也收集整理了一些评估被调查者对一个企业情感反应的指标。

4.1.3 企业声誉的特性

企业声誉的特性是声誉特性在企业这一组织中的具体反映。

4.1.3.1 认知性

声誉必须被认知才能发挥作用，"看法""知识"都可看作是"认知"的同义词。企业声誉的认知性是基于经济主体对博弈中信息的收集和处理而形成的知觉过程和感性认识。企业声誉具有认知性的重要原因是，虽然声誉具有保证交易契约履行的重要作用，但声誉的价值必须通过传播而获得，可以被广泛地认知是声誉"租金"的来源，也是声誉发挥风险担保作用的前提。

4.1.3.2 价值性

声誉是一种非常有价值的无形资产，附属于企业的名称并由其展现。声誉是能够给企业提供持续竞争优势的宝贵资源，因为声誉是稀缺、不可交易和不可模仿的。声誉稀缺是因为企业声誉的分布不均匀，不同企业的声誉各不相同；声誉的不可模仿是因为企业声誉的获取是企业之间长期复杂的互动过程；声誉的不可交易是因为声誉不能够在外部市场买卖，而必须通过企业自身的经济行为来获得。

4.1.3.3 溢出性

企业声誉是不同行为主体在社会交往和博弈过程中自然形成的,是交易一方对另一方的行为特征和属性的一个基本判断和预期,因此企业声誉单靠行为主体一方面的作用无法形成,在"鲁滨孙经济"中,树立声誉是没有必要的。溢出性的根源正是在于声誉是在社会关系中产生的,溢出性主要体现在相关利益主体之间的声誉可以传递,如企业与其供应商、分销商,企业与企业股东等。

4.1.3.4 相对独立性

企业的行为能力、行事方式、办事作风等在其他行为主体头脑中形成的认知具有相对独立于行为主体并对行为主体具有反作用的性质。如一个有着良好声誉的企业犯下某一错误时,起初人们一般是不相信的,再就是表示怀疑,直至确认了错误的真实性。然而一个声誉不好的企业偶然做出一件对社会有益的事情时,人们会对它的动机表示怀疑,其原因就是该企业以前的不良行为所形成的声誉独立反作用于其本身。

4.1.3.5 脆弱性

企业声誉是企业长期商业行为和社会行为的一种凝结,是一个长期积累的过程。企业声誉作为一种无形资产,其特殊性在于它不像其他资产那样稳定,企业声誉一旦受损,就会影响利益相关者对企业行为的预期,从而使其声誉资本迅速贬值。例如,我国 2001 年发生的"冠生园馅月饼"等负面事件,使企业声誉迅速跌落,也给企业带来了毁灭性打击。

4.2 声誉模型——博弈论的分析方法

20 世纪 80 年代,自克里普斯、米尔格罗姆、罗伯特和威尔逊(Kreps、Milgrom、Roberts & Wilson)等人将声誉纳入经济学模型,学者们才正式开始研究声誉对经济主体行为决策的影响问题。与此同时,随着现代企业理论的发展以及博弈论和信息经济学的完善,组织声誉理论也开始兴起。目前,声誉理论基本上是沿着个体声誉和组织声誉两条线索向前发展的,本书是以归属于组织声誉的企业声誉为研究对象进行分析的。

4.2.1 博弈论对合作的解释

博弈论(game theory),又名"对策论",是研究决策者在决策各方相互作用的条件下如何决策以及决策均衡问题的科学。博弈论实质上是为供应链关系协调管理提供了良好的协调分析工具，使实现和控制、管理这种关系成为可能。

根据博弈各方总收益是否为零，博弈可分为零和博弈（zero-sum game）与非零和博弈（non zero-sum game）；根据博弈各方是否合作，博弈可以分为合作博弈（coalition game）与非合作博弈（non-coalition game）（张小兰，2003）。博弈论的经济学家以研究非合作博弈著称，"纳什均衡"是非合作博弈理论的核心概念和发展基础。由于在博弈中存在三个难题，即：即便你不想采取机会主义行动，但如何让对方相信？如何相信对方，是否需要防范对方的机会主义行动？一旦真有办法让对方相信你合作的诚意，那么对方随之就具备了取巧的机会。在单次"囚徒困境"博弈中，由于不可能实施回报机制，个体单方面采取合作行动违反了"经济人"假设，是不理性的，所以从逻辑上看，在单次博弈中难以产生合作行为。

在有限次重复"囚徒困境"博弈中，由于个体预期对方在最后一次会背叛，所以就会在最后一次博弈的前一次提前背叛，依此类推，就会导致一开始就背叛，所以不会出现合作。如果博弈的次数是无限次，双方的背叛就转化为合作。合作之所以能发生，是因为博弈双方还有相遇的机会，博弈可以多次进行。在重复次数不定的博弈（重复博弈）中，合作也可以出现并且能够稳定下来。

阿克斯罗德（Axelrod，1981）的实验结果却表明，即使在有限次重复博弈中，合作行为也频繁出现。KMRW（Kreps-Milgrom-Roberts-Wilson，1982）的声誉模型（reputation model）通过将不完全信息引入重复博弈解开了这个悖论。他们证明，如果重复博弈的次数足够多（一般而言要达到数百次），参加者有足够的耐心且信息不完全的情况下，个体为了获得合作带来的长期利益，会在临近博弈结束前，一直采取合作行动。尽管"囚徒困境"博弈中的个体在选择合作时冒着被合作者出卖的风险（从而可能得到一个较低的现阶段支付），但如果他选择不合作，就暴露了自己是非合作型的，从而失去了获得其他长期合作收益的可能，如果对方是合作型的话。如果博弈重复的次数足够多，不合作造成的未来收益损失就会超过短期被出卖的损失，因此在博弈的开始，每个参与者都会想树立一个合作形象（使对方认为自己是喜欢合作的），即使他本性上并不是合作型的。只有在博弈快要结束的时候，参与者才会一次性地把自己过去建立起来的声誉用尽，实施背叛行为，合作才会停止（此时短期收益很大而未来损失较小）。

4.2.2 声誉模型

信息不完全理论构建了经济学中研究声誉问题的主要框架，而博弈论作为一种方法论则为系统和深入地研究声誉问题提供了最具逻辑性与解释性的分析工具。

博弈论最初对声誉的关注主要集中于与声誉密切相关的策略"可信性"问题上（"可信性"是声誉产生的一个重要的基础）。1982年，克雷普斯等在一篇经典的文献中构建了一个声誉模型，该模型通过引入非对称信息，研究了在不完全信息重复博弈中经济主体之间合作行为的可信性问题，即不完全信息条件下有限次重复博弈中的合作均衡生成机制问题，这就是在信息经济学、博弈论以及产业组织理论中都非常有影响的"KMRW声誉模型"，他们的思想被总结为"KMRW定理"。

KMRW定理：在T阶段重复囚徒博弈中，如果每个囚徒都有$P>0$的概率是非理性的（即只选择"针锋相对"或"冷酷策略"），如果T足够大，那么存在一个$T_0<T$，使得下列策略组合构成一个精炼贝叶斯均衡。所有理性囚徒在$t \leq T_0$阶段选择合作，在$t>T_0$阶段选择不合作；并且，非合作阶段的数量（$T-T_0$）只与P有关而与T无关。在经济生活中，不完全信息将会带来信息成本，但这在重复博弈中不一定是坏事。KMRW模型证明，在有限次重复囚徒困境博弈中，不完全信息（每个参与人对自己类型的了解属于私有信息，只知道对方属于非理性的概率为P可以导致合作的结果，而这在完全信息条件下是不可能的）。

KMRW定理的直观解释是，在重复的交易过程中，交易各方追求的是长期收益的最大化，每一个参与人尽管在选择合作时可能面临被对手出卖的风险（从而可能得到一个较低的现阶段支付），但如果他选择不合作，就暴露了自己是非合作型的，从而失去了获得长期合作收益的可能，如果对方是合作类型的话，只要博弈重复的次数足够多，未来收益的损失就超过短期被出卖的损失。因此，在博弈的开始，每一个参与人都想树立一个合作形象（使对方认为自己是喜欢合作的），即使他们在本性上并不是合作型的；只有在博弈快结束时，参与人才会一次性地把自己过去建立的声誉利用尽，合作才会停止（因为此时，短期收益很大，未来损失很小）。大量事实表明，将参与人自然地假定为具有合作倾向并不一定是合理的，大多数的合作发生于对自身利益的考虑。在一些长期的交易关系中，交易各方都会致力于树立形象和维护声誉，虽然这些声誉在短期来看并非是经济的，但长期的合作收入流的补偿却表明声誉的建立是最优的选择，这正是模型的出色解释力所在。

"KMRW 声誉模型"考虑的是不完全信息无限次重复博弈条件下的声誉形成机制，然而，由于社会分工和专业化的存在，现实中的大量交易并非是频繁发生和重复进行的，通常的情形是，交易个体不断地改变交易伙伴，因此交易者本人往往很难通过选择以牙还牙的"冷酷策略"来对欺诈行为进行惩罚，在这种情况下，交易者又如何能够有积极性建立和维持良好的声誉呢？康多里（Kandori，1992）对这一问题进行了研究，并拓展了"KMRW 声誉模型"。[①] 康多里证明如果欺诈行为存在传染过程（a contagious process of defection），则社会规范将支持合作行为和声誉机制的形成。特别是在存在可靠信息生产机制和制度的前提下，即使信息生产和传递机制本身不具有强制力，也将导致社会有效交易的出现。康多里的工作说明，尽管在一个社会中，不同经济主体之间的交易次数非常有限，但是如果存在信息传播机制能够及时将交易者的欺诈行为传递给其他相关成员，并由他们（不一定是被欺诈者本人）对欺诈者实施惩罚，同样可以促使交易者维持诚实的声誉。康多里最重要的贡献在于，他认为声誉不仅可以通过"自我实施"（self-enforcement）机制（即"KMRW 声誉模型"中的被欺诈者对欺诈者的惩罚）来加以维持，还可以通过"社会实施"（community enforcement）机制来加以维持。弗得伯格和莱文（Fudenberg & Levine，1992）通过假定顾客能够观察到有关企业行动的噪声信号，将标准声誉模型中的"完美公众监督模型"修正成"不完美公众监督模型"。

4.3 企业声誉对供应链合作关系的影响

4.3.1 企业声誉对供应链合作关系的影响机理

基于前面文献分析，可以看出，一些学者认为信任是供应链合作关系的

---

① 胡继灵.供应链的合作与冲突管理[M].上海：上海财经大学出版社，2007：138.

4 企业声誉对供应链合作关系的影响分析

影响因素，还有一些学者把信任作为关系质量的测量维度来分析①。本书认为，信任发生在合作企业互动过程之中，是供应链合作关系的基础要素，它搭建了企业声誉对供应链合作关系发挥作用的桥梁。

4.3.1.1 信任与供应链合作关系

由于出发点和关注焦点不同，各理论对信任影响合作的因素、信任方式、合作方式的研究也各不相同。交易费用视角认为双方的信任多是基于理性的行为，关注的是如何有效地控制机会主义行为，降低交易成本；资源观关注的是不同资源的有效结合，注重事前承诺和事后控制，在关注理性信任的同时，也会对合作方的行为意图进行关注；博弈的观点认为合作双方是更加理性的，合作与否完全取决于收益矩阵，但同时也认为信任会改变收益矩阵，使双方向"合作博弈"转变，博弈论中的信任是完全基于理性的信任；而社会学观点则对社会网络给予更多的关注，认为无论是交易费用观、资源观还是博弈论，均是从企业个体出发考虑的。②

信任是合作的基础，信任能使节点企业同舟共济、群策群力；缺乏信任将危害信息交流，破坏合作关系。在长期的合作关系中，信任是必不可少的（Gulati，1995，1998）③。比谢尔（Buchel，1998）认为及早建立成员间的信任关系是联盟成功的基础；达斯和登（2002）认为伙伴间的信任关系是战略联盟形成和发展的重要前提。④

信任是企业间合作的最重要因素之一，在供应链伙伴关系的文献回顾中，可以发现，无论是哪种视角下，信任对企业间合作的建立、发展以及合作的类型都有显著影响。虽然各个理论学派对信任方式的讨论各异，但共同的一点是信任是合作产生的必要条件。信任是合作的一个必要条件，只考虑物质利益或者只靠制度的威慑、法规的强制是不够的，因为一方不可能完全控制另一方的行为，需要用信任来同时维系合作。达斯和登（2001）进一步研究了不同合作类型中的不同信任，将信任分为两类：善意信任（goodwill trust）

---

① 陈英毅.企业间营销关系:关系、互动和价值[M].上海:上海财经大学出版社,206:77-115.
② 杨静.供应链内企业间信任的产生机制及其对合作的影响[D].杭州:浙江大学,2006.
③ Gualti R. Does familiarity breed trust? The implication of repeated ties for contractual choice in alliances [J]. Academy of Management Journal,1995(38):85-112.
④ T. K. Das, Bing-Sheng Teng. The dynamics of alliance conditions in the alliance development process [J]. Journal of Management Studies,2002(5):725-746.

和能力信任（competence trust）[1]。能力信任主要指的是"对另一方技术能力的期望"；善意信任主要指的是"对社会关系中的另一方将他人的利益置于自己利益之上的义务和责任的一种期望"，是一种利他的信任，是对他人利他行为的一种期盼，涉及信任前因中的善意、正直、宽容等[2]。合作的成功和这两种信任都分不开，即合作伙伴不仅要有能力去履行合约中的职责（能力信任），还要有这个意愿去履行（善意信任）。

4.3.1.2 信任与企业声誉

在前面设定的企业利己主义、信息不对称、不完全合同等条件下，互惠利他很容易转变为利己不利他，机会主义行为很可能发生。机会主义行为破坏了企业间的信任，进而损害了合作关系。即使没有机会主义行为，合作者是否具备将善意信任转变为合作价值的能力，也是建立高质量的合作关系需要关注的一个方面。企业声誉能够对善意信任和能力信任的实现提供保证。

对于组织间信任建立的研究，主要包括"前因性"研究和"机制性"研究两种。前因性研究主要是在不同的背景下，探寻并实证影响信任的具体因素。这些因素大致可归结为两个方面：一方面是受信方的特征，包括其能力、善意与名誉；另一方面是双方的关系特征，包括过去的交往经验、共同的目标和价值观等。机制性研究主要是从理论的角度，观察建立信任的过程或基础是什么，社会科学一般认为信任是从各种各样的机制中诞生的（Creed & Miles, 1995）。[3] 祖克（Zucker, 1986）将信任的产生机制分为三类，其中之一是由声誉产生信任，即个人或企业的声誉决定了能否获得他人的信任。这些分析比较符合企业间信任的形成机制，认为在信任形成中应考虑受信方的能力、声誉等特征。沿着祖克的思路来分析华人企业组织中信任的学者发现，华人企业主要通过声誉产生信任，而法制化的信任很少（Whitley, 1991）[4]。

声誉是影响供应链企业间相互信任的重要因素之一，如果双方以前没有

---

[1] Das TK, Teng B S. Trust, conrtol, and risk in Strategics Alliances: An Integrated Framework[J]. Organization Studies, 2001, 22(2): 251-283.

[2] (Nooteboom, Berger & Noorderhaven, 1997)持基本相同的看法。详见：Nooteboom B, Berger H, Nooderhaven N G. Eeffects of trust and governance on relational risk[J]. Academy of Management Journal, 1997, 40(2): 308-338.

[3] 杨静.供应链内企业间信任的产生机制及其对合作的影响[D].杭州：浙江大学, 2006.

[4] Whitley R D. The social construction of business systems in East Asia[J]. Organization Studies, 1991, 12(1): 1-28.

合作经历，就只能依赖彼此的声誉，实证研究表明，良好的声誉与信任成正相关关系。一个企业拥有诚实、公平、可信赖的声誉，意味着它在将来的合作中的行为更加透明，更值得信任。因此，声誉成为信任的功能等价物或替代物。信任来源于节点企业的信誉，如果没有良好的信誉，监督激励成本就会增大，供应链的优势就无从发挥。供应商的良好声誉会减少供应商的机会主义行为，同时降低企业的合作风险。由于声誉的"易碎性"，企业不会为了眼前的利益去破坏已经获得的声誉。尽管将会导致短期的花费，但通过发展和保护声誉，企业长期的利益仍将得到更好地满足（Chong，1992）。声誉对机会主义行为有很大的影响，拥有良好声誉的供应商有在市场上履行诚实和一致行为的动机，因为机会主义行为的潜在成本非常高，投机行为会在企业所在的社会网络中快速传播，使其失去很多和其他企业合作的机会。同时，声誉作为利益相关者对企业提供有价值产出的能力和行为属性的综合评价，包含企业竞争能力、企业形象、价值追求等内容，可以使能力信任保持一定的预期和保证一定的实现程度。许多学者的经验研究证明，供应商的声誉确实对企业间的信任有显著影响：拥有良好声誉的供应商会赢得买方企业更多的信任，生产者的不良声誉会降低其他成员对他的信任[1]。卖方的良好声誉会增进买方的信任，使其得到普遍认可（Doney & Cannon，1997）[2]。玛尔·萨克和苏珊·赫尔珀（Marl Sako & Susan Helper，1998）认为声誉是促进网络企业间信任建立和持续的条件之一；尼尔森（Nielsen，2001）在对国际战略联盟的实证研究中将合作者的声誉视为影响信任产生的决定性因素之一。[3]

4.3.2 企业声誉对供应链合作关系的作用

4.3.2.1 企业声誉对供应链合作关系的信息显示作用

声誉的价值源于信息不对称，而现实的经济世界中，合作企业之间肯定存在着信息不对称，合作方的决策和行为很大程度上是建立在各方过去市场交易行为的记录基础之上的，以往的合作行为不可能精确洞察，而是集中地

---

[1] Doney P M, Cannon J P. An examination of the nature of trust in buyer-seller relationships[J]. Journal of Marketing, 1997, 61: 35-51.

[2] Doney, Cannon. An examination of the nature of trust in buyer-seller relationship[J]. Journal of Marketing, 1997: 35-51.

[3] 李新春. 战略联盟、网络与信任[M]. 北京：经济科学出版社，2006：188-189.

反映为利益相关者对企业行为属性的综合概括——企业声誉。由此，企业声誉发挥着向合作企业传递以往合作信息的功能。声誉信息在合作企业之间的交换、传播，形成声誉信息流、声誉信息系统和声誉信息网络，有效地限制了信息扭曲程度，增加了交易的透明度，降低了交易成本和不确定性。市场越不完善，声誉的信息显示作用越明显，具有正面声誉的企业能够被合作方给予更多的信任，更易获得与其他企业进行紧密合作的机会。

4.3.2.2 企业声誉对合作企业具有隐性激励的作用。

不管是"KMRW 声誉模型"还是坎多尔的模型，实际上都是将声誉视为在博弈过程中形成的、经济主体追求长远利益的一种约束和激励机制，它们都表明声誉对经济主体策略行为的选择和均衡结果的变动具有重要的影响。法玛（Fama，1980）认为，相对于"显性激励"（explicit incentive）机制而言，声誉是一种"隐性激励"（implicit incentive）机制，即它是促使行为主体基于维持长期合作关系而放弃短期利益的行为机制[①]。霍姆斯特姆（Holmstrom，1982）在法玛研究的基础上论证了在代理关系中，声誉可以作为显性激励替代来约束和激励代理人行为，降低代理成本，这为声誉在激励方面的作用提供了理论依据[②]。企业在交易合作的过程中，合作方之间既是委托人，又是代理人，彼此都希望对方的"利己"行为能够有所约束。在开放的市场环境中，企业声誉更易传播，一旦出现"败德"行为，受损的声誉将给未来的合作带来极大的负面影响，从而使企业面对诱惑望而却步，抑制了机会主义行为。从企业自身来看，企业声誉的激励作用在于声誉的价值性是在企业长期、复杂的合作过程中得到实现的，远远高于短期利益的声誉租金。

4.3.2.3 企业声誉对供应链合作关系的强化作用

丰布兰（Fombrun）认为"良好的声誉"和"企业与利益相关者之间关系的改善"是会相互强化的，许多著名的学术论文都持有相同的观点。马宏（2002）认为应该重视声誉在吸引和维持关键利益相关者方面产生的优势，因为转移的经济边界会受到政治转移成本的影响，即以前的历史、以前的联盟和过去的声誉（再加上预期的声誉）能够产生政治成本并且会吸引关键利益相关者留在原地。此外，丰布兰（1997）以及罗伯特和道林（Roberts &

---

① Fama E F. Agency problems and the theory or the firm[J]. Journal of Political Economy,1980,88：288-307.

② Holmstrom B. Moral hazard in teams[J]. Bell Journal of Economics,1982,13：324-340.

Dowling，2002）认为，良好声誉通常能使企业在与利益相关者进行协商时具有一定优势。他们的研究表明，建立一种良好的企业声誉能够创造市场进入壁垒和抵御进入者，从而巩固企业在竞争中的战略性定位。我国学者张四龙、周祖城（2002）认为，良好的声誉有助于企业巩固和促进企业与供应商之间交易关系（指彼此信任基础上的持续性买卖关系）的建立，在商务谈判中发挥杠杆作用，降低企业营运成本，使企业能够以较低的价格采购质量可靠的原材料。①

香港利丰集团能够只用5周时间完成其他公司需要13周完成的成衣制造工作，为服装经销商节约的8周时间能够将由于市场变化所产生的损失降到最低点，创造极大的时间价值。之所以能做到为客户节约8周时间，最根本的原因是供应商会给利丰预留原料和生产能力。为什么供应商会给它预留原料和生产能力呢？一个重要原因是利丰具有良好的信誉，促成了战略性的供应商关系。②

4.4 企业声誉测评

4.4.1 国外学者对企业声誉的测评方法③

企业声誉是利益相关者对企业多种要素的综合评价，是一个较为模糊的概念。不同的利益相关者对企业关注的焦点存在差异，因此，企业声誉测量指标的选择存在多样性，而且由于不同的研究者的研究视角存在差异，从而对影响声誉的要素有不同的理解，进一步导致了声誉测量指标选择的多样化。

4.4.1.1 企业声誉的主要测量方法

（1）《财富》的最受尊敬企业（MAC）调查。目前存在最早的公司声誉排序体系是由美国的《财富》杂志1982年创立的，即"最受尊敬的美国公司"年度调查。《财富》杂志每年提供大约40个行业中的300个或更多企业作为样本，使用管理质量、产品与服务的质量、创新、长期投资价值、稳固的财政地位、吸引发展和保留人才的能力、对社会与环境的责任感、明智使

---

① 张四龙,周祖城.论企业声誉管理的必要性[J].技术经济,2002:2.
② 利丰研究中心.供应链管理:香港利丰集团的实践[M].北京:中国人民大学出版社,2003.
③ 宝贡敏,徐碧祥.国外企业声誉理论研究述评[J].科研管理,2007:3.

用企业资产8个不同的维度对企业声誉进行测量。它要求调查对象用8个指标将公司与其领先的竞争对手进行比较并打分排序，每一项指标的打分分为11级，各项指标得分的算术平均数，就是声誉指数。调查对象由数千个高级管理者、外部管理者和金融分析师组成。该方法调查对象的选取确保了被调查者对样本较为熟悉，但忽略了其他的重要利益相关者，如消费者和普通员工等，从而使该数据对于企业声誉的解释力受到部分学者的质疑（Baucus, 1995; Wood, 1995等），而且该方法的评价结果还会受较为严重的"财务晕轮"效应的影响。而斯卡伊科夫斯基和菲格尔维奇（Szwajkowski & Figelwicz, 1997）则认为与MAC相关的大部分问题是可以管理的，布朗和佩里（Brown & Perry, 1994）还发展了一种从MAC中消除财政"晕轮效应"的方法。但总的来说，它是目前比较权威的企业声誉测量方法，也是使用频率最高的获取企业声誉数据的方法。

（2）哈里斯互动调查（Harris Interactive Survey）。该方法是1999年由美国学者丰布兰（Fombrum）及声誉研究所同事和哈里斯互动公司联合开发出来的，采用网络、电话或面谈的方式调查数以千计的公众，通过对情感吸引力、产品和服务、财务绩效、社会责任、愿景与领导、工作环境6个方面20个问题进行全方位测试，计算出整体声誉的得分——声誉度（或誉商）。其优点在于基于巨大的调查对象群体，受测对象是自愿参与调查的，因而可以确保测量结果较为精确，而且选取的测量维度也涵盖了企业声誉的大部分特性，它克服了《财富》杂志排名结果受财务绩效过度影响的缺陷，是目前公司声誉排序测量的主流方法；该方法也存在一个明显的不足，虽然它的受测者可能包括消费者、雇员等，但没有对样本进行控制，无法保证各种利益相关者具有适度的比例，不能更全面地反映全体利益相关者的整体意志。

除了以上两种主要测量方法之外，其他的测量工具有《德国管理者杂志》公布的"综合声誉"和曼弗雷德（Manfred）等（2004）提出的测量企业声誉的二维模型。① 自从1987年以来，《德国管理者杂志》开始采用11分评估量表对企业声誉进行测量，主要指标有管理质量、创新性、沟通质量、环境责任感、财务和经济稳定性、产品质量、货币价值、员工导向、成长率、对经

---

① 徐金发，刘靓.企业声誉定义及测量研究综述[J].外国经济与管理,2004:9.

4 企业声誉对供应链合作关系的影响分析

理的吸引力以及国际化。但是,综合声誉指数的计算过程还未向外界做过解释,所以流传不广。曼弗雷德(Manfred,2004)的二维评估模型是目前最新的模型,他认为应该从企业声誉的竞争力和感召力两个维度来进行评估,这对于今后的研究有极大的启发,其实证研究也具有一定的合理性,但是仍存在以下缺陷:仅对大企业研究进行评估,这影响了研究结果的稳定性;没有比较感召力和竞争力在不同利益相关者中的影响;有关企业声誉影响实证研究太少,无法指导企业声誉管理实践。

4.4.1.2 企业声誉的测量维度

企业声誉测量结构按测量维度可划分为一维和多维;如对企业声誉进行好或坏的整体评价时,此时的测量结构就是一维的。《财富》对企业声誉的测量结构则是多维的,它使用了8个测量因子。声誉作为一个复合概念,一维的测量因子意义不大,实际上声誉也都是通过多个维度加以测量的。而按照企业声誉测量结构的复杂性可将测量结构分为一阶和多阶,绝大部分研究都是采用一阶结构,它可以简化声誉测量模型,布雷迪和克罗宁(Brady & Cronin,2001)则选择态度、行为和专长作为一阶因子,而将交互作用质量、物理环境质量及结果质量作为二阶因子,它可以进一步说明各因子对企业声誉的影响关系,但相对于采用一阶因子而言增加了测量结构的复杂性。

贝伦斯和韦·雷尔(Berens &Ven Reil,2004)使用"企业要素""企业声誉""企业形象"三个关键词,在PsycINFO和ABI/INFORM两大数据库中进行文献搜索,并依据四篇重要的文献综述及重要文献的参考资料,对获得的72篇文献选用的测量维度进行研究,总结出测量维度划分的三个主要标准:①第一类按照人们对于企业的期望进行划分,如《财富》的年度最受尊敬企业调查;②第二类按照人们赋予企业的不同个性特征进行划分;③第三类按照人们信任或不信任企业的原因进行划分。从企业声誉的内涵考虑,按照第一类标准划分测量维度似乎更为合理。对上述文献中使用的测量维度的统计发现,严格按照第一类标准划分的文献对声誉的构成维度的认识较为一致,而依据其余标准的文献,选取的测量维度非常分散。总的来说,他们的工作第一次对企业声誉的测量维度进行了较为清晰的归类,使我们对其有了较为系统的认识,并有助于我们依据研究的目的设定合理的测量维度。不过上述分类标准的选取也存在一定的问题:首先,某些测量维度很难说明它们是属于哪类标准的;其次,要获取相对全面的信息,可能既需要属于某类标准划分的测量维度，又需要按属于另一类标准划分的测量维度，而事实上很多研究都是这样做的。

基于不同的研究出发点及对企业声誉的不同理解，导致了选取的声誉测量维度的差异。而测量维度的选取是测量方法的关键环节，测量维度的不同导致了测量方法设计的难度。此外，企业声誉作为所有利益相关者的企业感知的整体反映，不同的利益相关者群体对企业的评价不同，而且，不同的利益相关者相对于企业的重要性不同，因此赋予不同利益相关者不同的权重，也会影响声誉的评价结果，因而进一步增加了声誉测量的难度。由于缺乏统一的标准，目前并未就企业声誉的测量方法达成共识，其中两种方法影响较大，即哈里斯互动调查与《财富》的最受尊敬企业（MAC）调查。

4.4.2 国内学者对企业声誉量表的开发

目前，企业声誉的研究大多在美国国内进行，部分美国以外的研究也是选取世界知名度排名靠前的企业作为研究对象，而其中大部分也都是美国企业，这样形成的理论必然带有美国文化的烙印，因此现有企业的声誉理论跨文化的适用性必然值得怀疑。国内企业声誉管理无论在理论上还是实践上都还远远滞后于经济发达国家。我国从事企业声誉领域研究的学者还不多，现有研究还基本处于引进阶段，研究还缺乏系统性，零散的研究造成国内对企业声誉重要性认识不足，而且国别与文化的差异会对企业声誉管理产生重大的影响，但很少有学者结合我国国情对企业声誉理论进行探索，造成理论研究对于国内声誉管理指导意义较弱；此外，经验研究更是缺乏，研究结果缺乏有力的科学依据。

缪荣（2007）等是在国外企业誉商测量指标体系的基础上，结合我国国情探索中国企业声誉测量指标的少数学者。① 他们首先对美国"誉商"指标（情感吸引力、产品和服务、财务绩效、社会责任、愿景与领导、工作环境）在中国的适应性进行了研究，得到了一个五因子的指标体系，然后根据中国企业的现实情况，寻找与中国公司声誉密切相关的补充指标，对中国公司的声誉构成进行了探索，得到了一个七因子的指标体系，即企业形象、竞争能力、社会背景、价值追求、感召力、社会责任和跨国经营能力。从因子分析

---

① 缪荣,茅宁.中国公司声誉测量指标构建的实证研究[J].南开管理评论,2007,10(1):91-98.

的结果看,共有七个因子的特征根大于1,它们的累积贡献率达62.123%。在我国经济转型、企业融入国际化经营的背景下,社会背景因子和跨国经营能力因子是中国公司声誉的专用因子。

4.5 实证分析

4.5.1 研究假设

根据前文的分析,本研究认为企业声誉对供应链合作关系有显著的影响,合作伙伴的声誉越好,合作关系的质量越高。企业声誉的子维度与合作关系也呈同方向变化的关系。因此形成以下假设:

假设1:企业声誉与合作关系质量有正向相关关系。

假设2:企业形象与合作关系质量有正向相关关系。

假设3:竞争能力与合作关系质量有正向相关关系。

假设4:价值追求与合作关系质量有正向相关关系。

所有的假设分为两类:①开拓性假设,是指这一假设没有其他学者提出过或虽有相关理论研究,但没有进行过经验研究证实的假设①;②验证性假设,是指这一假设已有学者做过研究,并经过基于特定背景下的经验研究得到了证实。

对于"企业声誉"及"企业形象、竞争能力、价值追求"等子维度,学者已反复强调其对于企业合作的重要性,但少有经验研究的证实,据此,本章提出的假设均为开拓性假设。

4.5.2 自变量和因变量的测量

本章变量的测量主要包括两部分:一是自变量企业声誉的测量,二是因变量供应链合作关系质量的测量。各变量的测量项目主要借鉴已有的国外研究,主要根据国内学者开发的对中国本土企业适用性较强的量表,对信度、效度均较高的测量项目,在实地访谈和专家讨论的基础上进行修改。在变量的测量方式上,本研究中的态度量表,采用李克特(Likert)5级量表的形式

---

① 笔者对书中的每一个假设都进行了大量的文献检索和阅读,以确认其原创性,限于检索技术及可用的数据库资源,可能还存在没有检索到的地方。

对变量进行测量。学者曾将20世纪40年代的文献加以整理,发现有75%以上的文献皆用5级量表来测量态度(Day,1940)。调查采用封闭式问卷,以Likert五级量表来衡量,要求答题者根据企业声誉的实际情况来回答,依次选择完全不同意、基本不同意、不确定、基本同意、完全同意五项,并依次给出1~5分。

4.5.2.1 企业声誉的量表

本书对企业声誉的测量采用的是缪荣(2007)开发的适合中国本土企业使用的量表。在预调查的过程中,笔者将量表前后重合的题项、有歧义的题项等进行了删除。为了检验被测对象填写问卷的真实性和答卷的认真程度,将量表中的第2、第6、第8、第10个问题设置成了反向问题,具体问卷内容如下所示。

原问卷中的问题:

2. 公司有很强的政府背景
6. 公司重视与商业伙伴以及其他机构合作
8. 公司的信息披露非常及时和完整
10. 公司拥有清晰的未来发展愿景

调整后的问题:

2. 公司没有什么政府背景
6. 公司不重视与商业伙伴合作
8. 公司的信息披露不够及时和完整
10. 公司缺乏清晰的未来发展愿景

4.5.2.2 供应链合作关系质量的量表

本章的因变量为合作关系质量。根据前面的分析,我们依据近关系理论对关系质量内涵的界定,选择了武志伟(2007)开发的量表。测量的变量和题项见表4.1,其中,涉及关系灵活性和关系强度的题项3、4、9设置的是反向问题。

4　企业声誉对供应链合作关系的影响分析

表 4.1　关系质量的界定题项

相关变量	界定题项
关系持久性	双方的合作关系已经持续了 5 年以上的时间 您预期双方的合作还将持续 5 年以上的时间
关系强度	公司对某一合作伙伴投入的硬件资源（如机械设备）可以转移用到其他合作伙伴身上 公司对某一合作伙伴投入的软件资源（如技术、人才）可以转移用到其他合作伙伴身上 双方的业务经理或员工之间建立了个人感情（如友谊）
关系公平性	双方能够根据各自的贡献合理分配合作收益 合作双方在合作过程中能够平等地协商和交流
关系灵活性	双方能够迅速消除意外事件对合作关系的不良影响 处理具体事务时，双方被合作契约的规定严格束缚
关系沟通性	公司与合作伙伴间信息交流是双向的和主动的 双方有定期交流的惯例 合作双方非正式沟通频率很高
关系多样性	在主要合作领域，双方的合作关系涉及多个方面 除了主要合作领域外，双方的合作还涉及其他一些领域

武志伟（2007）关于关系持久性的题项是测量供应链企业之间合作关系已经或还将持续较长的时间，被调查者填写问卷时对"较长的时间"把握不准，会使问卷的效度受到影响。我们根据北京市企业管理现状调查中的题目，对"较长的时间"进行了量化，调查题目是：

贵公司与供应链上企业的合作一般持续_____，预计仍将持续_____。
A. 2 年及以下　B. 3～5 年　C. 6～8 年　D. 8～10 年　E. 10 年以上

经过对统计结果的分析，"较长的时间"选择在 5 年左右比较合适。

4.5.2.3　问卷的信度和效度分析

（1）效度分析。测量的效度是指：测量的结果接近所要测量的变量的内涵的程度，或者说，测量到真值的程度。效度是测量的必要条件，缺乏效度则推论与解释都不适合，这个测量就没有意义，也没有用处，因为它不能解释真正想解释的特征或属性。

本书所采用企业声誉的测量工具是缪荣（2007）基于中国社会背景下开

发的适合本土企业的量表，经过长期使用和检验，效果比较理想，所以我们有理由认为该问卷具有较高的效度。

关于关系质量的测量，本书主要借鉴武志伟（2007）根据近关系理论界定的变量和开发的量表。近关系理论最早由凯利（Kelley, 1983）等人提出，起初用于心理学领域对婚姻关系质量的研究。乔伊斯（Joyce A. Young）等人（2000）将其引入对企业间合作关系的研究之中，重点利用企业间合作关系的特征来对关系质量进行分析。在本书写作的前期调研过程中，笔者又在企业访谈和专家讨论的基础上对测量指标做了一定修改，进一步确保了量表的有效性。

（2）信度分析。测量的信度是指测量的结果的稳定性或一致性。问卷的信度是指问卷测量所得结果的内部一致性程度，它考察问卷测量的可靠性。信度也是测量的基本要素之一，缺乏信度的测量就不具有意义，也不能使用。目前在学术界，通常采用斯坦福大学（Stanford University）柯隆巴克（Lee J. Cronbach）教授所发展的 α 系数，依一定公式估量测验的内部一致性，作为信度的指针。我们对声誉问卷进行了 Cronbachs' α 系数信度测验，其结果见表4.2。

表4.2 关系质量信度检验表

N of Cases = 192.0	N of Items = 27
Alpha = 0.8748	

在本研究中，企业声誉变量的信度检验结果显示 cronbach's α 值为0.874 8，因此，本次对企业声誉的问卷调查具有相当之信度。

4.5.3 样本结构及数据分析

样本结构及数据分析见表4.3。

表4.3 有效样本结构

类别	频数	频率（%）	累计频率（%）
样本容量	192	100	100
性别			
男	117	60.9	60.9
女	75	39.1	100

续表

类别	频数	频率（%）	累计频率（%）
样本容量	192	100	100
职位			
高层管理者	45	23.4	23.4
中层管理者	83	43.2	66.6
基层管理者	51	26.6	84.2
普通员工	13	6.8	100
企业性质			
国有及国有控股企业	74	38.5	38.5
民营及民营控股企业	91	47.4	85.9
外商及港澳台投资企业	27	14.1	100
公司成立			
5年以下	40	20.8	20.8
5~20年	67	34.9	55.7
20年以上	85	44.3	100
公司规模			
100人以下	20	10.4	10.4
100~500	41	21.4	31.8
500~1 000	53	27.6	59.4
1 000人以上	78	40.6	100
供应链中所处地位			
核心主导者	97	50.5	50.5
积极响应者	67	34.9	85.4
被动参与者	28	14.6	100

4.5.3.1 样本结构

本书采用问卷调查的方法收集数据。样本集中于北京、上海、济南和西安等地区。调查对象主要包括首都经济贸易大学工商管理学院在职 MBA 班和 MBA 黄金班学员，以及北京市企业联合会的会员单位、上海物流协会的会员单位和其他一些企业员工。问卷采用电子邮件和纸质问卷，共发放 300 份，收回 237 份，其中无效问卷 45 份，有效问卷 192 份，有效回收率是 64%。样本结构如表 4-3 所示。

4.5.3.2 对被调查企业的统计分析

对被调查企业的统计分析见表 4.4。

表 4.4 企业声誉与关系质量的描述性统计

	N	最小值	最大值	平均值	标准偏差
企业声誉	192	1.67	4.67	3.289 6	0.571 48
价值追求	192	1.00	5.00	3.394 3	0.685 54
企业形象	192	1.50	5.00	3.485 2	0.685 06
竞争能力	192	1.00	5.00	3.263 5	0.848 88
关系质量	192	1.47	4.47	3.325 1	0.508 33
有效样本数量	192				

以上五个变量的统计结果均呈现基本的正态分布，说明上述数据初步满足回归分析的假定，这些都为后面的进一步分析提供了依据。下面列出了企业声誉和关系质量的正态分布图（见图 4.1）。

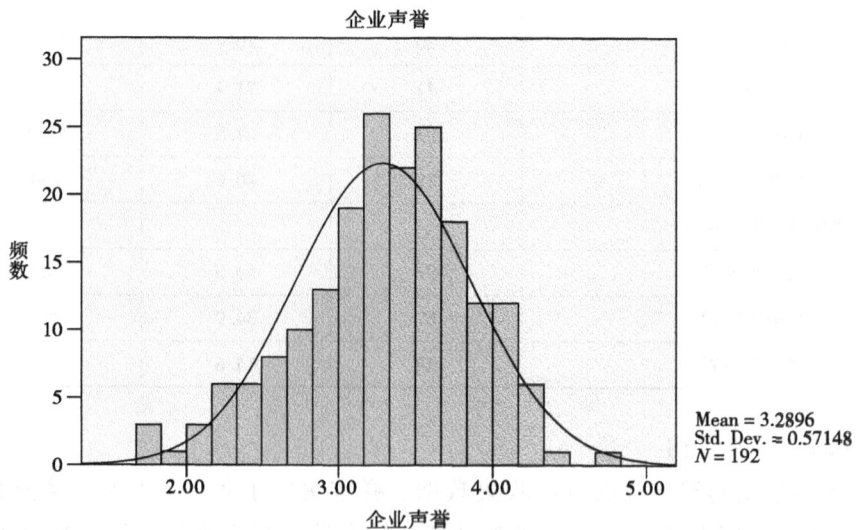

图 4.1 企业声誉正态分布

从表 4.4 及图 4.1 中可以看出：对 192 家样本企业进行统计所得的声誉平均值为 3.29，说明本次研究所选企业的声誉要高于一般企业的平均水平，这可能与本次统计所选样本的属性有关，因为，在 192 家样本企业中，中国大陆国有及国有控股企业有 74 家，占总量的 38.5%；外资及中国港澳台投资企业为 27 家，占 14.1%，两者合计占到了总样本量的 52.6%，而一般说来，国有及国有控股企业和外资及中国港澳台投资企业的声誉要高于国内民营企业，而在供应链合作关系中，上述两类企业的状况也要优于一般的民营企业。此外，在 192 家样本企业中，成立 20 年以上的长寿企业有 85 家，占总量的 44.3%，5 年至 20 年的企业有 67 家，占总量的 34.9%，两者合计占到了总量的 79.2%，众所周知，长寿企业一般都拥有非常好的企业声誉。

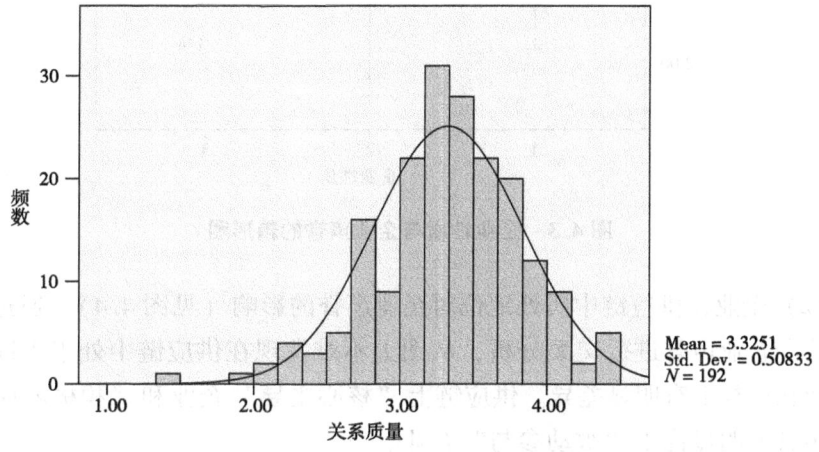

图 4.2　供应链合作关系质量正态分布

从表 4.4 及图 4.2 中可以看出：对 192 家样本企业进行统计所得的关系质量平均值为 3.33，高于平均水平。这说明本次研究所选企业的合作关系质量高于一般水平。因为在 192 家样本企业中，在供应链合作关系中发挥核心作用有 97 家，占总量的 50.5%；积极响应的企业有 67 家，占 34.9%，两者合计占到了总样本量的 85.4%，而一般说来，在供应链合作关系中发挥核心主导作用或者发挥积极响应的企业能够发挥自身的组织协调能力和文化影响力，积极营造良好的外部协同关系。此外，样本企业中 500 人以上的大中型企业有 121 家，占到了样本总量的 68.2%，这也从另一个侧面反映了样本企业的实力以及外部的良好的合作关系。

4.5.3.3 各变量之间交叉分析

（1）企业性质对企业声誉的影响（见图4.3）。通过将企业性质和企业声誉进行交叉分析，从图上不难发现具有外资背景的企业和国有及国有控股企业在企业声誉上明显高于民营及民营控股企业。

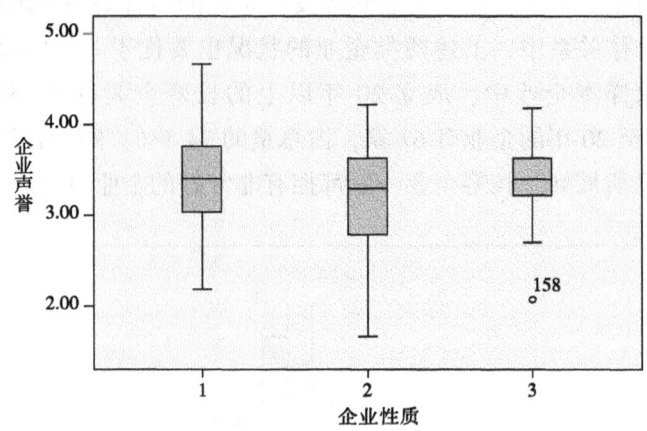

图4.3 企业性质与企业声誉的箱形图

（2）企业在供应链中所处地位对企业声誉的影响（见图4.4）。通过将企业地位和企业声誉进行交叉分析，从图上不难发现在供应链中处于不同地位的企业在声誉上有明显差异。供应链上"核心主导"企业和"积极响应"企业的声誉要明显优于"被动参与"企业。

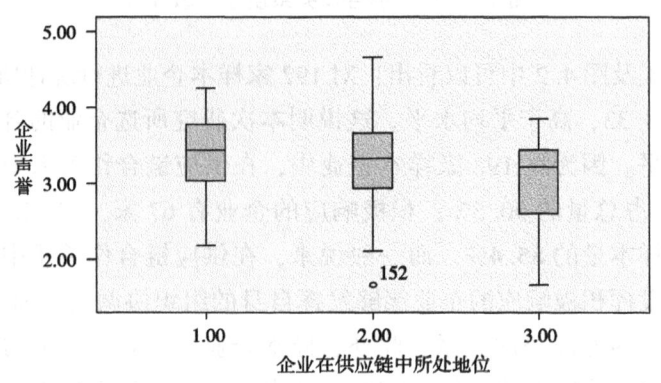

图4.4 企业在供应链中的地位与企业声誉的箱形图

4.5.4 各变量相关性分析

4.5.4.1 散点图

通过散点图分析,企业声誉与供应链合作关系质量之间表现出了一定程度的相关性,如图4.5所示。

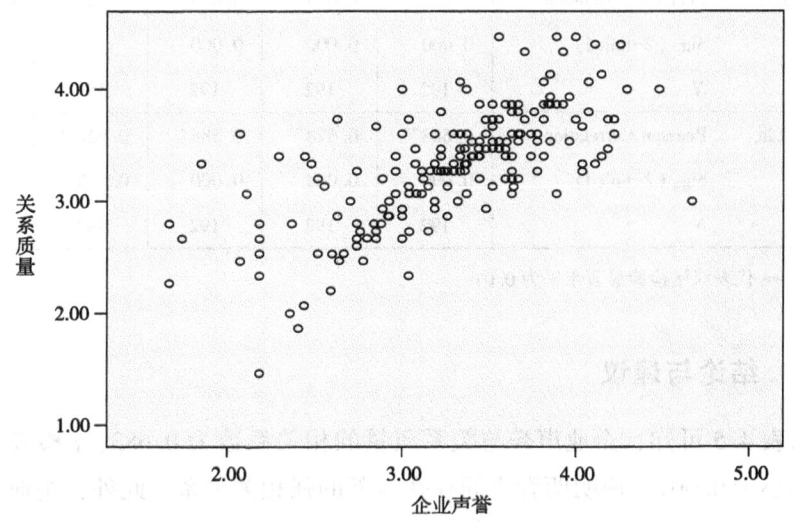

图4.5 企业声誉与企业合作关系质量的相关性

4.5.4.2 各变量之间的相关关系

本研究以Pearson相关分析考察企业声誉、企业形象、竞争能力、价值追求与供应链合作关系质量的相关系数,考察各研究变量间是否显著相关,以作为下一步分析变量间相互作用的基础,见表4.5。

表4.5 企业声誉对关系质量的相关分析

		企业声誉	价值追求	企业形象	竞争能力	关系质量
企业声誉	Pearson Correlation	1	0.833**	0.822**	0.827**	0.683**
	Sig. (2-tailed)		0.000	0.000	0.000	0.000
	N		192	192	192	192
价值追求	Pearson Correlation	0.833**	1	0.651**	0.609**	0.578**
	Sig. (2-tailed)	0.000		0.000	0.000	0.000
	N	192		192	192	192

续表

		企业声誉	价值追求	企业形象	竞争能力	关系质量
企业形象	Pearson Correlation	0.822**	0.651**	1	0.659**	0.586**
	Sig. (2-tailed)	0.000	0.000		0.000	0.000
	N	192	192	192	192	192
竞争能力	Pearson Correlation	0.827**	0.609**	0.659**	1	0.524**
	Sig. (2-tailed)	0.000	0.000	0.000		0.000
	N	192	192	192	192	192
关系质量	Pearson Correlation	0.683**	0.578**	0.586**	0.524**	1
	Sig. (2-tailed)	0.000	0.000	0.000	0.000	
	N	192	192	192	192	192

注：** 代表双尾检验显著水平为 0.01。

4.5.5 结论与建议

从表 4.5 可知，企业声誉与关系质量的相关系数为 0.683，t 检验的显著性概率小于 0.001，说明两者之间存在显著的强相关关系。此外，企业声誉的 3 个子维度——企业形象、竞争能力、价值追求与关系质量正向相关关系也得到了显著性支持，其中，价值追求与关系质量的相关系数为 0.578，相关性最大，其次是企业形象，影响程度最小的是企业竞争能力。

由此可见，为了提高供应链合作关系质量，企业应该努力培养高尚的价值追求。企业声誉对关系质量的影响也较大，为我国企业保持良好的声誉提供了有力支持。外树形象、内强实力是提升企业形象和竞争能力的反映。尽管在北京企业联合会的调查中，企业普遍更关注技术能力，但从长期来看，合作关系资本的积累受企业不懈的价值追求的影响更大，这一结论应该促使企业更多地考虑长远利益。

4.6 本章小结

本章首先明确了企业声誉的概念和特性，然后提出贯穿本研究的四个前提条件，然后对声誉模型理论进行阐述。本研究将信任作为企业声誉对供应

4 企业声誉对供应链合作关系的影响分析

链合作关系发挥作用的桥梁,分析三者之间的作用机理。由于企业声誉是本书进行实证分析的自变量,所以对其测评方法进行了归纳总结。最后选择自变量企业声誉和因变量供应链合作关系质量的测量量表并根据调查数据进行了实证分析及验证假设。

5 企业文化对供应链合作关系的影响分析

5 企业文化对供应链合作关系的影响分析

5.1 企业文化概述

企业文化理论是20世纪70年代末80年代初，由美国学者通过对日美两国经济、技术和管理的比较研究提出来的，从此掀起了企业文化研究的热潮。

5.1.1 企业文化的内涵

关于企业文化的定义，国内外学者们从不同的角度和层面对其进行了阐述。虽然表述各异，但大都指出了企业文化是一个组织内形成的独特的信念、价值、历史传统、习惯、作风、道德规范和生产观念，企业依赖于这些文化组织的各种内部力量，统一于共同的指导思想和经营哲学中。国内学者黄津孚教授从系统结构观角度定义企业文化，认为企业文化是企业员工在较长时期的生产经营实践中逐步形成的共有价值观、信念、行为准则及具有相应特色的行为方式、物质表现的总称[①]。目前，最广泛使用的、具有权威性的概念是美国麻省理工学院教授爱德华·沙因的定义。他认为：“企业文化是一个给定的组织在其应对外部适应性和内部一体化问题的过程中，创造、发现和发展的，被证明是行之有效的并用来教育新成员正确地认识、思考和感觉上述问题的基本假定。”国内外学者对企业文化的表述各异，但是彼此的看法在本质上并没有很大的差异，具体表现在：

（1）企业文化是企业在长期的生产经营实践中逐步形成的群体属性。一种被员工共同自觉遵守的企业行为方式要在企业运行中不断重复，才会在企业成员间成为约定俗成的规则。

（2）企业文化的核心是企业价值观，企业生产经营过程中表现出来的企业行为方式是在一定企业价值观的指导下形成的。

（3）企业文化是一种客观存在。它既可能是积极向上、符合人们心愿的，也可能是消极落后、不尽如人意的，更多的情况是积极方面与消极方面兼而有之。

（4）企业文化的作用具体表现为影响员工的思想和价值观，进而限定员工的经济理性，改变或统一员工的个人偏好以及协调员工间的均衡行动。

---

① 黄津孚.现代企业管理原理[M].5版.北京:首都经济贸易大学出版社,2007:278.

(5) 企业文化的本质是一种经营管理机制。企业员工共同认可的价值观、信念和准则潜移默化地影响其行为方式,企业文化发挥的激励、协调和控制的作用,比硬性制度的适应性更强。这种软性管理机制的客观存在,赋予了管理者一把无形利剑,有利于解决企业持续发展中外部适应与内部结合问题。

(6) 企业文化是企业员工内在的价值观念与外在的行为方式和物质表现的统一。价值观、信念等思想观念决定行为模式及物质形态,行为模式及物质形态反映思想观念。

(7) 企业文化是具有相对确定性和相对稳定性的群体规范。任何一个群体均不可能保证其成员观念及行为完全一致,文化只是群体多数成员在某些观念及行为方面的趋同表现。

5.1.2 企业文化的构成

企业文化由四个不同层次的部分组成,分别是精神文化、制度文化、行为文化和物质文化。企业的精神文化是呈观念形态的价值观、信念,它处于企业文化的核心层,体现在企业经营哲学、企业使命、经营宗旨、理念方针和愿景目标等方面;企业制度文化由企业的法律文化、组织形态和管理形态等构成,处于企业文化的中间层,是企业文化的中坚力量和桥梁;企业行为文化是指企业经营、教育宣传、人际关系活动、文娱体育活动中产生的文化,是企业经营作风、精神面貌、人际关系的动态体现,更是企业精神、价值观的折射,处于企业行为文化和企业物质文化中间。企业物质文化作为社会文化的亚文化,其显著的特点是以物质为载体,通过物质表现出企业的核心文化,是一种由员工创造出的产品和各种物质设施构成的器物文化,处于企业文化之中的最外层。

5.1.3 企业文化的功能

企业文化之所以能引起理论界和实务界的极大重视,是因为它具有多种独特的管理功能,可以在企业管理多个方面发挥作用。

5.1.3.1 企业文化的凝聚和协调功能

企业文化的凝聚功能是指当某些价值观、行为准则被企业员工共同认可后,它就会成为一种无形的黏合力,从各个方面把其成员聚合起来,从而产生巨大的向心力和凝聚力,当面临冲突和矛盾时,组织就可以自觉行动,实现自我控制和自动协调。

5.1.3.2 企业文化的导向功能

企业文化能对企业整体和企业每个成员的价值取向及行为取向起引导作用，具体表现在两个方面：一是对企业成员个体的思想行为起导向作用；二是对企业整体的价值取向和行为起导向作用。

5.1.3.3 企业文化的激励约束功能

来自价值认同和高度归属感的激励，其作用远远超过物资方面的激励效果。同时，企业文化对企业员工的思想、心理和行为具有约束和规范作用，企业文化的软约束产生于企业的文化氛围、群体行为准则和道德规范。

5.2 企业文化的测量工具

二十多年的研究和实践证明，企业文化是一种宝贵的竞争优势资源（Barney，1986；Ott，1989；Wilkins & Ouchi，1983），企业文化和企业经营绩效显著相关（Denison & Mishra，1995），独特而强大的企业文化是优秀公司持续成长的一个重要原因。同时，对企业文化的深化研究——量化分析迅猛发展，形成了丰富的测量工具。

5.2.1 企业文化的研究方法

从国内外20多年的研究历程来看，对企业文化的研究走的是一条理论研究与应用研究相结合、定性研究与定量研究相结合的道路。

国际上对于企业文化的研究方法，在20世纪80年代出现了两大派别：一派是以爱德加·沙因教授为代表的定性化研究，另一派是以奎恩教授为代表的定量化研究。沙因对企业文化的概念和深层结构进行了系统探讨，也曾提出进行社会学意义上的现场观察、现场访谈以及评估企业文化的步骤等。奎恩则认为组织文化可以通过一定的特征和不同的维度进行研究，并有说服力地提出了一些组织文化模型，用来对组织文化进行测量、评估和诊断，进而开发出一系列量表，对企业文化进行可操作化的、定量化的深入研究。由于定性方法与定量方法各有利弊，所以一些学者认为，可以根据对企业文化测量因素的不同而采用不同的研究方法（Roussean，1990）。另一些学者则把这两种方法结合起来进行研究，例如，西尔和马丁（Siehl & Martin，1988）在研究员工社会化的过程中，先经过深度访谈、观察及档案资料对企业文进行了解,然后把这些定性资料转化为结构性的量表。霍夫斯坦特(Hofstede,1990)也采用访谈法和问卷调研法对组织文化进行测量研究[1]。

5.2.2 企业文化的定量测量

企业文化的定量测量可以进一步分为类型测量(typing survey)和特征测量(profiling survey)两类[2]。前者指使用标准化工具来判断组织文化的一系列类型,每种类型通常会详细地描述行为方式和价值观,通过这类度量,可以判断特定组织文化属于何种类型。后者是通过评测组织成员信念和价值观的优劣势来描述组织文化的特征,这类测量,通常要凭借不同维度上的得分勾勒出组织文化的特征。

由于强调的重点不同,所以测量的标准也不同。有的学者强调行为标准,有的则强调价值观标准。对行为标准的测量如库克和拉弗蒂(Cooke & Lafferty,1989)提出的组织文化量表(Organizational Culture Inventory,OCI)及基尔曼和萨克斯顿(Kilman & Saxton,1983)用来测量行为方式的文化差异测量(Culture Gap Survey,CGS);对企业价值观的测量有格拉泽(Glaser,1983)开发出的企业文化测量(Corporate Culture Survey,CCS)以及沙斯金(Sashkin,1984)组织信仰量表(Organizational Belief Questionnaire,OBQ)等。[3]

从不同研究角度出发,学者们取得了许多渐趋成熟并具代表性的成果。有的学者从企业文化类型的角度对组织文化进行测量,如奎恩和卡梅龙(Quinn & Cameron)组织文化评价量表(Organizational Cultural Assessment Instrument,简称"OCAI量表");有的学者基于个体价值观与组织价值观契合风险的角度对组织文化进行评估,如丹尼森(Denison)的组织文化问卷(Organizational Cultural Questionaire,OCQ);有的学者基于管理模式的文化风险评估,如查特曼(Chatman)企业价值观OCP量表;有的学者基于跨文化管理中文化差异的角度对企业文化进行测评,如霍夫斯坦特的多维度组织文化模型(The Multidimensional Model of Organizational Cultures,简称"MOC模型")。

---

[1] Hofstede G,Daval N B,Sanders O G. Measuring organizational culture: a qualitative and quantitative study across twenty cases[J]. Administrative Science Quarterly,1990,35:286-316.

[2] 马力,曾昊,王南.企业文化测量研究述评[J].北京科技大学学报(社会科学版),2005(3):56-60.

[3] Xenikon A,Fumham A. A Correlational and factor analytic study of four questionnaire measures of organizational culture[J]. Human Relations,1996,49(3):349-371.

5.3 企业文化对供应链合作关系的影响

青岛海尔集团副总裁周云杰认为，合作要有共同价值观。制造业和流通业"相融共生"是战略层问题，而首先"两个人必须要成为一个人"，要有共同价值观才可能走到一起，而且必须有共同利益点。

5.3.1 供应链合作中的文化因素分析

供应链合作是上下游企业之间通过互动和集成来创造价值，需要企业在资源、能力、业务流程上相互协调、紧密配合。因此能否做到高度集成，由企业文化决定的行为方式和价值观念发挥着重要影响。

供应链是由相互独立的企业组成的，具有跨地域、跨时间、跨组织等特点，这些企业可能来自不同行业、不同地区、不同国家，因此它们之间必然存在文化差异。不同国籍、种族的节点企业往往具有不同的企业文化，同一国籍、种族的供应链成员仍然会有不同的企业文化。虽然文化的多样性为解决某些问题提供了多种思考的角度，但是文化差异还可能带来价值观、工作作风、行为方式等方面的矛盾和冲突，使得合作困难甚至失败，这正是供应链合作中面临的文化兼容和文化集成的挑战。

就文化的兼容来说，企业在选择合作伙伴时，不能苛求对方一定有相同或相似的企业文化，尤其是来自不同地区的合作伙伴。合作伙伴之间应该具备一种对文化差异理解的态度，在面临文化冲突时能大度地做出某种让步，这对供应链合作起着至关重要的作用。另外，通过组织学习，不但可以消除文化差异，而且可以取长补短，学习对方的技术和经营管理方式。同时，兼容并不意味着没有任何摩擦，但只要合作各方有合作的意愿与基础并且相互尊重，就能够解决分歧。

5.3.2 企业文化对供应链企业合作的影响

企业文化是文化在企业中的具体化。企业文化是全体员工衷心认同和共有的企业核心价值观念，它能规范员工的基本思维模式和行为模式，或者说是习以为常的东西，是一种不需要思考就能够表现出来的东西，是一旦违背了它就感到不舒服的东西，并且这些思维模式和行为模式在企业中具有延承性和持久性。它潜移默化地影响着企业员工与管理者的行为，进而决定了一个企业的目标导向和行为特点。因此，企业文化作为一种潜在因素，对供应链成员关系有着重要影响，主要体现在以下方面。

5.3.2.1 企业文化影响企业间的信任

信任是供应链合作关系的基本因素。信任的来源之一就是对规则的信任，即相信规则可以调整主体的行为。企业文化为企业内每一种制度、每一种制度的每一条规范提供解释，间接提供了供应链成员对规则的信任。遵守企业的行为规则会在其他成员中产生相应的信任，这些信任反过来影响供应链成员关系。另外，企业文化中的社会传统文化部分会在企业员工心中产生深层次的积淀，也影响着企业之间的信任。

5.3.2.2 企业文化影响供应链合作的稳定性和多样性

企业文化是具有相对确定性和相对稳定性的企业群体规范。企业文化的核心内容是该企业的价值观，价值观决定着企业的行为方式以及对事物价值的理解。企业成员对待同一事物，在不同情境下的价值体验原则上是不同的，但是由于企业文化的作用，群体多数成员在观念和行为方面有着显著的趋同表现，而且有着内在的一致性。这就使得在供应链成员关系博弈中，不同成员的价值观和行为表现是相对稳定的。因此，企业文化对稳定供应链成员关系具有一定作用。另外，企业文化的多样性使得不同企业对待同一事物的态度可能不同，不同企业的价值函数也可能不同，这为供应链成员间的多样性合作提供了基础。

5.3.2.3 企业文化影响供应链的凝聚力

良好的企业文化是供应链节点企业凝聚的重要力量，它不仅可以提高各节点企业的归属感和认同感，有助于消除企业间合作关系的隔膜，还是供应链整体综合实力的重要组成部分和竞争力的核心。具有优秀文化的核心企业，可以通过自身的影响力，把企业的价值观和行为方式辐射到其他合作企业。价值观可以作为连接节点企业的无形纽带，文化中呈行为形态的员工工作方式、社会交往习惯、应付事变的方式则会对企业合作过程产生重要影响（马士华，2005）。

5.3.2.4 企业文化影响供应链成员间合作的难易程度

企业文化潜在地影响着企业员工的价值取向和行为方式，不同企业文化决定了不同企业员工对待同一事物可能有不同的态度。企业文化之间的相似性和相容性决定了不同企业员工价值取向的一致性和行为方式,从而决定了企业合作的难易程度。在不同文化背景下,由于管理者价值标准不同,如果行为主体缺乏对对方文化内涵的理解,很容易造成误解与摩擦冲突,导致合作协调的难度加大,增大供应链合作失败的概率。例如,日本和韩国国内的文化同质性高,企业间的联系和信任程度高于有着丰富亚文化差异的中国,因此形成了日韩制造商与生产商紧密合作的典型模式,企业文化已经内化成为使供应链内部多个节点企业作为一个整体运作并取得 1+1>2 效果的重要原因(徐春宇,2006)。

5.3.2.5 企业文化影响供应链成员间的沟通

供应链合作追寻的是在合作伙伴之间建立一种有效沟通、持续发展的关系。沟通的前提是有一个特定的文化框架让接收者可以"翻译"嵌入在沟通中的意思,保持沟通的真实意图。当合作伙伴是来自不同社会背景的企业时,伙伴之间的文化差异将可能导致沟通的障碍,妨碍沟通的进行,甚至使合作双方发生冲突、关系恶化。沟通的建立基于企业间共同的价值和观念,深层次的原因是文化的相似性、行为规则的一致性,因此,企业文化之间的匹配或缺乏匹配也对合作的有效性产生直接的影响。

5.4 研究设计与实证分析

5.4.1 企业文化的特征分类

由于本书分析的重点之一是企业文化的特征对供应链合作关系的影响,所以,这里选择在企业文化特征研究方面比较权威的奎恩和卡梅龙(Quinn & Cameron)的分类。奎恩(Quinn,1983)等早期的研究发现,组织有效性的研究应从三个价值维度进行,即控制与柔性、内部与外部、手段与目的,进而建构出一个有效性标准的空间框架——CVF(competing values framework)①。后来,奎恩等在此基础上开发出竞争性价值模型 CVM(competing values model)。该模型被从柔性到控制的纵轴和由内部导向到外部导向的横轴划分为 4 个象限,其中,每个象限代表一种经典的组织理论。第 1 象限是开放系

---

① Quinn R E,Rohrbaugh J. A spatial model of effectiveness criteria: towards a competing value approach to organization analysis[J]. Management Science,1983,29(3):363-377.

统模型（open systems model），第 2 象限是理性目标模型（rational goal model），第 3 象限是内部过程模型（internal process model），第 4 象限是人际关系模型（human relations model）。

进入 20 世纪 90 年代以后，奎恩和卡梅龙（1999）又开发出了更具代表性的用于诊断和变革组织文化的竞争价值观框架（CVF），并在此基础上构建了 OCAI（Organizational Cultural Assessment Instrumen）。CVF 有两个主要的成对维度（灵活性—稳定性、关注内部—关注外部）（见图 5.1），四个象限代表不同类型的组织文化，分别被命名为宗族型（clan）、活力型（adhocracy）、层级型（hierarchy）和市场型（market）。①

图 5.1 竞争性价值框架（CVF）简化模型

---

① Cameron K S, Quinn R E. Diagnosing & changing organizational culture: Based on the competing values framework[M]. NewYork: Addison-Wesley Press, 1998: 23-63.

5.4.2 研究假设的提出

企业文化诸方面的特征影响着供应链企业在合作中的价值观、认知过程、处理方式和行为技能，使得在特定文化背景下的企业合作关系逐渐形成、巩固和发展。例如，追求长远还是短期的价值实现，合作态度是积极还是消极，合作中的可信性和承诺的履行性如何，处理意外事件的能力等，并最终决定了关系质量的优劣。因此，不同的企业文化特性必然影响供应链合作关系质量。

灵活型企业文化有利于企业应对供应链合作的环境变动。在灵活型文化中，成员们都有一种信心，即组织可以应对任何机会与威胁，只要对利益相关各方（顾客、股东、员工、供应商、社区）的合理利益是必要的，就必须坚持变革与创新和敢冒风险的态度。这种文化鼓励企业员工采取主动的方式识别问题和解决问题，全体成员保持一种为确保长期的组织成功而愿意从事一切必要工作的工作热情。灵活型企业文化是实施灵活和适应最终顾客需要的变化，并把企业战略的重点集中于外部环境之上的文化。这种文化不只是快速地对环境变化做出反应，还积极地创造变化，革新、创造性和风险行为被高度赞赏与奖励。

在"灵活性"特征显著的企业文化中，忠诚和相互信任是公司凝聚力的来源，公司的关注点是消除边界，融为一体；公司在战略重点上重视员工发展、履行承诺、高度信任、开放和持续参与；组织结构具有柔性、可扩展性和资源共享的特征，部门之间也很容易交流、沟通和协作。这些文化特征在供应链合作中传递给合作伙伴，为双方保持持久、灵活、公平的关系质量创造了条件。据此，提出本章的第一个假设：

H_1：企业文化的"灵活性"与供应链合作关系质量呈正相关关系。

在"稳定性"特征显著的企业文化中，组织的凝聚力来自正式的规定和政策，企业的平稳运行非常重要；企业的组织结构明确，控制系统完善，员工工作完全按照规章制度进行，在面临非常规事件时缺乏柔性，不能及时进行调整；公司强调竞争性行动和成就，高度竞争是公司管理的特点。在这样的一种追求竞争和稳定的文化氛围中，企业与供应链伙伴的合作中很容易缺乏协作意识而过度注重在市场中获胜和取得高成果，不利于建立紧密的战略合作关系，而员工行为严格受限于公司规章制度，使其与合作伙伴的主动沟通和对意外事件的处理能力下降。据此，提出本章的第二个假设：

H_2：企业文化的"稳定性"与供应链合作关系质量呈负相关关系。

企业高度"关注外部"主要表现为公司充满活力和事业心，公司的凝聚力来源于革新和发展，管理中充满自由和创新；企业的组织结构灵活，强调弹性和适应性；通过营造学习型的文化氛围，鼓励员工知识和能力的提升；公司重视获得新资源和创造新挑战。关注外部的企业能够主动地从外部寻求有利于自身发展的可靠资源，一旦融入资源和能力互补的供应链中，会发挥积极的引导作用，与合作伙伴共同创造竞争优势，赢得市场；企业会积极寻找机会向伙伴学习和共同积累，并倾向于扩大合作的范围和深度，建立起高度信任和持久的合作关系。据此，提出本章的第三个假设：

H_3：企业文化的"关注外部"与供应链合作关系质量呈正相关关系。

在高度"关注内部"的企业文化中，组织的凝聚力来自正式的规定和政策，企业强调组织的"正规化"程度，工作环境也比较正式，层级分工明确；企业层级制度比较规范，采取比较严格的规章制度来管理员工；由于组织结构比较固定，部门之间缺少合作，信息沟通渠道不是十分顺畅；效率是公司成功的基础，关注的是可靠的传递、顺畅的计划和低成本。在"关注内部"的文化氛围中，企业将注意力更多投入到对企业内部的控制上，缺乏利于外部资源实现自我发展的思路，容易丧失供应链合作的机会，即使参与供应链合作，也多是一般意义上的市场交易行为，很难拥有专用性资产和多样性的合作范围，因此，合作关系的质量水平处于较低的层次。

据此，提出本章的第四个假设：

H_4：企业文化的"关注内部"与供应链合作关系质量呈负相关关系。

5.4.3 自变量的测量

我们发现，单独分析企业文化与供应链合作关系的文献很少，至于对企业文化影响供应链合作关系影响的实证研究更属凤毛麟角。

奎恩和卡梅龙（Quinn & Cameron）等学者的大量实证研究表明，OCAI在辨识组织文化的类型、强度和一致性等方面很有效，尤其在组织文化变革测量方面实用价值较大[①]。OCAI从组织绩效的影响因素中提炼出6个方面来

---

① 马力,曾昊,王南.企业文化测量研究述评[J].北京科技大学学报(社会科学版),2005(3):56-60.

评价组织文化：主导特征、领导风格、员工管理、组织凝聚、战略重点和成功准则。这6个方面测量灵活性—稳定性，关注内部—关注外部两对维度。每个方面下设4个选项，分别对应4种类型的组织文化，受测者按照选项陈述与组织文化的契合程度，给4个选项打分，4项的总分为100分。对于特定组织来说，它在某一时点上的组织文化是4种类型文化的混合体。由于不同社会背景下量表的适用性需要调整，本研究对企业文化的测量借鉴仁达方略企业文化倾向评估问卷（L-PCAI），结合奎恩和卡梅龙的OCAI量表，根据本研究的需要进行修改。24个测试项目分别对应着组织文化的灵活性、稳定性、关注内部和关注外部四个维度。每个测试项目采用了Likert scale 5分量值，项目得分越高，表示企业文化的这个特征表现越突出。

量表进行初步设计完成以后，对首都经贸大学40名在职MBA学员进行了第一次预测试，此次预测试共有24个测试项目，经过统计分析后，将那些均值小于3或者大于5，方差小于1的测试项目进行了修改。然后进行了第二次预测试，测试结果比较理想。

5.4.3.1 问卷的效度分析

本书所采用的企业文化倾向评估问卷（L-PCAI）是北京仁达方略管理咨询有限公司的企业文化R&D小组历经2年的时间，在奎恩的OCAI量表的基础上，通过与国内外组织文化专家学者的反复论证以及在多家企业的实证检验中逐步开发完善而成。目前，L-PCAI已广泛应用于我国大型企业集团、金融机构、政府部门的文化框架评估，展现了良好的评估效果。①

5.4.3.2 问卷的信度分析

测量的信度是指测量结果的稳定性或一致性。当然，这里是指对一个变量重复测量时表现出来的性质（一致性、稳定性或不变性）。信度也是测量的基本要素之一，缺乏信度的测量就不具有意义，也不能使用。目前在学术界，通常采用斯坦福大学（Stanford University）克隆巴赫（Lee J. Cronbach）教授所发展的α系数，依一定公式估量测验的内部一致性，作为信度的指针。本研究对采用的L-PCAI问卷进行了Cronbach's α系数信度测验，其结果如表5.1所示。

---

① 王吉鹏.企业文化诊断评估理论与实务[M].北京:中国发展出版社,2005:171.

表 5.1　企业文化信度检验表

	灵活程度	稳定程度	外向程度	内向程度
Cronbachs' α 系数	0.84	0.81	0.85	0.80

本研究变量的信度检验结果显示，文化变量之间的 cronbach's α 值在 0.8 以上，表示本研究所采用的问卷具有较高的信度。

5.4.4　相关与回归分析

在对数据进行收集和整理完毕后，本书主要利用 SPSS13.0 进行了频度分析、相关分析和回归分析。

5.4.4.1　自变量统计结果分析

对自变量的频率进行分析可以了解变量的取值分布情况，为更为深入的分析打下基础，见表 5.2。

表 5.2　企业文化特征与关系质量的描述性统计

	N	最小值	最大值	平均值	标准偏差
文化灵活性	192	1.92	4.67	3.5563	0.51062
文化稳定性	192	1.50	4.92	3.1704	0.78149
关注内部	192	1.17	4.58	3.1837	0.58751
关注外部	192	1.50	5.00	3.2937	0.59476
有效样本数量	192				

以上五个变量均呈现正态分布，说明它们初步满足了回归分析的假定，这为接下来的分析提供了依据。下面列出了企业文化灵活性和关注外部的正态分布图，如图 5.2 和图 5.3 所示。

5.4.4.2　散点图

在散点图上，企业的文化灵活性和关注外部两个变量与关系质量表现出了一定程度的相关性，尤其是文化灵活性与关系质量二者显示出了强相关关系，如图 5.4 和图 5.5 所示。

5 企业文化对供应链合作关系的影响分析

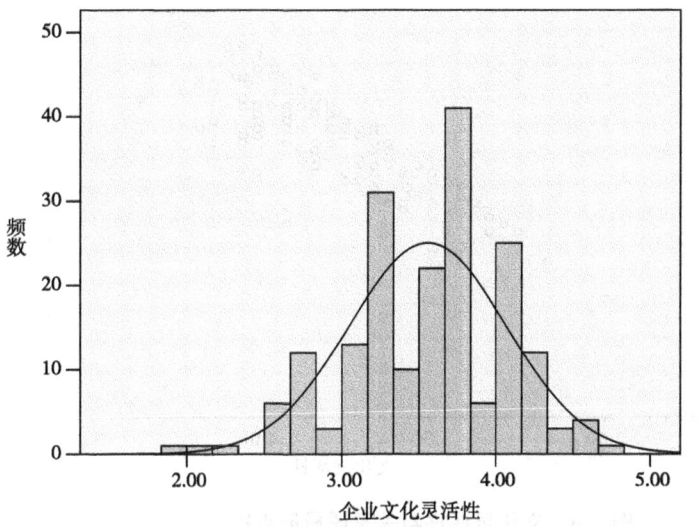

图 5.2　文化灵活性正态分布

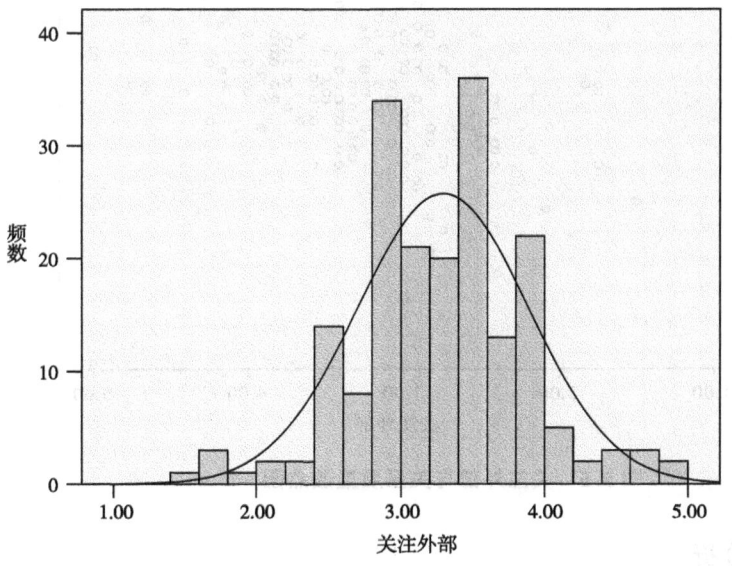

图 5.3　关注企业外部文化正态分布

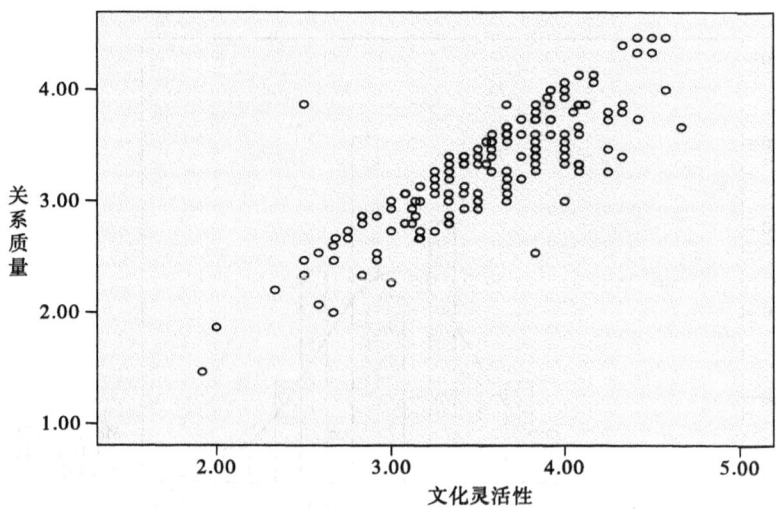

图 5.4　文化灵活性与关系质量散点图

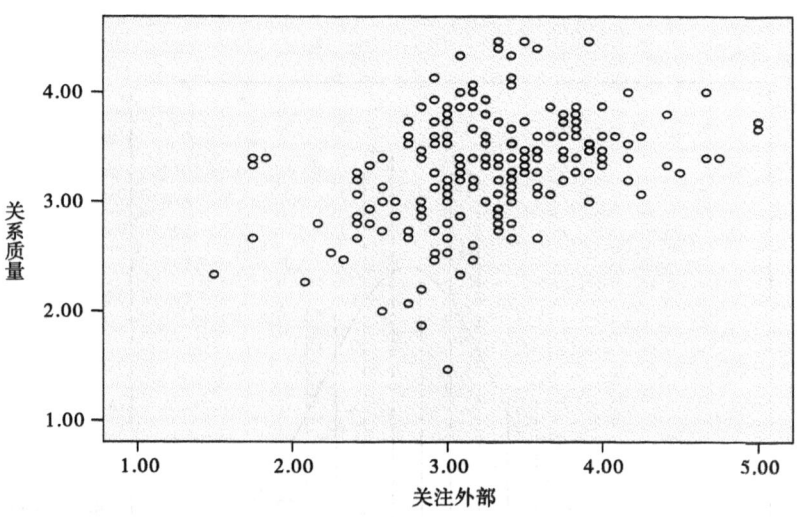

图 5.5　关注外部与关系质量散点图

5.4.4.3　相关分析

本研究以 Pearson 相关分析考察文化的灵活性、稳定性、关注外部、关注内部等特征与供应链合作关系质量的相关系数，考察各研究变量间是否显著相关。

5 企业文化对供应链合作关系的影响分析

从表5.3可知,企业文化的灵活性和关注外部都通过了双尾显著性检验,说明供应链合作关系质量与企业文化这两个维度之间都存在着相关关系。其中,企业文化的灵活性维度与关系质量的相关系数为0.839,t检验的显著性概率小于0.001,说明二者之间存在着显著的强相关关系,关注外部与供应链企业合作关系之间也存在显著的正相关关系。但是,从对关系质量的影响上讲,关注外部要远小于文化灵活性发挥的影响作用。

表5.3 企业文化维度与关系质量的相关分析

		文化灵活性	稳定性	关注内部	关注外部	关系质量
文化灵活性	Pearson Correlation	1	0.134	0.351**	0.436**	0.839**
	Sig. (2-tailed)		0.000	0.000	0.000	0.000
	N	192	192	192	192	192
稳定性	Pearson Correlation	0.134	1	0.776**	0.734**	0.036
	Sig. (2-tailed)	0.063		0.000	0.000	0.622
	N	192	192	192	192	192
关注内部	Pearson Correlation	0.351**	0.776**	1	0.762**	0.314**
	Sig. (2-tailed)	0.000	0.000		0.000	0.000
	N	192	192	192	192	192
关注外部	Pearson Correlation	0.436**	0.734**	0.762**	1	0.393**
	Sig. (2-tailed)	0.000	0.000	0.000		0.000
	N	192	192	192	192	192
关注质量	Pearson Correlation	0.839**	0.036**	0.314**	0.393**	1
	Sig. (2-tailed)	0.000	0.622	0.000	0.000	
	N	192	192	192	192	192

注:*、**表示在0.05、0.01水平上(双侧)显著相关。

有关分析结论证实企业文化的"稳定性"和"关注内部"两个维度与供应链合作关系质量之间存在正相关关系,这与本章提出的假设相反。之所以出现这样的情况,可能原因有:"稳定性"和"关注内部"的企业文化会使得企业重视自身稳定和发展,而与外部合作的需求相对较低,但因为企业"内外兼顾",企业文化的"稳定性"、关注效率等特征传导于供应链合作过程,从而使得合作关系稳定,效率提升;另外,基层管理人员及普通员工对一些文化特征把握不够准确,调查数据的可靠性对研究结论可能产生了一定影响。

5.4.4.4 回归分析与线性模型

本书经过前面几章内容的分析和论证，初步得出：企业声誉、组织柔性和灵活型组织文化都与供应链节点企业的合作关系质量存在着显著的线性关系。因此，在接下来的分析中，我们将以供应链企业合作关系质量作为因变量，以企业声誉、组织柔性和灵活型企业文化作为自变量进行多元线性回归分析，并通过线性方程来判断三者中哪个变量对关系质量的影响更大。

对回归方程的检验：

(1) 回归系数的显著性检验（t 检验）。表 5.4 是关于回归系数及显著性检验的计算结果。对回归方程系数的显著性检验，是为了说明哪个回归系数是显著的，因此在方程中保留最重要的变量，删除不显著的变量，为此必须对每个变量的回归系数进行检验。当 $P<\alpha$ 时，便可认为回归系数在 α 水平上统计显著。在表 5.4 中，常数项 t 的显著性概率为 0.437，大于 0.05，表示常数项与 0 没有显著性差异，表明常数项不应出现在方程中。所示模型中企业声誉、组织柔性和文化灵活性三个自变量的 t 检验值分别为 2.998、9.432 和 14.547，相伴显著性概率 P 均小于 0.01，说明各个自变量与因变量之间存在显著的线性关系。因此应当采用标准回归方程及其系数。

表 5.4 回归系数及显著性检验表

模型		非标准化系数 (Unstandardized Coefficients)		标准化系数 (Standardized Coefficients)	t	Sig.
		B	Std. Error	Beta		
1	常数 (Constant)	0.086	0.110		0.779	0.437
	企业声誉	0.109	0.036	0.122	2.998	0.003
	组织柔性	0.309	0.33	0.368	9.432	0.000
	文化灵活性	0.563	0.038	0.565	14.647	0.000

(2) 回归方程的显著性检验（F 检验）（见表 5.4—表 5.6）。检验回归方程就是检验样本 y 与 x_1, x_2……的线性关系是否显著，即判断能否肯定总体回归系数中至少有一个不等于 0。在实际分析过程中，可以根据样本计算出 F 值及其相伴随的概率值，这一概率值称为显著性水平（significance level）。接下来的工作只需将这一概率值与事先给定的显著性水平标准（在社会科学研究

中通常取 0.05 或 0.01 作为标准）进行比较，便可以做出关于检验假设的判断。在 SPSS 软件中，实际计算出的值用 P 表示，如果 $P<\alpha$（表中为 Sig），就称检验在 α 水平统计性显著。

表 5.5 回归方差分析表

	模型	平方和	df	均方	F	Sig.
1	衰退（Regression）	41.182	3	13.727	315.771	0.000
	剩余（Residual）	8.173	188	0.043		
	总数	49.355	191			

注：(1) 预测因子：(常数)，文化灵活性，组织柔性，企业声誉。
(2) 因变量：关系质量。

表 5.6 模型总体参数表

模型	R	R^2	调整后的 R^2	误差	杜宾-沃森
1	0.913	0.834	0.832	0.20850	1.677

注：(1) 预测因子：(常数)，文化灵活性，组织柔性，企业声誉。
(2) 因变量：关系质量。

5.4.5 线性回归结论分析及建议

由以上分析可以得出方程：关系质量 = 0.565 文化灵活性 + 0.368 组织柔性 + 0.122 企业声誉，说明文化灵活性变动一个分值，关系质量平均变动 0.565 个分值；组织柔性变动一个分值，关系质量平均变动 0.368 个分值；企业声誉变动一个分值，关系质量平均变动 0.122 个分值。由回归系数可以看出，灵活型企业文化、组织柔性的测评值对关系质量的影响程度比企业声誉的影响程度要大。此方程既可以反映企业文化变革、组织流程再造、企业声誉提升与供应链合作关系质量之间的相关关系，也可以用于企业内部某一变量变化时对供应链合作关系质量影响的预测。

上述结论对企业的供应链合作关系实践具有非常深刻的启发意义。既然灵活型企业文化和组织柔性对供应链合作关系质量发挥着关键的影响作用，那么，企业可以通过企业文化的变革和组织结构的再造来实现外部合作关系质量的改善，努力为企业的长远发展营造良好的外部环境。

5.5 本章小结

本章主要包括两方面的内容。首先分析了企业文化因素对供应量合作关系的影响，运用实证研究方法验证了企业文化不同维度对供应量合作关系质量的影响，得出了企业文化"灵活性"与供应链合作关系质量之间具有显著强相关关系的结论，对被证伪的假设进行了解释；作为对第4章和本章内容的一个总结和提升，以企业声誉、组织柔性以及灵活型企业文化三个因素作为自变量，以供应链企业合作关系质量为因变量，进行了多元线性回归分析，得出回归方程，更加详细地描述了四者之间的影响关系，企业灵活性、组织柔性、企业声誉对关系质量的影响程度依次减小。

6 组织结构对供应链合作关系的影响分析

6.1 企业组织结构的内涵与外延

6.1.1 企业组织的概念和形成机制

6.1.1.1 企业组织

根据目标和性质的不同，组织可以分为若干大类，如经济组织、政治组织、军事组织、文化组织和宗教组织等，而经济组织又可分为企业组织和非企业组织。非企业组织如企业联盟体（横向和纵向的网络）、企业生态系统等。黄津孚从动态的角度对企业组织进行了定义，企业组织是指根据企业生存发展需要及内外环境建立管理体制，规定企业成员间正式的社会经济关系，以便有效达成企业目标的一系列活动①。企业组织具有一般组织的本质特征，本书中的组织，如未加以说明，均指企业组织。

6.1.1.2 企业组织的形成机制

黄津孚对社会经济系统的组织形成机制进行了系统分析，企业组织的形成主要是三个内在机制发挥作用。

第一，吸引机制。当群体中人们存在共同的利益目标，达成这些目标又必须依赖集体，大家又具有协作愿望的时候，组织的需要就产生了，且在群体中开始产生凝聚倾向。

第二，追随机制。当群体中出现组织需要和凝聚倾向时，如果有人发起，进行联络沟通，组织行为就产生了，分散的个人开始联合行动，特别是群体中涌现出有勇有谋或者有声望、能服众，或者是上级派来握有"绝对权利"的"权威"人物时，组织的核心得以形成，组织的联系逐步建立起来。

第三，约束机制。一旦群体内建立起明确的角色分工、行为规范、规章制度，确认指挥权力和纪律约束，正式组织的形态就形成了，协作产生的集体力量就能够显著表现出来。

实际生活中，如果只有吸引机制，缺乏发起人和权威领导，组织就难以形成；如果只有吸引机制和追随机制，没有约束机制，组织就可能成为缺乏稳定性和持久战斗力的"俱乐部"或"乌合之众"。只有三种机制同时存在，

---
① 黄津孚.现代企业管理原理[M].5版.北京：首都经济贸易大学出版社,2007.

组织才能够充分展现其作用和功能。

6.1.2 组织结构的内涵

组织结构是组织理论的关键组成部分，对于组织结构的研究也是很多学者关注的重点之一。

罗宾斯（Stephen P. Robbins，1979）认为组织结构（organizational structure）界定了对工作任务进行正式分解、组合和协调的方式。[①] 陈树文（2005）认为组织结构是指为了实现企业目标，组织在工作中进行分工协作，在职务范围、责任和权力关系方面所形成的结构体系。[②] 任浩（2005）认为组织结构是为了完成组织目标而设计的，是指组织内部各构成要素以及它们之间的相互关系。它是对组织复杂性、正规化和集权化程度的一种量度，涉及管理幅度和管理层次的确定、机构的设置、管理职能的划分、管理职责和权限的认定及组织成员之间的相互关系等。欧阳峰等（2005）认为组织结构定义有三个关键要素：一是组织机构决定了正式的报告关系，包括层级数和管理者的管理跨度；二是如何由个体组合成部门，再由部门到组织，这也是由组织结构确定的；三是组织结构包含了一套沟通系统，以确保跨部门的有效沟通、合作与整合。[③]

总之，企业组织机构是企业内部各种关系有序结合的总体，其基本内容包括明确组织机构的部门和层次划分以及各个机构的职责、权限和相互关系，由此形成一个有机整体。组织结构界定了对工作任务进行正式分解、组合和协调的方式。组织结构的核心内涵可以概括为：就本质而言，组织结构是反映组织成员之间的分工协作关系；组织结构是人们在职、责、权方面的结构体系。

6.1.3 组织结构的功能

组织结构可以有效地、合理地把组织成员组织起来，即将一个个组织成员为组织贡献的力量有效地形成组织的合力，让他们有可能为实现组织的目标而协同努力。每个企业组织内部都有一套自身的组织结构，它们既是组织

---

① 罗宾斯.组织行为学[M].北京：中国人民大学出版社，2005：467.
② 陈树文.组织管理学[M].大连：大连理工大学出版社，2005：212.
③ 欧阳峰.信息时代的企业组织变革[M].北京：经济管理出版社，2005：27.

存在的形式，本身还是组织内部分工与合作关系的集中体现。所有组织成员都将在此结构中充当一定的角色，承接一定的工作，否则就没有资格待在组织之中。由此，我们可以将组织结构的功能总结为以下三点：

（1）组织结构是为达到组织目标和任务而设计的。组织结构在实现组织目标方面发挥着重要的作用，它是实现组织目标的手段。

（2）组织结构为不同成员的协同合作提供可靠的沟通渠道。为了达到组织目标，组织内的上下级之间、平级之间必须进行及时、高效的沟通，部门、岗位的设置和职、责、权的分配决定了信息传递的方向和效率。

（3）组织结构在调整成员行为方面发挥着重要作用。组织结构对于组织原则和管理规范的设计，形成了对组织成员行为的硬性约束，保证了组织的存在与发展。

6.1.4　组织结构的类型及其特征

组织结构是组织内的人员安排、部门设置以及部门之间的相互协调关系。它涉及管理幅度、管理层次、管理职能和管理职权的划分及设定等内容。组织结构的设计与优化对于实现组织目标、确保组织高效运行具有十分重要的意义。一般来说，现代企业的组织结构包括三种基本的形式：U型组织机构（unitary，一元结构）、H型组织机构（holding，控股结构）、M型组织机构（multi-divisional，多元结构）。

U型组织机构又称职能型组织机构，其特点是高度集权，产生于现代企业的早期阶段，是现代企业最为基本的一种组织结构形式，多用于产品（业务）比较单一的中小型企业。其内部按职能划分为开发、生产、销售、供应等部门，各部门只有很小的独立性，权力主要集中在企业的最高决策者手中，保持了直线制集中统一指挥的优点，并吸收了职能制发挥专业管理职能的长处。U型组织结构适用于市场稳定、产品品种少、需求价格弹性较大的环境。随着企业规模扩大、业务复杂，U型组织结构呈现出费用激增、管理低效两大根本性缺陷。按照美国企业史专家小钱德勒（Alfred D. Chandler, Jr.）的分析，这种结构的一个重要的缺陷是，高层经理们陷于日常经营活动，无法做好长期性的资源分配工作。①

---

① 钱德勒.看得见的手:美国企业的经理革命[M].北京:商务印书馆,1987:533-542.

H型结构是随着多元化经营出现的一种企业管理结构，它在企业内部模拟一个资本市场，在内部最大限度地引入市场机制[①]。H型组织结构和U型组织机构相反，它是高度分权的组织机构，多用于以资本经营为主的纯粹控股公司或涉猎很多领域的公司。H型公司通过控制子公司的全部或者部分股份，支配或参与子公司的经营活动和重大决策。各子公司具有法人资格，往往独立性过强，内部结构松散，缺乏必要的战略联系和协调，因此，公司整体资源战略运用存在一定难度。

M型结构又称事业部制组织结构，是介于U型组织机构和H型组织结构之间，适度集权与适度分权相结合的组织结构方式。它是U型、H型两种结构发展、演变的产物，体现了集权与分权相结合，更强调整体效益的大公司结构。M型结构的基本特征是战略决策和经营决策分离。公司总部负责战略的规划和重大决策，是决策中心；公司内部按产品、服务或者地区划分为事业部，各事业部自主经营、独立核算，同时也是利润中心。事业部具有独立的自主经营权，但不具有法人资格。

随着全球化和信息技术的应用，组织机构逐渐向扁平化、柔性化、网络化发展。较为典型的组织结构形式有两种：N型组织结构和虚拟企业。N型组织结构又称为网络型组织结构，是在一个企业内或者企业间发展起来的，按照各个企业的核心业务组织的网络型结构。

6.2　企业组织与供应链网络组织

企业组织是供应链网络组织的基本构成要素，企业内部沟通的特征会影响节点企业在供应链网络中的沟通。

6.2.1　供应链网络组织的基本概念和形成机制

6.2.1.1　网络

所谓网络（networks），是用以描述行动主体之间关系的一种结构。在社会学中，有一个新兴的"社会网络分析"学派，他们采取与以往社会学研究截然不同的立场，强调要摈弃对行动主体"属性"的重视，而转向着重考察

---

① 邵荣昭,弋娟.基于顾客的企业价值设计[J].长安大学学报:社会科学版,2005,7(4):14-17.

行动主体之间的"关系"。一般地，他们将网络定义为由带着一定资源的行动主体及其关系构成的这样一种结构（张其仔，2001）。在比较制度研究中，网络被看作一种介于市场体制与企业体制之间的体现合作或联盟关系的一种混合体制。尽管对"网络"具体含义的表述并不相同，但总的说来，注重行动主体之间的关系（包括关系的形式及内容）是各学科领域的网络研究的共同特征。①

6.2.1.2 网络组织

网络组织结构是日本学者山田荣作通过对多国籍企业的研究在《全球方略》一书中提出的一种组织结构的创新形式。网络组织是相对于传统的职能型垂直式等级组织提出来的，其本质在于信息科学技术高度发达，互联网技术的广泛扩展和利用，使得企业与外界的联系极大增强，企业可以重新审视自身机构的边界，不断缩小内部生产经营活动的范围，相应地扩大与外部单位之间的分工协作。这就产生了一种基于契约关系的新型组织结构形式——网络组织结构。②

6.2.1.3 供应链网络组织

鉴于供应链运作过程中所联结的单位通常都跨越了企业的法律边界范围，有相当大的自主经营和决策能力，因此，整个供应链网络表现为一种纵向的企业联盟体。供应链网络可以定义为：为了满足最终顾客需求，由具有自主决策能力的企业或业务单位，通过一定的供需关系链构成的网状的组织系统。③

供应链网络分析注重于满足顾客需求的整条商品供应链过程的协调，从服务于满足顾客和创造整条供应链最大价值的角度出发，重塑相关企业间的关系，形成围绕互补资源和能力联盟的虚拟一体化形态的组织系统。供应链网络属于企业联盟体这一层次研究的范畴，它比企业、事业单位、政府、军队等单体组织高了一个分析层次，同时又比商业生态系统的分析层次低些，因此，称之为中观层次的分析单元。

按照系统层次性的原理，对供应链网络组织的考察可以分为五个层面（Gulati，1998；O'Dennell，2001）：单个企业层面、一对一关系层面、一对

---

① 王凤彬.供应链网络组织与竞争优势[M].北京：中国人民大学出版社，2006：19.
② 欧阳峰.信息时代的企业组织变革[M].北京：经济管理出版社，2005：57.
③ 王凤彬.供应链网络组织与竞争优势[M].北京：中国人民大学出版社，2006：20-24.

多或多对一层面、直接供应链（网）层面、扩展供应链（网）层面。在五个层面的网络组织研究中，分析层次是由低到高逐渐上升的。然而，研究供应链网络组织的结构特性，如果只注重联结关系的形式和内容，忽略了加入网络关系中的各行动主体本身的特点，网络分析就只会成为内中无物的表囊研究。当前国际上兴起的将行动主体（网络节点）的个性特征融入网络结构分析的个体属性与结构特性相结合的研究（Kilduff&Tsai，2003），就向我们证实了跨层次考察的必要性和重要性。

6.2.1.4 供应链网络组织的形成机制

供应链网络组织明显地不同于企业内部的组织。但是从理论根基来说，已有的针对企业内部分工和协调问题而提出的组织理论，仍然对有关企业间组织问题的研究具有启发价值。此处借鉴黄津孚对组织形成机制的分析，将供应链网络组织的形成机制用图6.1表示。

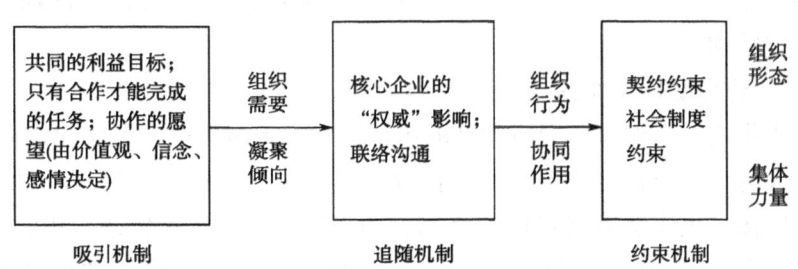

图6.1 供应链网络组织的形成机制

6.2.2 供应链网络组织对企业组织的要求

供应链管理是一种基于协作的策略，管理伙伴间的合作连接关系，透过成员间的紧密连接与合作的关系，增加彼此的价值与信任，共同创造整体最大化利益的管理模式。供应链网络以创造健康、和谐的供应链合作关系为根本目标，最终达到提升企业绩效的目的，节点企业自身的组织特征是否符合供应链网络的要求，直接影响着合作关系的质量优劣。

6.2.2.1 适应性要求

供应链之间的竞争取代了企业之间的竞争，一方面，整个供应链网络处于不断发展变化和充满竞争的环境中，需要根据顾客需求调整目标和策略，这就要求作为节点企业的组织结构具有较好的弹性，以适应供应链战略和策

6 组织结构对供应链合作关系的影响分析

略的变化;另一方面,组织结构的适应性调整是供应链环境下信息技术应用的关键性课题①。

6.2.2.2 协调性要求

有机体生存发展所依赖的组织功能及整体效率,一方面取决于组织各部分的活力,另一方面又取决于组织各部分活动的协调。供应链网络组织需要合作企业紧密配合、高效协调,集成性地发挥各自的优势,共同创造协同效应。供应链内部信息流量大,由于存在信息不对称,为保证信息的可靠性,企业之间的沟通和协商对协调效果发挥着重要作用。

6.2.2.3 响应性要求

供应链合作是以快速响应用户的需求为出发点的管理模式。快速响应要求供应链网络中的企业能在正确的时间、正确的地点、用正确的商品和上下游伙伴合作来响应消费者的需求,同时降低供应链的总成本,提高供应链的整体效益。这要求企业对公司内部的采购、制造、营销和物流等流程采取超越职能部门的平行管理方式,将多余的交接工作、垂直管理的弊病、不确定性和延误降到最少。所有的供应链伙伴分享业务计划、预测信息、POS 数据、库存信息、进货情况以及有关协调货流的信息,以提高供应链组织的反应力。

6.2.3 供应链合作关系对企业边界的影响

在相对稳定的市场环境中,"纵向一体化"(vertical integration)模式是有效的。但是,自 20 世纪 90 年代以来,随着经济的不断发展和技术的进步,市场正朝着个性化、多品种、小批量、短周期的方向发展,市场的不确定性和扰动性都在增加,而顾客对交货期的要求越来越苛刻,对产品和服务的期望也越来越高。市场特点的这种变化改变了企业的生存基础,也动摇了原有企业组织模式经济合理性的基础,使"纵向一体化"模式暴露了种种弊端,因而必然促使企业重新调整其组织边界和组织结构,供应链管理和供应链合作便受到越来越多的关注。在供应链管理环境下,良好的供应链合作关系将促使企业边界发生明显变化。

6.2.3.1 企业边界的内涵

明确的企业边界是企业组织结构的基本特征之一,也是一个非常重要的

---

① 欧阳峰.信息时代的企业组织变革[M].北京:经济管理出版社,2005:108.

管理概念。通过对有关理论的对比分析,我们认为,企业边界是指企业以其核心能力为基础,在与市场的相互作用过程中形成的经营范围和经营规模,其决定因素是经营效率。企业的经营范围,即企业的纵向边界①,确定了企业和市场的界限,决定了哪些经营活动由企业自身来完成,哪些经营活动应该通过市场手段来完成。经营规模是指在经营范围确定的条件下,企业能以多大的规模进行生产经营,等同于企业的横向边界。

关于企业边界理论观点评述:

(1) 钱德勒的观点。钱德勒(Chandler,1990)虽然没有明确提出企业边界的概念,但是他从大量实证材料的研究中发现最终决定企业规模的是效率。当企业规模边界的扩张不能产生效率时,企业应停止扩张活动。

(2) 新古典经济理论的观点。马歇尔(A. Marshall,1890)以来的新古典经济理论将企业构造成一个技术上的生产函数,认为企业是为外部进行生产(包括服务)的专业化生产单位,故也被称为专业化理论。专业化理论立足于企业的生产功能,强调企业生产效率的提高,其基本思路是:企业之所以存在是因为与自给自足相比,为他人生产是有效率的,这种效率来自企业在规模经济、专业化活动等方面具有的优势。

(3) 交易成本经济学的观点。科斯(Coase,1937)首创交易成本分析法,从交易成本的角度研究企业边界问题,认为企业的边界是由交易成本决定的,企业组织和市场执行的是相同的职能,是可以相互替代的两种机制。当企业活动的边际交易成本大于边际组织成本,企业的规模便上升;反之,则下降。企业的最佳边界存在于市场交易成本与企业组织运作成本的均衡点上。如图6.2所示:C代表边际成本,S代表企业规模,C_1代表边际交易成本,C_2代表边际组织成本。此时,企业的最佳边界位于C_1和C_2交点处的S_0,市场交易成本与企业组织成本相等,均为$C_0$②。

当外界某些经济环境因素发生变化促使企业交易成本降低,而组织成本不变时,曲线C_1便向下移动到C_3(虚线),从而产生新的最优边界S_1,使得

---

① 多数文献提到的企业边界,由于侧重讨论企业与市场边界问题,实际上指的是企业的纵向边界。
② 从逻辑上讲,企业边界应该由企业内部总成本和外部总成本来共同决定,企业内部总成本=内部生产成本+企业组织成本,企业外部总成本=外部生产成本(供应商生产成本)+交易成本,由于交易成本理论假设企业内外的专业化能力是相同的,忽视生产成本的变化,因而企业内、外部生产成本是相等的,企业边界便由边际交易成本和边际组织成本的均衡来决定。

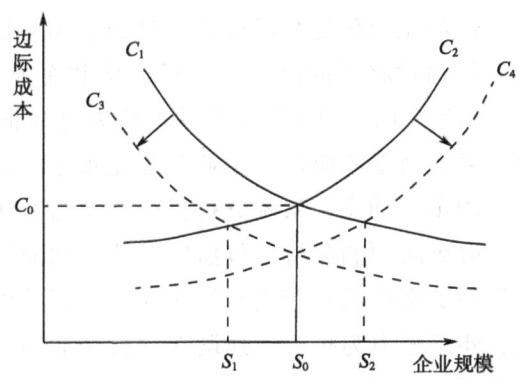

图 6.2 企业边界与交易成本、组织成本

企业边界收缩，市场的边界不断扩大；当外界某些经济环境因素发生变化促使企业组织成本降低，而交易成本不变时，C_2 便向下移动到 C_4（虚线），又会产生新的最优边界 S_2，使得企业能够进一步扩大自己的规模。

科斯的交易成本理论对后来的学者产生了很大影响，阿尔钦和德姆塞茨（Alchian & Demsetz，1972）的"队"生产理论、威廉姆斯（Williamson，1979）的资产专用性理论、张五常（Cheung，1983）的要素市场替代产品市场理论等都是对该理论的补充和改进。这里要特别强调的是迪屈奇（Dietrich，M.，1994）的贡献，他认为企业边界由企业和市场的管理效益与管理成本对比来确定，其分析框架将交易成本分析纳入长期竞争动态的框架内，并吸纳波特价值链与知识经济理论，这是对交易成本经济学仅仅从成本角度出发静态地分析企业边界问题的一种改良。因而对半结合这一复杂经济现象具有较强解释力，该理论认为，当企业的交易成本大于管理成本、交易效益大于管理效益时，半结合行为发生。

（4）契斯（Teece）的企业能力理论。美国经济学家契斯认为应该采用一种整体的视角，涵盖与企业能力建立相关的整个过程、整个企业的内部知识和产品的生产过程和外部的交易过程（Teece，1994）。他将企业动态能力定义为"企业整合、塑造和重组内部和外部竞争力以应对不断变化环境的整体能力"（Teece，1997）。他以企业动态能力为切入点对企业边界进行研究，认为"企业的边界在于能力的适用边界"。

以上理论揭示了企业边界的影响因素是多元的，但是我们认为：决定企业边界变化的最终力量是效率，而且在分析企业边界时，交易成本经济学和新古典经济理论以及企业能力理论是可以相互补充、相互促进的。交易成本学派的静态比较方法是通过将不同时期的市场结构和企业组织形态相比较，确定企业纵向边界变动的方向。但交易成本并不是决定企业边界的唯一因素，因为企业边界差异的决定因素还应包括企业专业化水平。新古典理论从生产角度考察企业边界，侧重于动态、系统分析，适用于与专业化分工的产生和发展密切相关的企业边界问题的分析，包括生产技术的演进对企业组织的发展的巨大影响，这弥补了交易成本理论忽视企业生产职能的缺陷。企业能力理论以整合企业内、外部能力为核心，强调在进行企业边界分析时必须按照企业本身的要求和市场经济的内在要求，统一企业的生产功能和交易功能，保证企业在市场中的健康发展。

6.2.3.2 供应链合作关系对企业经营的影响

从本质上分析，供应链是一个跨越多个厂家、多个部门的网络化组织，是一种具有特定功能的"生产组织形式"。供应链管理就是以核心企业为盟主，以提高竞争力、市场占有率、客户满意度和获取最大利润为目标，以系统观念、动态观念、共赢观念为指导思想，运用现代企业管理技术、信息技术、网络技术和集成技术，通过企业间的协调、同步运作，实现对供应链上信息流、物流、资金流、业务流和价值流的有效规划和控制，使供应商、制造商、销售商和服务商等合作伙伴连成一个完整的网链结构，从而形成一个极具竞争力的集成化动态联盟。

如表6.1所示，在供应链管理环境下企业的经营活动发生了很大变化。

表6.1 供应链管理与传统管理对企业经营活动影响的比较分析

经营活动类别	对比分析	
	一般环境下	供应链合作环境下
企业的经营观念	局部观念	系统观念
企业的竞争观念	对抗竞争	合作共赢
企业的管理方式	静态相对封闭式管理	动态开放式管理
企业的经营目标	个体最优，满足下游客户	整体最优，满足最终消费者
企业的发展方向	多元化发展，纵向一体化	专业化发展，横向一体化

续表

经营活动类别	对比分析	
	一般环境下	供应链合作环境下
企业的战略决策	独立决策，内部重构	协调决策，集成优化
企业间风险、利润分配	独担风险，独享利润	共担风险，分享利润
企业的信息管理	信息保密	信息共享
企业间合同的签订	短期合约	长期合约
企业的库存管理	安全库存	追求零库存

供应链合作能够同时降低企业的组织成本、生产成本和交易成本，主要体现在：

（1）降低组织成本和生产成本。在供应链合作环境下，企业采用物流资源计划（LRP），强化对企业内部资源、外部资源的整合，从供应链系统的角度对企业资源进行最优化配置。供应链管理采用计算机辅助订货系统（CAO）、快速反应系统（QR）、供应商管理库存（VMI）等先进的物流技术和管理手段，集成纵向和横向信息，使企业生产计划信息的组织与决策过程具有开放性、动态性、集成性、群体性的特点，加快了订单处理和产品发送，快速追踪销售情况，及时得到顾客的意见反馈，不仅减少了采购成本、运输成本、库存成本、生产成本和销售成本，而且可以根据客户的具体要求进行快速行动，提供定制化产品，以便更快、更好地满足各种不同偏好的需求层次。这样不仅大大降低了企业组织管理成本，而且也使生产成本得到了很大程度地降低。

1997年，美国的PRTM公司对165个企业进行了调查研究，发现供应链管理效益很大：能够使总供应链成本降低10%以上，生产率提高10%以上，中型企业准时交货率提高15%以上，订货—生产的周期缩短了25%~35%，经济效益提高了15%~20%。

（2）降低交易成本。交易成本经济学假定行为主体有限理性和机会主义倾向，认为导致交易成本的主要因素是交易资产的专用性、不确定性和交易发生频率（Williamson，1979）。在供应链管理环境下，成员企业间建立战略联盟，通过电子数据交换（EDI）实现信息共享，因而供应链也是一条信息链。由于成员企业可以充分获取生产经营所需信息，消除了企业间信息不对称现象,从而大大降低了发生机会主义行为的可能性。

资产专用性与资产通用性相对,与沉没成本相关,是指专项投资一旦形成,就不能在毫不牺牲生产性价值的条件下改变这种资产的用途(Williamson,1984)。因此,当一项资产在相同的获利水平下很难用于其他用途时,它的专用性就高。采用供应链管理,企业间建立互信机制,信息共享,可以让更多的可能的资产使用者以较低的成本获得更多的有关资产的信息,而且通过业务流程的整合,使成员企业服从订单调动,实现供给与市场需求的均衡,并在需要的时间,向需求的地点,提供所需的品种、数量、质量的产品及服务。由此可见,供应链管理打破了供应链中企业资产的专用性,变专用性为共用性,使资源得到了充分利用,降低了由于资产专用性带来的交易成本。

不确定性往往意味着很大的经营风险,使企业间交易成本上升。在供应链管理环境下,企业采用实时的销售时点系统(POS)和有效客户反应系统(ECR),可以准确把握销售状况和趋势,为合理安排经营活动提供了依据,增强了企业决策的灵活性和稳定性,消除了由于市场需求、价格波动等带来的不确定性。由于建立了信息共享、利益共享和风险共担机制,成员企业之间的合作关系便具有了稳定性和长期性,这也消除了企业间的不稳定性,避免了经营风险,降低了企业的交易成本。

此外,企业间交易次数和频率的增加,将使总体交易成本增加。供应链管理将那些经常性交易对象组织了起来,并对网络成员之间的相互交换关系进行整合和管理,也可以大大降低成员企业之间的交易成本。

香港货品编码协会(HKANA)通过供应链管理试验研究发现,在香港地区推行供应链管理,预计可使产品总成本降低2.7%,其中,营运成本降低1.8%,存货成本较低0.9%,对全球性供应链而言,营运成本与存货成本则分别下降4.0%和1.9%,即总成本下降5.9%。

6.2.3.3 供应链合作关系对企业边界的影响

供应链合作关系使企业的组织成本、生产成本和交易成本都得到了降低,因而对企业边界产生了深刻影响。但是企业边界的变化趋势不能简单根据组织成本和交易成本的均衡来确定,还要充分考虑企业边界的效率,并依据企业的战略部署和企业所在行业的特点来确定。因此,如图6.3所示,在供应链管理环境下,各成员企业边界呈现如下变化趋势。

6 组织结构对供应链合作关系的影响分析

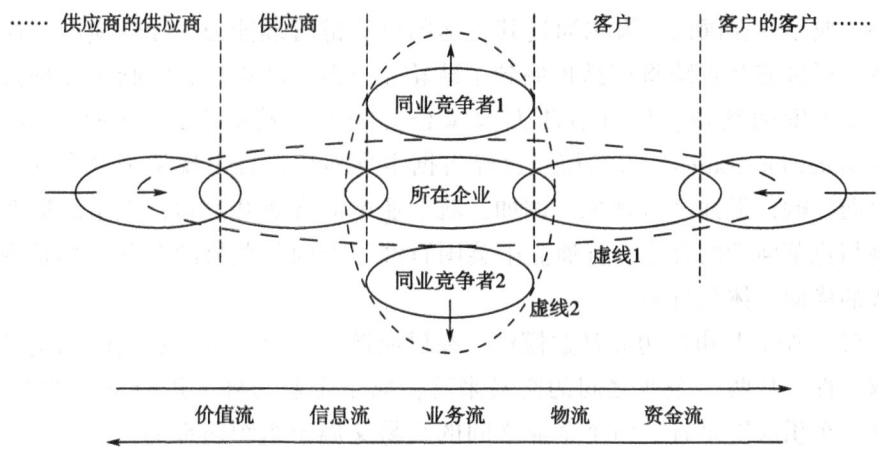

图 6.3 供应链管理对企业边界的影响

注：虚线 1 是企业的原始边界，这往往是企业纵向一体化的结果。虚线 2 是企业重组后的边界，这往往是处于同一行业或生产领域的企业之间进行横向兼并、收购、联合的结果。从图中可以看出：企业的纵向边界有收缩的趋势，而横向边界有扩展趋势；企业与企业（市场）之间的边界相互渗透、相互结合。

（1）纵向边界收缩，横向边界扩张。在供应链管理环境下，由于交易成本降低，企业在"生产或采购"的决策中往往更倾向于选择"采购"。因而，越来越多的企业开始放弃"纵向一体化"，对企业的组织结构和边界进行调整，如果企业只抓住核心的东西，许多业务活动开始从企业内部分化出来，企业纵向边界小型化发展趋势明显。同时，由于组织成本和生产成本的降低，企业的横向边界呈逐渐扩大的趋势，与主体（核心）业务相关的经营活动得到加强和充实，以发挥企业内经营的协同效应，获得规模经济和范围经济，提升了企业的专业化水平，增强了企业的核心能力，形成企业在横向上的竞争优势。总之，在供应链管理环境下，企业横向边界的扩张既受降低成本、追求更多利润的内部动机的影响，又有外部竞争环境的推动作用，更关键的是在技术和管理上具备了可行性。因而，20 世纪 80 年代中期以后，工业发达国家中有近 80%的企业放弃了"纵向一体化"模式，取而代之的是横向一体化。例如，从 1980 年开始，IBM 就不再纵向发展，而是与其他企业建立广泛的联系，发展横向联合。还有亚马逊书店是以网络书店为基础的网络公司，成为世界知名的图书销售商,就是在供应链管理环境下企业横向一体化发展的一个典型。在国内,海尔通过其发达的供应链管理能力,加快横向一体化步伐,通过兼并收购将产品扩展到了冰箱、空调、洗衣机、电脑等多种具有技术相关度的领域。从目前西方国家企业的发展趋势看,"横向一体化"(horizontal integration)经营模式已经占据主导地位,且出现越来越多的大规模横向并购,强强联合现象。例如,航空业中波音兼并麦道,汽车制造业中奔驰与克莱斯勒的合并,石油业中英国石油与美国阿莫科的合并等都是规模巨大的横向一体化行为。

(2) 企业与市场边界日益模糊。在供应链中,上下游企业之间的交易具有双重性,从两个企业之间的交易来看,属于企业与外部进行交易的关系,但从整个供应链来看,两个企业之间的交易又属于组织内部的交易。这种企业之外组织之内的交易方式是一种新型的交易关系,是"看不见"和"看得见"两只手进行的契约安排,由此,企业与市场的边界相互渗透、相互联结,变得日益模糊,最终导致了企业间复杂易变的网络结构和丰富多样的制度安排。战略联盟、虚拟组织、固定伙伴关系的业务外包制、特许经销(franchising)等已成为非常普遍的重要组织形式,这些被迪屈奇称之为半结合①的组织形式既可以充分发挥市场配置资源的作用,又可以充分利用组织的管理效率;既减少了自由市场交易中存在的交易费用,又避免了完全企业内部化而造成的高额组织费用;既优越于科层制的大企业,也优越于无组织的市场。

例如,美国惠普(HP)和 NEC 于 2002 年 12 月 12 日宣布,两家公司将在计算机系统的外包业务上展开合作。惠普已经在全球 160 个国家开展外包业务,拥有超过 65 000 名员工和 100 多处操作中心,建立了全球性的技术支持系统。而 NEC 除了向日本国内的 2 500 家用户提供外包服务外,还在采用开放技术的关键业务系统(mission critical system, MCS)的建设运营上拥有成功经验。目前,NEC 每年外包业务的营业收入额约为 1 000 亿日元。通过合作,两家公司还计划将这项业务在不远的将来扩大到 2 000 亿日元。又如:东芝公司在几十年的发展过程中,几乎与世界上相关的企业都建立不同形式的联盟关系,而且大部分的联盟都取得了经营上的成功,使其自己几乎成为

---

① 在许多文献里面,半结合也被为中间组织,两者内涵上具有一致性,但在迪屈奇的著作《交易成本经济学》里,半结合的概念显然比一般意义上的中间组织包含的范围要广。

6 组织结构对供应链合作关系的影响分析

所有电子产品的领先者。还有美国的耐克（NIKE）公司以及思科公司也是成功运用虚拟组织的著名企业。

6.3 组织结构对供应链合作关系的影响机理分析

既然供应链合作关系（SCP）是一种高价值的联系。那么这种高价值如何在供应链企业之间的合作中得以实现呢？这就需要供应链上下游企业之间在目标、资源、能力等方面进行充分的协调和配合，而这些诸多方面的协调和配合就有赖于企业之间物流、信息流和商流高速而有效的传递。从这一点来看，供应链合作关系与供应链管理在核心内涵上是一致的，即从系统的观点出发，以集成思想对供应链中的物流、资金流、商流进行设计、规划及控制，以最大限度地减少供应链中各成员的内耗与浪费，通过整体最优来提高供应链的全体成员的竞争力或福利水平，实现全体成员的共赢。

由此可见，从制度层面进行分析，供应链合作关系实际上就是通过一种科学的组织安排，来实现合作方在物资、价值、信息等多个交易要素方面的顺利流转，以确保交易关系的稳定，降低交易费用。由于物流活动包括运输、装卸搬运、库存与补充、包装、流通加工、配送、信息处理等，单纯以一个企业为中心的组织结构设计并不复杂，而对供应链中多家企业合作关系中组织结构的设计和改造就是一个比较复杂的问题。本书以下内容将重点探讨组织结构因素如何对合作企业间物流、商流和信息流发挥决定性作用，进而影响企业间合作关系。

6.3.1 传统组织结构对供应链中物流、信息流和商流的影响

组织结构的差异决定着一个组织物流管理效率的高低。组织结构的调整是企业实现从传统自营物流到现代供应链物流运作模式转变的战略实施保证。物流的过程很长，并且物流的各个职能需要很好地配合，所以需要建立一个高效而有权威的组织系统，能控制物流实施状态和未来运作情况，并能及时有效地处理衔接中出现的各种疑难问题和突发事件。

19世纪末及20世纪初，西方大企业普遍采用的是一种按职能划分部门的纵向一体化的职能性结构，即U型结构（unitary functional form）。这种结构在设计上没有独立的物流部门，物流的组织职能常常被分割在财务、制造和营

销部门中,例如,订单处理不是在市场营销部而是在财务部,与市场脱节;运输被分配在制造管理部门,加重了制造部的调度负担,使其不能集中精力于构成其核心竞争力的产品的研发制造;信息技术主要应用在财务部门,只有少量大型企业制订了物料需求计划。职能分割及物流业务的从属地位意味着在执行物流各方面的工作时缺乏职能部门之间的协调,经常导致重复和浪费。而且由于各职能部门之间的权力和责任界限是模糊的,信息经常会失真或者延迟。同时各部门有限的职责使得管理者往往只追求本部门效率的提高,不可能顾及整个组织范围内成本的降低,进而导致企业物流效率低下,物流成本居高不下,传统的物流组织结构如图6.4所示。

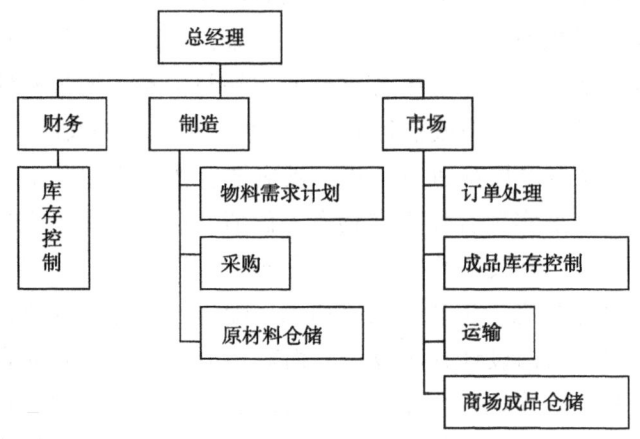

图6.4 传统的物流组织

采用改进后的M型组织结构的企业往往强化内部物流职能,将分散在各职能部门的物流管理业务集中起来,成立独立的物流职能部门,此时物流部门和财务、营销等其他部门在组织结构中的地位相当。这种组织结构寻求将实际中所能操作的尽可能多的物流计划和运作职能归在一个权力和责任下运作,这就使得企业的制造物流和采购物流能够有机整合,使物料管理大大改善。其目的是实现对企业所有的材料和成品运输及存储的战略管理,进而提高企业供应和销售物流的效率,改善生产物流以及财务和信息处理的效率,使企业获得最大的利益。但是,由于M型组织结构将物流职能有限专有化、内部市场化,对于一个特定的企业而言,它在短期内可能有利可图,但长期来说,意味着物流设施、设备、信息系统的投资多元化,企业组织管理难度

6 组织结构对供应链合作关系的影响分析

和协调成本必然增加，改进后的物流组织结构如图 6.5 所示。

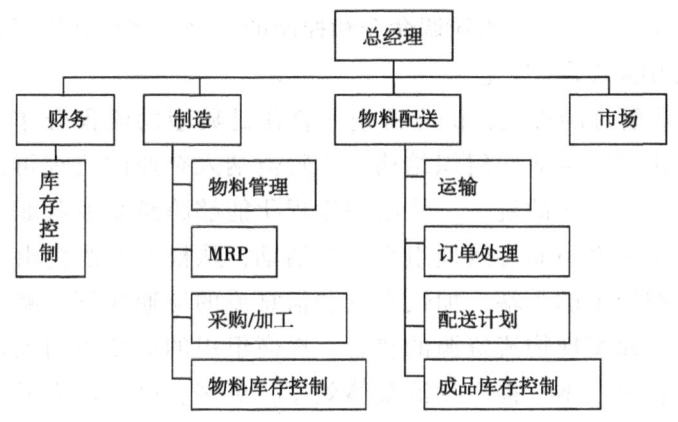

图 6.5 改进后的物流组织

6.3.2 现代组织结构对供应链中物流、信息流和商流的影响

供应链企业的组织结构决定着企业间合作关系的顺利开展以及合作目标的实现。现代组织理论认为，组织的结构模式是对外界环境的反映。在稳定、变化相对较小的环境中，组织结构是僵化的、等级森严的。而在动态、不确定的环境中，组织结构通常是灵活的、扁平的[①]。因此，适合供应链企业合作关系顺利开展的组织结构应该是面向流程的、扁平化、虚拟化的组织结构。这样的组织结构便于供应链中各个成员企业互相学习，有效沟通，从而有效地促进企业间的物流、信息流和商流的顺利进行，进而促使供应链合作关系向着良性方向发展。

6.3.2.1 组织结构流程化对物流、信息流和商流的影响

传统功能管理的问题在于它只是集权化和分权化企业之间的权重或是客户、地区或是产品之间的合作，而未对基本工作过程进行任何重大的重新设计，它尚不足以使物流、商流和信息流的流转取得重大的实质性进展。早在 20 世纪 90 年代初期，针对复杂、快速变化、充满竞争的全球环境，出现了一种基于流程而不是基于职能的新型组织结构。这种组织结构的基本构件是高

---

① Ron Sanchez. Preparing for an uncertain future: managing organizations for strategic flexibility[J]. International Studies of Management and Organizational, 1997, 27(2): 24-29.

度自治的、围绕流程设计、跨功能的团队①。近年来，随着市场竞争越来越激烈，为了灵活应变，迫切需要高效的组织结构来追求物流绩效的最大化。企业的管理模式开始从传统的强调命令和控制的垂直一体化转向了强调过程效率和核心能力的水平一体化。

根据流程管理的观点，供应链企业合作是典型的流程合作。以流程的观点去构建供应链企业的组织结构，将物流纳入企业的流程再造中，实现组织结构和物流运作的统一，使组织流程化能够跨越企业各职能部门、地区部门甚至企业之间而有效地组织物流活动，从根本上改变由职能划分部门给物流组织带来的弊端，加快物流和信息流的流通速度，减少信息的延迟和失误，从而实现物流资源的整合，提高组织的应变力与反应速度，从而最终降低物流成本，提高物流整体效率，更多、更好地为顾客提供增值活动。

6.3.2.2 组织结构分权化对物流、信息流和商流的影响

供应链合作是一种面向用户需求并能做出快速响应的运作模式。供应链要维持并提升自身的竞争优势，就要具备快速响应市场需求的决策能力，物流、商流和信息流在企业之间的传递要尽可能迅速，其实施过程往往不需要上报给上一级进行综合和判断，而具有相应职能的部门或员工接触到信息时可以即时做出决策，在瞬息万变的经营环境中，这是至为关键的优势。因此，各节点企业决策权的配置影响着供应链的反应速度，并对企业间物流、商流和信息流的流转产生深刻的影响。

传统的方式是通过实际调研或市场交易求得外部客户专用知识转换成企业内部知识，逐级传递到高层，以便其做出决策。集权的方式下，市场信息由供应链的末端流向合作的直接参与人员，再流到企业的高层，流经的层次众多纷杂，势必带来时间的延滞和信息的扭曲失真，进而导致决策效率的低下。在分权式组织中，通过组织授权，由掌握信息的一线管理人员或者基层员工根据环境要求及时地做出决策，能够保证反应的及时性和对信息的最有效利用。因此，采取行动解决问题的速度较快，而且更多的成员参与决策，为决策提供建议，员工与上级决策者隔膜较少或几乎没有，这也保证了自主决策的积极性。由此可见，分权化的组织结构有利于提高供应链合作的沟通

---

① Stewart T A. The search for the organization of tomorrow[J].Fortune,1992,5:92-98.

6 组织结构对供应链合作关系的影响分析

能力和灵活处理问题的能力,从而实现供应链合作企业之间物流、信息流、商流的高质量、高效率流转。

6.3.2.3 组织结构扁平化对物流、信息流和商流的影响

传统的科层组织之所以机械、僵化、失灵,很重要的原因在于传统企业职能过分细化,中层管理人员过于庞杂,中层在上下层中信息的传递有效性差,同层的协调性差。而参与供应链合作的企业要求信息共享,并具有快速响应的组织结构,如果严格遵循命令统一性的原则,那么企业将消耗很多不必要的时间和能量在维护命令的统一上,其响应顾客需求的速度可想而知。企业组织结构的扁平化就是通过破除企业自上而下的科层制结构,减少管理层次,增加管理幅度,裁减冗员来建立一种紧缩的横向组织,也就是说,应尽量减少在组织的决策层和操作层之间的中间管理层级,以便组织尽最大可能将决策权下放到最底层。顶部的管理层和一线的员工可以通过网络实现双向沟通,进行信息的交流,从而提高企业决策的效率,实现物流的顺畅流转。

6.3.2.4 组织结构柔性化对物流、信息流和商流的影响

供应链管理强调速度取胜,基础就在于组织的柔性化特点。柔性的企业组织,要求企业的组织结构对环境变化能及时地做出能动的反应,可以方便、灵活地进行组织本身的转换,以适应新的外界要求。柔性组织结构是与动态竞争条件相适应的富有弹性(即适应性、创新性、学习性及敏锐性)的和社会紧密联系的开放合作系统。在供应链合作关系中,柔性化组织结构不仅强调对外部环境变化具有很强的响应能力,而且还要强调快速响应生产及企业物流系统内部各环节的变化,及时有效地协调各环节的关系,使之处于一种动态的平衡状态。因此,组织柔性化使得管理者更容易捕捉市场动态,底层员工也更容易了解管理者的决策意图,由此,借助快速反应和协作优势实现物流、信息流和商流的顺畅流转。

6.3.2.5 组织结构团队化对物流、信息流和商流的影响

如前所述,信息技术将使企业组织结构趋于扁平,这就意味着在传统组织中"命令和控制"的人会变得越来越少。由此,企业管理工作的重点,将是同级之间的自我管理,而这一点只有加强团队工作才能实现。

在供应链企业合作关系中,物流所完成工作的性质,为流程团队的应用提供了巨大机会。例如,选择和集聚仓库订单、收据,处理客户订单,以及解决运输量差异的都是团队改进生产率的领域。例如,把按采购、生产、物

流、销售等职能划分的组织形式改变为以商品流程为基本的职能横断组织形式，即把企业经营的所有商品按类别划分，对应于每一种商品类别设立一个管理团队，由这些管理团队为核心构成新的组织形式。在这种组织形式中，给每一种商品类别管理团队设定经营目标（如顾客满意度、收益水平、成长率等），同时在采购、品种选择、库存补充、价格设定、促销等方面赋予相应的权限。每个管理团队由一个负总责的商品类别管理人和六七个负责各个职能领域的成员组成。由于商品类别管理团队规模小，内部容易交流，各职能易于协调，从而极大地提高了物流绩效的提升。

6.4 研究设计与实证分析

6.4.1 研究假设

通过上述分析不难发现，企业组织结构的流程化、分权化、扁平化、柔性化和团队化等因素对合作企业间物流、商流和信息流的顺利流转发挥着决定性作用，进而深刻影响着供应链企业合作关系的质量。由此，提出本章的研究假设：

H_1：企业组织柔性对供应链合作关系具有显著的积极影响。

H_2：企业组织柔性对供应链合作关系的持久性具有积极影响。

H_3：企业组织柔性对供应链合作关系的强度具有积极的影响。

H_4：企业组织柔性对供应链合作关系的公平性具有积极影响。

H_5：企业组织柔性对供应链合作关系的灵活性具有积极影响。

H_6：企业组织柔性对供应链合作关系的沟通性具有积极影响。

H_7：企业组织柔性对供应链合作关系的多样性具有积极影响。

6.4.2 自变量的测量

6.4.2.1 量表的选择

本书对组织结构柔性的测量采用了康德瓦拉（Khandwalla）开发的量表（Khandwalla，1976，1977），共7个项目，仍然采用Likert5分量值，项目得分越高,也就表示组织结构的柔性化程度越高,反之,组织结构的柔性化程度就低。① 分别询问企业的中高层管理人员以下 7 道题目:

(1) 公司员工只有依靠正式渠道来进行沟通和获取重要经营信息。
(2) 全公司持续采用统一的管理风格。
(3) 公司员工可以打破层级和权力的界限参与决策。
(4) 在管理原则和实践中,公司强调对环境变化的适应性。
(5) 公司强调做事可以不遵循正式程序。
(6) 在对员工进行控制时,公司强调方法、手段的灵活性。
(7) 公司强调根据实际情况和员工的个人特质来设置岗位。

其中,前两个问题为反向问题,统计时需要对其得分值进行调整。

由于原文中一些用词和语义理解起来有一定难度,甚至有一些歧义,所以本研究做了一些简单的调整,以方便填表。量表初步设计完成以后,对首都经贸大学 35 名在职 MBA 学员进行了第一次预测试,经过统计分析后,将那些均值小于 3 或者大于 5,方差小于 1 的测试项目进行了修改。然后进行第二次预测试,之后又进行了第三次预测试,结果才比较理想。

6.4.2.2 问卷的效度和信度分析

本研究测量企业结构柔性所采用的康德瓦拉问卷是测量组织结构的一种常用工具,在学术界有着较为普遍的应用(例如,Aysegul Özsomer,1997;Brockman,2003;McCullough,2004;张映红,2005 等),效果也比较理想,所以我们有理由认为该问卷具有较高的效度。

本研究运用 SPSS13.0 对所采用的组织结构问卷进行了 Cronbachs'α 系数信度分析,计算结果为 0.778,表明本次问卷调查的信度是可以接受的,见表 6.2。

表 6.2 组织柔性信度检验表

N of Cases = 192.0	N of Items = 7
Alpha = 0.7788	

6.4.3 自变量和因变量统计分析

组织柔性与关系质量的描述性统计见表 6.3。

---

① 张映红.公司创业战略[M].北京:清华大学出版社,2005:173.

表 6.3　组织柔性与关系质量的描述性统计

变量类别	N	最小值	最大值	平均值	标准偏差
组织柔性	192	1.00	4.14	2.847 4	0.605 54
关系质量	192	1.47	4.47	3.325 1	0.508 33
持久性	192	1.00	5.00	3.281 3	1.100 48
强度	192	1.00	4.67	3.230 9	0.701 95
公平性	192	1.00	5.00	3.526 0	0.841 87
灵活性	192	1.00	5.00	3.218 8	0.841 69
沟通性	192	1.00	5.00	3.449 8	0.826 35
多样性	192	1.00	5.00	3.216 1	0.930 24
有效样本数量	192				

以上 8 个变量的统计结果均呈现基本的正态分布，说明上述数据初步满足了回归分析的假定，为下一步的相关分析提供了依据。下面列出了组织柔性和关系质量灵活性的正态分布图，如图 6.6 和图 6.7 所示。

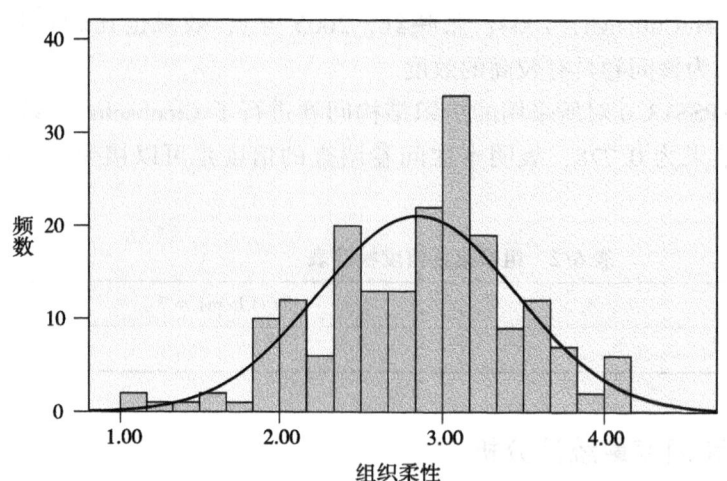

图 6.6　组织柔性正态分布

6 组织结构对供应链合作关系的影响分析

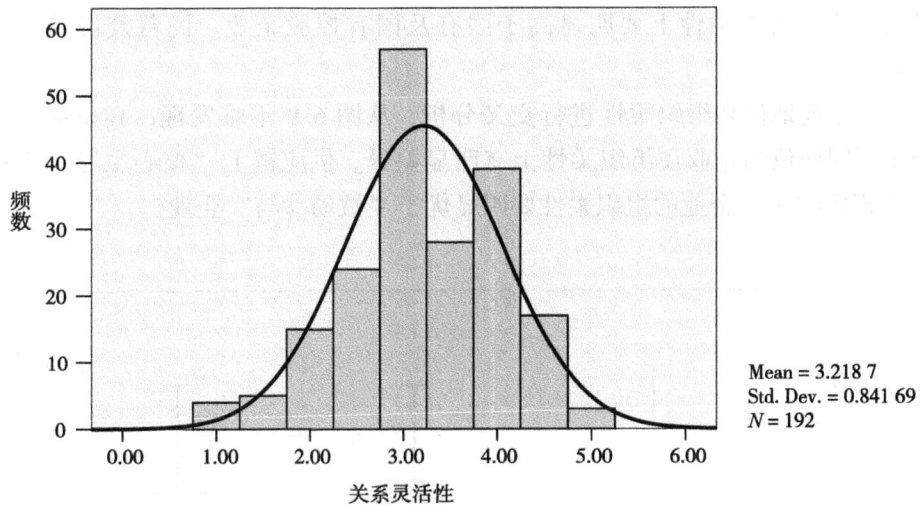

图 6.7 组织柔性和关系质量灵活性正态分布

6.4.4 各变量交叉分析

6.4.4.1 不同变量与组织柔性交叉分析

不同变量与组织柔性交叉分析如图 6.8 所示。

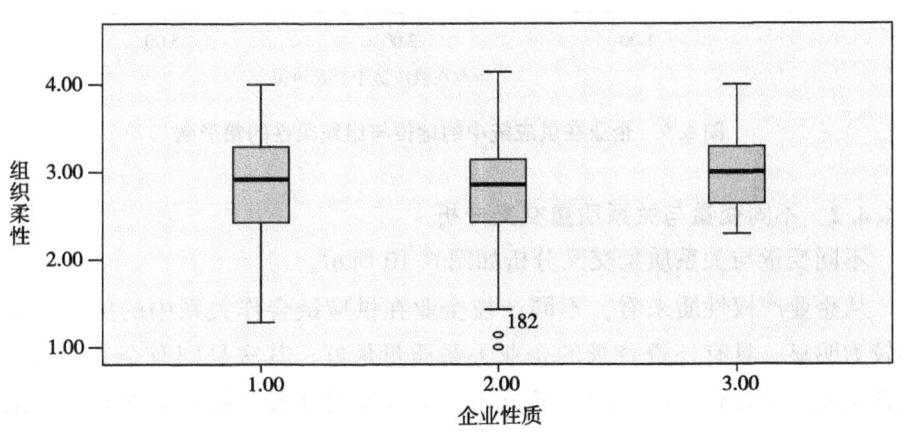

图 6.8 企业性质与组织柔性的箱形图

将企业性质和组织柔性进行交叉分析，从图 6.8 不难发现，具有外资背景的企业在组织柔性上要明显高于国有及国有控股企业、民营及民营控股企业。

将企业地位和组织柔性进行交叉分析，从图 6.9 不难发现，在供应链中处于不同地位的企业在组织柔性上有明显差异。供应链上"核心主导"企业和"积极响应"企业的组织柔性要明显优于"被动参与"企业。

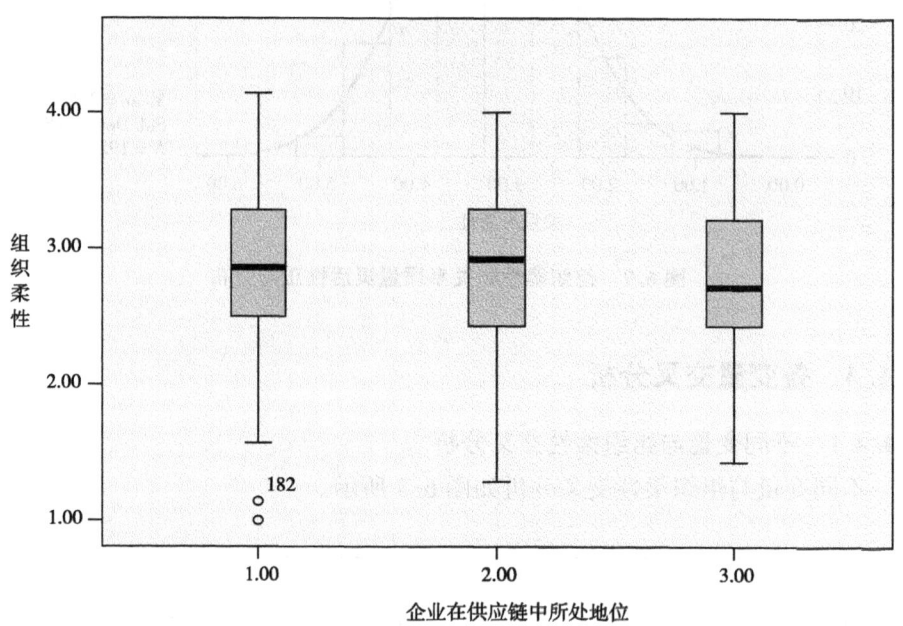

图 6.9　企业在供应链中的地位与组织柔性的箱形图

6.4.4.2　不同变量与关系质量交叉分析

不同变量与关系质量交叉分析如图 6.10 所示。

从企业产权性质来看，不同产权企业在供应链合作关系中的关系质量差异较为明显，具有外资背景的企业关系质量最好，其次是国有企业，再次是民营企业。结合企业声誉的交叉分析，不难发现外资产权企业拥有较好的关系质量，与其拥有良好的企业声誉是一致的。

从企业在供应链中所处的地位来看，如图 6.11 所示，"核心主导"企业和"积极响应"企业的关系质量要明显优于"被动参与"企业，这样的分析

6 组织结构对供应链合作关系的影响分析

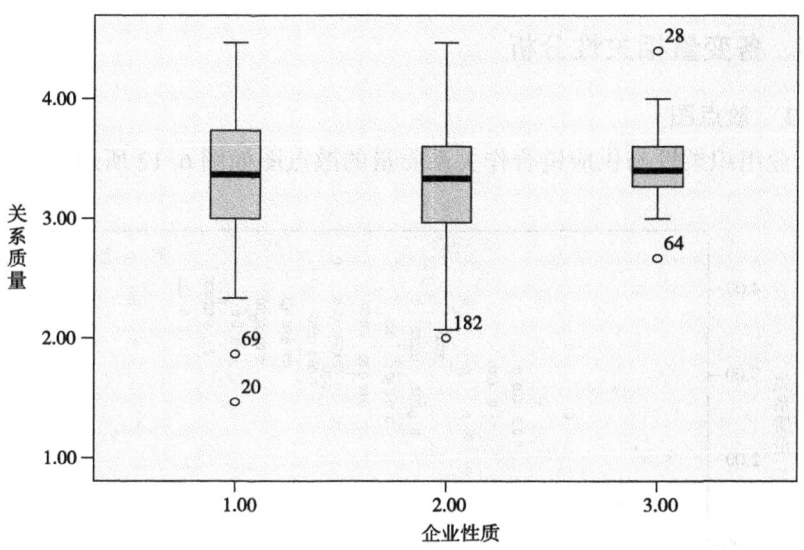

图 6.10 企业性质与关系质量的箱形图

结论与前面对声誉的交叉分析结果是一致的。

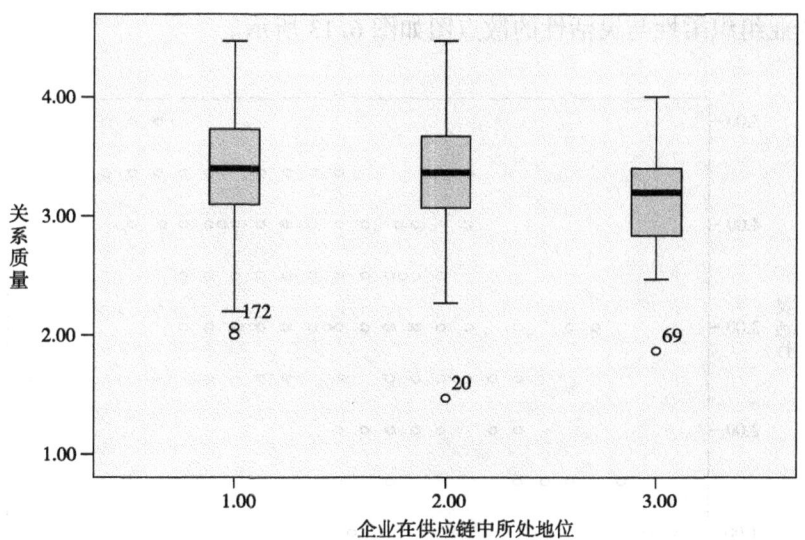

图 6.11 企业在供应链中地位与关系质量的箱形图

6.4.5 各变量相关性分析

6.4.5.1 散点图

企业组织柔性与供应链合作关系质量的散点图如图 6.12 所示。

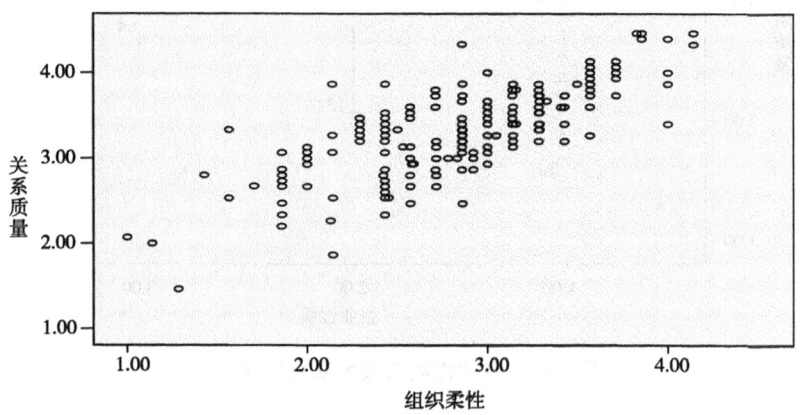

图 6.12 组织柔性与供应链合作关系质量的散点图

企业组织柔性与灵活性的散点图如图 6.13 所示。

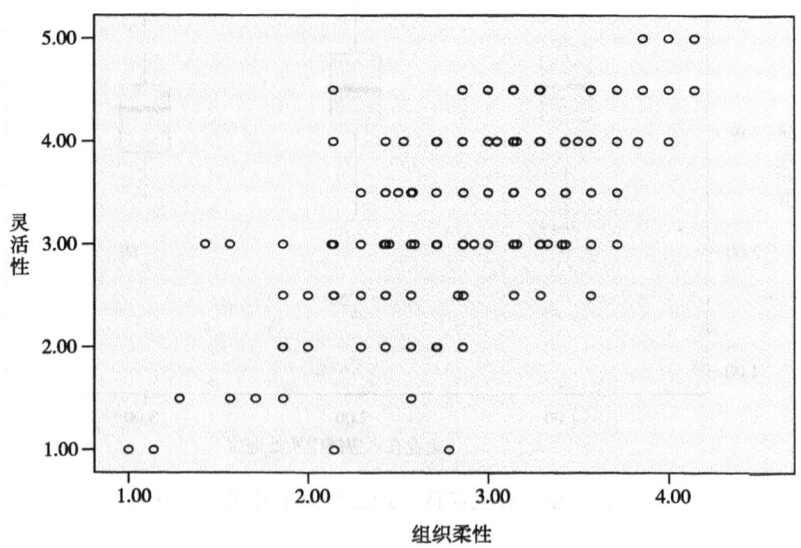

图 6.13 组织柔性与灵活性的散点图

6.4.5.2 相关性分析

组织柔性与关系质量的相关性矩阵见表6.4。

表6.4 组织柔性与关系质量的相关性矩阵

		组织柔性	关系质量	持久性	强度	公平性	灵活性	沟通性	多样性
组织柔性	Pearson Correlation	1	0.751**	0.447**	0.250**	0.516**	0.674**	0.472**	0.491**
	Sig. (2-tailed)		0.000	0.000	0.000	0.000	0.000	0.000	0.000
	N	192	192	192	192	192	192	192	192
关系质量	Pearson Correlation	0.751**	1	0.554**	0.480**	0.700**	0.720**	0.710**	0.615**
	Sig. (2-tailed)	0.000		0.000	0.000	0.000	0.000	0.000	0.000
	N	192	192	192	192	192	192	192	192
持久性	Pearson Correlation	0.447**	0.554**	1	0.329**	0.244**	0.335**	0.191**	0.122**
	Sig. (2-tailed)	0.000	0.000		0.000	0.000	0.000	0.000	0.000
	N	192	192	192	192	192	192	192	192
强度	Pearson Correlation	0.250**	0.480**	0.329**	1	0.278**	0.230**	0.146*	0.065**
	Sig. (2-tailed)	0.000	0.000	0.000		0.000	0.000	0.000	0.000
	N	192	192	192	192	192	192	192	192
公平性	Pearson Correlation	0.516**	0.700**	0.244**	0.278**	1	0.515**	0.526**	0.397**
	Sig. (2-tailed)	0.000	0.000	0.000	0.000		0.000	0.000	0.000
	N	192	192	192	192	192	192	192	192
灵活性	Pearson Correlation	0.674**	0.720**	0.335**	0.230**	0.515**	1	0.465**	0.442**
	Sig. (2-tailed)	0.000	0.000	0.000	0.000	0.000		0.000	0.000
	N	192	192	192	192	192	192	192	192
沟通性	Pearson Correlation	0.472**	0.710**	0.191**	0.146*	0.526**	0.465**	1	0.460**
	Sig. (2-tailed)	0.000	0.000	0.000	0.000	0.000	0.000		0.000
	N	192	192	192	192	192	192	192	192
多样性	Pearson Correlation	0.491**	0.615**	0.122	0.065	0.397**	0.442**	0.460**	1
	Sig. (2-tailed)	0.000	0.000	0.000	0.000	0.000	0.000	0.000	
	N	192	192	192	192	192	192	192	192

注：*、** 分别代表双尾检验显著水平为0.05。

6.4.6 结论与建议

从表 6.4 可知,组织柔性与关系质量的相关性得到了支持,二者之间的相关系数为 0.751,t 检验的显著性概率小于 0.001,说明二者之间存在显著的强相关关系。此外,上述六个子假设也都不同程度地得到了验证。t 检验的显著性概率均小于 0.001,说明组织柔性与关系质量的持久性、强度、公平性、灵活性、沟通性和多样性六个子维度之间都存在着显著的正向相关关系,其中,组织柔性与关系质量的灵活性之间的相关系数为 0.674,相关系数最高,说明组织柔性对供应链合作双方的灵活性发挥着较大的影响力;其次是关系质量的公平性($r=0.516$);再次是多样性($r=0.491$)和沟通性($r=0.472$);影响程度最小的是关系质量的强度,相关系数仅为 0.25,说明组织柔性对供应链合作双方的合作强度影响力较弱。

由此可见,如果供应链企业计划改善与合作伙伴的关系质量,就非常有必要保持其自身组织结构的柔性。通过组织再造,采取灵活授权和适度分权等方法,打破层级和权利界限,鼓励员工参与决策,灵活控制工作团队,用非正式沟通等多种方法和手段实现组织结构的流程化、分权化、扁平化、柔性化和团队化,保持与合作方在物流、信息流和商流等方面的顺利流转。这里需要特别指出的是,供应链企业通过提升组织柔性,改善与合作伙伴关系质量的内容十分丰富,具体可以包括:关系质量的灵活性,即双方在处理契约问题保持一定的权变,尽快消除意外事件对合作关系的不良影响;关系质量的公平性,即双方能够平等地进行协商和交流,并根据各自的贡献合理分配合作收益;关系质量的多样性,即与供应链合作企业广泛开展涉及多个方面、多个领域的合作等。

6.5 本章小结

本章基于供应链网络组织对企业组织的要求,详细阐释了现代组织结构在业务流程、组织分权、组织柔性和团队化等方面对物流、信息流和商流的影响;组织柔性影响供应链合作关系质量及其子维度的假设得到了验证,在此基础上,提出了增强组织柔性和适度分权等对策建议,以改善供应链合作关系质量。

7　综合模型及路径分析

7.1 综合模型的建立

本书前面章节对供应链合作关系质量及其三个影响因素进行了较为深入的理论分析和实证研究,并得出了相应的研究结论。但是,变量之间一对一的独立分析并不能形成全面一致的系统阐述,也无法揭示变量之间的相互影响及其中介作用和调节作用等。为此,本章将在前期研究的基础上,提出研究假设,并建立结构方程模型,对变量之间的影响关系进行进一步梳理和检验。

7.1.1 供应链合作关系质量影响因素

企业声誉是合作方对企业提供有价值的产出的能力和行为属性的一种综合概括和全方位评价。声誉作为信任的功能等价物或替代物,在供应链合作关系发展演变过程中,尤其是在合作关系的初建阶段,发挥着重要的信息显示作用、隐性激励和强化作用。据此,特提出理论假设:

企业声誉对供应链合作关系质量具有正向影响作用。

企业文化作为企业员工共同持有的价值观念、理想信念和行为准则,深刻地影响着企业员工的观念和行为,进而对供应链企业合作关系的发展演变发挥着重要的调节和影响作用。而且,随着合作关系的扩展和深入,这种影响作用会越来越明显。据此,特提出理论假设:

企业文化对供应链合作关系质量具有正向影响作用。

组织结构的调整是企业实现从传统自营物流到现代供应链物流运作模式转变的战略实施保证。供应链节点企业自身的组织柔性特征是否符合供应链合作关系的要求,决定了物流各职能之间的协调和配合以及供应链合作企业物流管理效率的高低,并最终影响供应链企业协同工作取得的绩效。据此,特提出理论假设:

组织柔性对供应链合作关系质量具有正向影响作用。

7.1.2 影响因素之间的影响关系分析

7.1.2.1 企业文化对组织声誉的影响作用分析

优秀的企业文化不仅可为企业发展不断注入活力,而且能给企业带来无形的经济效益。企业文化常被称作"企业生命常青藤",它是社会文化一定程度上的缩影,是企业在建立和发展过程中逐步形成并日趋稳定下来的文化积淀,主要包括企业价值观、企业精神及以此为主导的企业行为规范、道德准则、社会信念和企业风俗,以及在此基础上生成的企业经营意识、经营指导思想、经营战略等。而企业声誉是企业的最广泛利益相关群体形成并发展起来的对企业的一种由情感反应和理性认知构成的态度结构,是利益相关者对企业提供有价值产出的能力和行为属性的综合概括。由此,企业文化主要通过以下三种途径对企业声誉发挥影响作用。

(1)企业文化是全体员工衷心认同和共有的企业核心价值观念,它规定了人们的基本思维模式和行为模式,并且这些思维范式和行为模式在企业中具有延承性和持久性。它潜移默化地影响着企业员工与管理者的行为,进而决定了一个企业的目标导向和行为特点。因此,优秀的企业文化将通过影响员工的态度和行为,尤其是与利益相关者相联系的岗位上的员工的态度和行为,展现良好的企业形象,进而提升企业声誉。

(2)企业文化具有辐射功能。企业文化关系企业的公众形象、公众态度、公众舆论和品牌美誉度。企业文化不仅在企业内部发挥作用,对企业员工产生影响,也能通过传播媒体、公共关系活动等各种渠道对社会产生影响,向社会辐射。优秀企业文化的传播不仅对社会文化发展有很大的影响,而且对树立企业在公众中的形象有很大帮助,能够提高企业声誉。

(3)企业文化本身就是企业声誉的重要组成部分。企业文化的物质层、制度层、行为层和精神层共同构成企业文化的完整体系。精神层主要指主流的思想,提炼后就成了愿景、使命、核心价值观等,制度层主要是指支撑企业文化落地的保障措施,行为层主要指与文化相对应的员工的行为,而物质层则是指企业文化的物质载体,如企业文化手册、宣传栏、贴出的标语等。从某种意义上说,物质层企业文化和企业声誉拥有着相同的物质载体。

据此,特提出理论假设:

企业文化对企业声誉具有正向影响作用。

7.1.2.2 企业文化对组织柔性的影响作用分析

企业文化是企业在一定的社会历史文化背景下,在生产经营活动中以内部创造为主,外部输入为辅而形成的文化观念和文化形式的总和,它是企业及其成员的价值观念、经营哲学、企业精神、企业行为规范、企业形象的体

7 综合模型及路径分析

现。企业文化反映一个企业的精神风貌,决定着企业内在凝聚力的大小,是企业进行管理的一种内在基础。而组织柔性的概念一般包括以下三个方面的内容:正式的分工协作关系,如何由个体组成部门,再由部门到整个组织;正式的报告关系,包括科层制中的层级数和管理者的控制跨度;特殊功能系统的设计,以保证跨部门间的有效沟通、合作与整合。

企业文化对组织柔性的影响也体现在以上三个方面。具体来说,在组织的不同阶段,企业文化对组织柔性的影响是不同的,一般分为如下三个阶段:

(1) 在组织的起源阶段,文化对组织柔性具有先导性影响。企业文化通过企业经营哲学决定着企业战略的制定和经营模式的选择,通过企业文化的导向、激励和凝聚作用把员工统一到企业的战略目标上,它是战略实施的保证,企业文化适应并服务于新制定的战略,优秀的企业文化往往会形成有效的企业战略,并且是实现企业战略的驱动力与重要支柱。企业为了能对内外部环境做出快速反应及决策,以一定的战略思维的形式对企业业务运营、企业结构、人事、领导体制进行重新组合,使组织结构发生变化。因此,组织柔性作为企业文化的传播载体和企业战略实施的客体,在起源期势必受到文化和战略的先导性影响。

(2) 在组织的积累发展阶段,文化对组织柔性具有调适性影响。企业文化在起源阶段形成大体方向和内容时,就形成与之适应的企业组织柔性的最初体系,企业的运营体系也就基本建立。每个企业的文化都不可能是一成不变的,文化总要经过不断发展和积累才能较稳定,也只有积累稳定之后的企业文化才能真正渗透到企业各个部门,对企业政策制定、机构的确定和调整具有先导性的决定作用。组织柔性与此同时也将经过调整和适应达到一个与文化及战略相和谐的体系。

(3) 在组织的稳定阶段,文化对组织柔性具有决定性影响。企业文化经历了起源和积累阶段之后,便进入了稳定期,其通过适应发展的企业文化的战略,进行优化调整并确定,决定了组织柔性的最终形成。不同企业具有不同的文化结构,各企业因其文化结构的差异,企业文化借以存在、表现、传播的具体形式也不同,企业会形成适应本企业的组织柔性结构。在企业稳定文化形成之后,组织柔性结构中的一些要素,如部门的特点和职能、部门外部的运营环境、部门和部门之间的关系、员工之间的融洽关系都渗入了企业文化的影响。

据此,特提出理论假设:
企业文化对组织柔性具有正向影响作用。

7.1.2.3 组织柔性对组织声誉的影响作用分析

供应链节点企业决定着合作企业物流管理效率的高低,并最终影响着供应链企业协同工作取得的绩效。组织结构的调整是企业实现从传统自营物流到现代供应链物流运作模式转变的战略实施,保证组织柔性涉及管理幅度、管理层次、管理职能和管理职权的划分及设定等内容。作为一个规定企业员工职、责、权的结构体系,企业柔性结构的流程化、分权化、扁平化、柔性化和团队化等因素,对内深刻影响着企业员工之间的分工协作关系,对外部影响着合作企业间物流、商流和信息流的顺利流转。通过柔性组织结构设计,企业自身的组织结构特征更加符合供应链合作关系的要求,物流各职能之间的协调和配合更加紧密,最大限度地减少供应链中各成员的内耗与浪费,通过整体最优来提高每一个供应链成员的竞争力或福利水平,实现全体成员的共赢,这些因素都非常有利于提升企业自身在整条供应链中的形象和声誉。

据此,特提出理论假设:
组织柔性对企业声誉具有正向影响作用。

综上所述,为了更加清晰地呈现本书的研究问题与思路,我们绘制了实证研究的概念框架图,如图7.1所示。

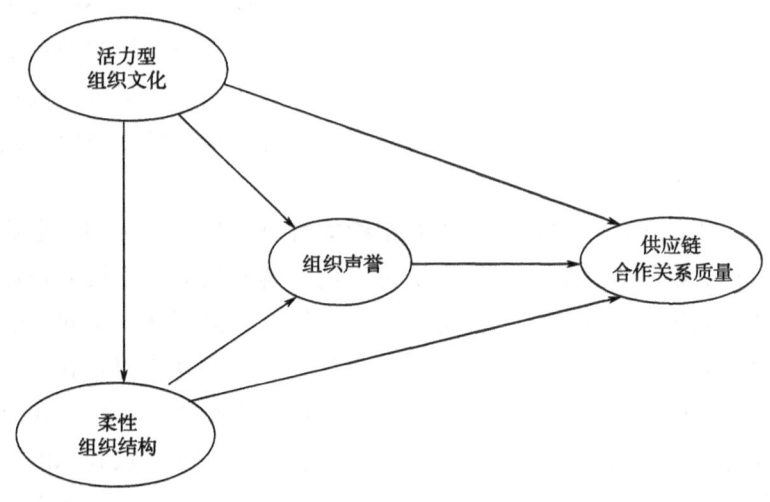

图7.1 供应链合作关系及其影响因素的研究架构

7 综合模型及路径分析

7.2 样本基本情况分析

本研究采用问卷调查的方法收集数据，样本集中于北京、上海、广州和成都等地区。样本企业选取标准为：①以包含物流业务的物流企业、生产加工企业和商业企业为主；②企业规模在30人以上；③成立3年以上。第一个选取标准主要是为了匹配本次调查的研究主题，即供应链企业合作关系。有些企业，例如一些金融类企业，基本上不会发生物流业务，因此这些企业不会涉及供应链合作关系中物流、商流和信息流，也就无从谈起供应链合作关系质量及其影响因素。后面样本选取标准主要是为了确保被调查企业已经具备了一定的规模和组织结构，并形成了一定的业务流程和企业声誉以及一定影响力的企业文化。如此依据本次调查数据所做的统计分析才具有说服力。

本次调查对象包括中国物流招标网会员企业、北京市企业联合会会员企业、上海物流协会会员企业中的管理人员以及首都经济贸易大学工商管理学院在职MBA学员、华南理工大学工商管理学院MBA学员、北京物资学院MBA学员，填表人员主要为企业中与物流业务有关的中高层管理人员。问卷共发放500份，收回335份，根据样本企业的选取标准以及填表人员的职位、主要负责的业务类型以及工作年限等约束条件，共剔除无效问卷64份，有效问卷271份，有效回收率是54.2%。在对数据进行收集和整理完毕后，本书主要利用SPSS15.0和AMOS7.0两个统计软件分步进行了频度分析、相关分析和结构方程分析。

7.2.1 被调查者的基本情况分析

7.2.1.1 对被调查者性别和工作年限的统计分析

对271份问卷中被调查者的信息进行汇总，按照填表人员的性别和工作年限进行归纳分析，详细分布见表7.1。

表7.1 问卷填写人员的基本情况分析

特征	类别	频数	频率（%）	累计频率（%）	总人数
性别	男	185	68.3	68.3	271人
	女	86	31.7	100	

续表

特征	类别	频数	频率（%）	累计频率（%）	总人数
本企业工作年限	1~2年	31	11.5	11.5	271人
	3~5年	83	30.6	42.1	
	5年以上	157	57.9	100	

在271份合格问卷中，男性被调查企业者共有185人，占总人数的68.3%，明显高于女性所占比重。根据首次全国经济普查数据显示，截至2004年底，我国第二、第三产业各类单位就业人员中，女性所占比重仅为36.9%。再考虑到女性人员在职务晋升上又处于明显劣势，所以，本次调查中男女性别的样本分布与我国男性和女性总体就业比重以及行业分布是基本一致的。

由于本次调查研究的主题是供应链合作关系质量及其影响因素，考虑被调查者对企业各方面情况的熟悉程度，尤其是对供应链合作、企业声誉、企业文化和组织结构的认知程度，在样本选择时，以具有较长工作年限的人员为主，剔除了被调查企业中工作年限不足1年的被调查者。从表7.1可以看出，具有5年以上工作年限的被调查者有157人，占总人数的57.9%；具有3~5年工作年限的被调查者有83人，占总人数的30.6%，也就是说在被调查企业中工作三年以上的被调查者占总人数的88.5%，这对增强样本数据的代表性是非常有利的。

7.2.1.2 对被调查者工作部门和职位的统计分析

本次调查对象以企业中高层管理人员为主，保留了少量基层管理者。不仅如此，为了使本次调查更加贴近主题，将被调查者的主要职责范围限定在了采购、生产和销售等业务领域，填表者为比较熟悉物流服务或者供应链管理等相关业务的人员，从而确保了本次调查问卷数据的质量和可信度。

对271份问卷中被调查者工作所属业务类型和任职职位进行描述性统计分析，结果如表7.2所示。

7 综合模型及路径分析

表 7.2 被调查者所在部门及职务分布情况

工作类型/部门	工作职位	频数	频率（%）	累计频率（%）
采购	高层管理者	15	5.54	
	中层管理者	67	24.72	
	基层管理者	27	9.96	40.22
	合计	109	40.22	
销售	高层管理者	12	4.43	
	中层管理者	55	20.29	
	基层管理者	21	7.75	72.67
	合计	88	32.47	
生产	高层管理者	11	4.06	
	中层管理者	28	10.33	
	基层管理者	15	5.54	92.6
	合计	54	19.93	
其他	高层管理者	10	3.69	
	中层管理者	6	2.21	
	基层管理者	4	1.48	100
	合计	20	7.38	
合计		271	100	

从表 7.2 中可以看出，在被调查者中，从事采购工作的人数最多，采购高层管理人员、中层管理人员和基层管理人员共有 109 人，占样本总数的 40.22%；其次是销售工作，其高层管理人员、中层管理人员和基层管理人员共有 88 人，占样本总数的 32.4%；① 再次是生产工作，其各类人员共有 54 人，占样本总数的 19.9%；最后，由于从事其他工作的人员比较分散，填表

---

① 在271名被调查者中，从事采购和销售工作的被调查者人数为197人，占到了总人数的72.7%，比例明显偏多，可能有两个原因：一是本次调查中商业批发企业的数量较多，而商业企业中从事采购和销售业务的中高层管理人员相对较多；另一个原因可能是，本次调查的一部分企业来自中国物流招标网的会员企业，而他们之所以在招标网注册为会员，主要是为了促进本企业的采购和销售业务，这也就决定了被调查者的身份大多与企业的采购工作有关。

人数也较少,将其归为一类,统称为其他工作。剔除了与物流业务相关度较低的填表人员,仅保留20份有效问卷。从被调查人员的工作类型分布状况可以看出,从事与供应商有直接联系的采购工作的样本数占总样本数的1/3以上,另外与供应商有间接联系的销售工作、生产工作占总样本数的1/3以上,因此,问卷的被调查者在整体上可以认为对物流运作和供应链合作是比较了解的,这对提高问卷的有效性是非常有益的。

为了可以更清楚地说明被调查人员中中高层管理人员所占的比例以及具体的在各个部门的分配情况,本研究将填表人员所属的部门及其职位进行了交叉分析,如图7.2所示。

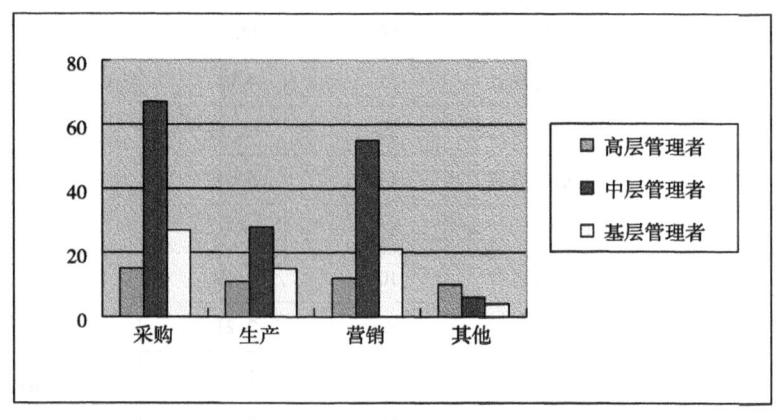

图7.2 填表人员所属部门及职位交叉分析

从图7.2中可以清楚地看出,无论是在哪个部门中,被调查者的职务总是以中高层管理人员为主,高层管理人员共计48人,占总人数的17.7%;中层管理人员共计156人,占总人数的57.6%。中高层管理人员合计204人,占总人数的75.3%,一般说来,中高层管理人员对一个企业的声誉、文化、组织结构和业务流程应该是比较熟悉的。

7.2.2 被调查企业情况分析

7.2.2.1 被调查企业的基本情况

表7.3列出了被调查的271家企业的基本情况,包括企业的性质、成立时间、所在地区、所处产业、规模以及在供应链中所处的地位六个因素。

7 综合模型及路径分析

表7.3 被调查企业基本情况表

特征	类别	频数	频率（%）	累计频率（%）	企业总数
企业性质	国有及国有控股企业	74	27.3	27.3	271
	民营及民营控股企业	140	51.7	79	
	外商及中国港澳台投资企业	57	21	100	
企业成立时间	5年以下	47	17.3	17.3	271
	5~10年	97	35.8	53.1	
	11~20年	103	38	91.1	
	20年以上	24	8.9	100	
	均值（年）	12.5			
企业所在地区	华北地区	104	38.4	38.4	271
	华东地区	81	29.9	68.3	
	华南地区	57	21.0	89.3	
	西部地区	29	10.7	100	
所处产业	批发零售业	79	29.1	29.1	271
	加工制造业	137	50.6	79.7	
	其他行业	55	20.3	100	
公司规模	100人以下	40	3.3	3.3	271
	100~500人	101	8.2	11.5	
	500~1 000人	70	30.6	42.1	
	1 000人以上	60	57.9	100	
在供应链中所处地位	核心主导者	95	35.1	35.1	271
	积极响应者	135	49.8	84.9	
	被动参与者	41	15.1	100	

从表7.3可以看出，国有及国有控股企业74家，占总数的27.3%，而非国有及国有控股企业有197家，占72.7%。

从成立时间的样本构成上来看，成立5~10年的企业共有97家，占样本总数的35.8%；成立11~20年的企业共有103家，占样本总数的38%；成立20年以上的企业共有24家，占样本总数的8.9%。如此，成立时间长于5年的企业共计224家，占到了样本总数的82.7%，使样本公司的平均年龄为12.5年。

从企业所在地区来看，来自华北地区（主要是北京市）的企业共有104家，占样本总数的38.4%；来自华东地区（主要是上海市）的企业有81家，29.9%；来自华南地区（主要是广东省）的企业有57家，占样本总数的21.0%；来自西部地区的企业有29家，占样本总数的10.7%。从样本公司的地区分布来看，该样本具有较广泛的代表性。

从企业所处的行业来看，271家企业分布在机械、电子、钢铁、化工、家电、医药、批发零售、物流、房地产等行业中。其中，处于加工制造业的企业共有137家，占样本总数的50.6%；处于批发零售业的企业共有79家，占样本总数的29.1%。所以，从样本的行业分布来看，该样本企业在具有广泛代表性的同时，也显示了样本企业与物流和供应链合作有着密切的联系。

从企业规模来看，100人以上的被调查企业共有231家，占到了总量的96.7%，说明被调查企业从成立时间和经营规模上满足本书的研究需要。同时，本次调查选定的企业均参与了供应链上下游企业之间某种形式的业务合作活动，其中，在供应链中占据核心主导地位的企业有95家，占企业总数的35.1%；而积极响应供应链合作的企业共有135家，占总量的49.8%，接近一半；另有41家企业被动参与供应链管理，显示出了它们在供应链合作中处于劣势或者被动的地位。如此，占总量84.9%的企业积极主导或者参与了供应链企业之间的业务合作，确保了样本企业数据来源的真实性和可靠性，进而保证后期相关分析和回归分析的准确性。

7.2.2.2 被调查企业供应链合作类型分析

表7.4分别对被调查企业与供应链上下游企业建立的合作关系类型进行了统计分析。结果显示，在271家企业中，与上游企业建立普通交易型合作关系的有109家，占40.2%；建立比较紧密的长期合作关系的有91家，占33.5%；建立战略性合作关系的有33家，占12.2%；建立战略联盟的27家，占10%。总之，与上游企业建立较好合作关系的企业共计151家，占企业总数的55.7%。与下游企业建立普通交易型合作关系的有82家，占30.3%；建立比较紧密的长期合作关系的有107家，占39.5%；建立战略性合作关系的有39家，占14.4%；建立战略联盟的有22家，占8.1%。总之，与下游企业建立较好合作关系的企业共计168家，占到企业总数的61.9.%。比较两类结果相差不大，说明在后续的研究和统计分析中，区别企业在供应链中扮演角

色的意义不明显,即上游企业或者下游企业可以不做区分。

表 7.4 被调查企业供应链合作关系类型

供应链类别	与供应链上游企业	所占比重(%)	与供应链下游企业	所占比重(%)
普通交易型合作	109	40.2	82	30.3
比较紧密的长期合作	91	33.5	107	39.5
战略性合作	33	12.2	39	14.4
战略联盟	27	10.0	22	8.1
末端企业	11	4.1	21	7.7
被调查企业总数	271	100	271	100

7.3 各变量的描述性统计分析

本书研究的目的是分析供应链合作关系质量与各种影响因素之间的关系,因此,在对各个要素进行相关和回归分析之前有必要对三个影响因素,即企业声誉、组织结构和企业文化,进行描述性分析,检验他们是否具备深入分析的条件。

7.3.1 供应链合作关系质量影响因素的描述性统计分析

供应链合作关系质量影响因素描述性统计分析见表 7.5。

表 7.5 供应链合作关系影响因素描述性统计

影响因素类别	最小值	最大值	均值 μ	标准差 σ	变异系数
企业形象	1.00	5.00	3.108 7	0.694 16	0.223 3
价值追求	1.30	4.80	3.133 9	0.588 96	0.187 9
竞争实力	1.20	4.40	3.060 8	0.633 57	0.207 0
结构柔性	1.10	4.50	3.010 8	0.608 96	0.202 3
能力柔性	1.20	4.50	3.005 1	0.618 13	0.205 7
文化灵活性	1.10	4.50	3.133 2	0.654 88	0.209 0
关注外部度	1.20	4.90	3.271 1	0.731 30	0.223 6

根据前面论述可知,企业声誉一般用企业的社会背景、价值追求、企业形象、竞争能力、感召力、社会责任和跨国经营能力等多种因素来进行综合评价。表7.5仅列出了企业形象、价值追求和竞争实力三个主要因素的一般性统计量。从表7.5中可以看出,这三个变量的平均值在3.0到3.2之间波动,其中,企业形象的均值为3.1087,标准差为0.69416,变异系数①($CV=\sigma/\mu$)为0.2233,反映出企业形象测量值在单位均值上的离散程度相对较大。

柔性组织结构由结构柔性和能力柔性两个指标进行测量,从表7.5中可以看出,结构柔性和能力柔性的分值在1.1至4.5之间变动,均值基本接近于3,标准差约为0.6,变异系数约为0.2,说明这两个变量的离散程度非常相似。活力型企业文化由两个维度测量,即文化灵活性和关注外部程度。其中,关注外部度指标的均值都高于3.2,标准差为0.73173,变异系数为0.2236,其离散程度相对较高。

7.3.2 对供应链合作关系质量构成因素的描述性统计

根据前面论述可知,供应链合作关系质量一般由关系的持久性、关系强度、公平性、灵活性、沟通性和多样性六个因素来进行综合测量。从表7.6可以看出,供应链合作关系质量六个构成变量的平均值在3.0到3.3之间波动,其中,关系强度指标的均值3.0404,标准差为0.80071,变异系数为0.26335,表明该变量的相对离散程度较大。

表7.6 供应链合作关系质量描述性统计

变量类别	最小值	最大值	均值 μ	标准差 σ	变异系数
持久性	1.35	4.90	3.2928	0.72089	0.21892
公平性	1.10	4.80	3.0337	0.73193	0.24126
灵活性	1.20	4.90	3.1491	0.69991	0.22225
沟通性	1.35	4.80	3.2668	0.63719	0.19505
多样性	1.20	4.80	3.0159	0.63964	0.21208
关系强度	1.20	4.87	3.0404	0.80071	0.26335

---

① 变异系数有全距系数、平均差系数和标准差系数等。本书采用的是标准差系数,用 CV(Coefficient of Variance)表示。用公式表示为:$CV=\sigma/\mu$,即标准差与均值的比率。变异系数反映了单位均值上的离散程度,常用在两个总体均值不等的离散程度的比较上。若两个总体的均值相等,则比较标准差系数与比较标准差是等价的。

7.3.3 供应链合作关系质量的正态性检验

在数据分析时,特别是进行方差分析时,数据的正态性和等方差性是前提条件,所以在进行统计检验之前,本书将先行对数据分布形态进行正态性检验,若数据分布为非正态,将通过数据转换使其接近正态分布,而如果数据转换后,还不能达到正态性要求,就需要考虑用非参数检验法来完成。

分析数据。本书选定的正态性检验方法为距法(U检验)和Q-Q图法。表7.7为供应链合作关系质量六个测度变量的偏度与峰度结果,图7.3为正态性检验的Q-Q概率图。

表7.7 供应链合作关系质量构成要素正态性的偏度和峰度检验结果

供应链合作关系构成要素	偏度 (Skewness)		偏度系数	峰度 (Kurtosis)		峰度系数
	Statistic	Std. Error		Statistic	Std. Error	
持久性	0.048 53	0.147 981	0.33	−0.166 17	0.294 904	−0.56
公平性	−0.076 49	0.147 981	−0.52	−0.261 81	0.294 904	−0.89
灵活性	−0.080 30	0.147 981	−0.54	−0.010 96	0.294 904	−0.04
沟通性	−0.168 41	0.147 981	−1.14	−0.285 31	0.294 904	−0.97
多样性	−0.087 64	0.147 981	−0.59	0.073 743	0.294 904	0.25
关系强度	−0.120 77	0.147 981	−0.82	−0.413 59	0.294 904	−1.40

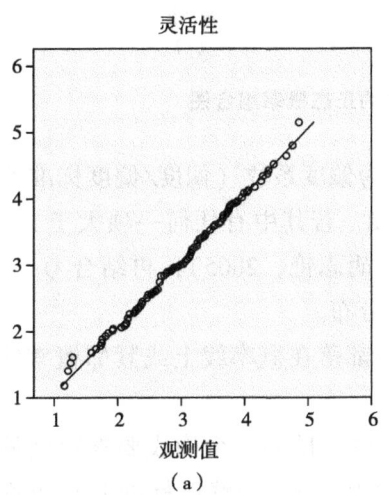

(a)

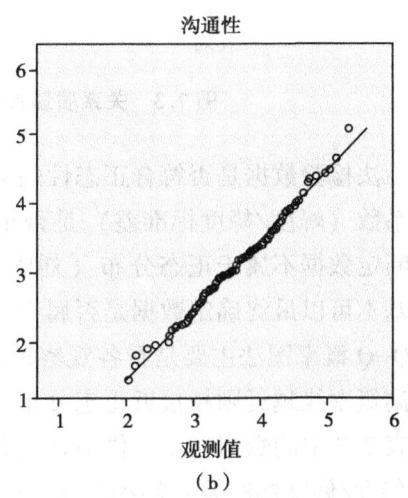

(b)

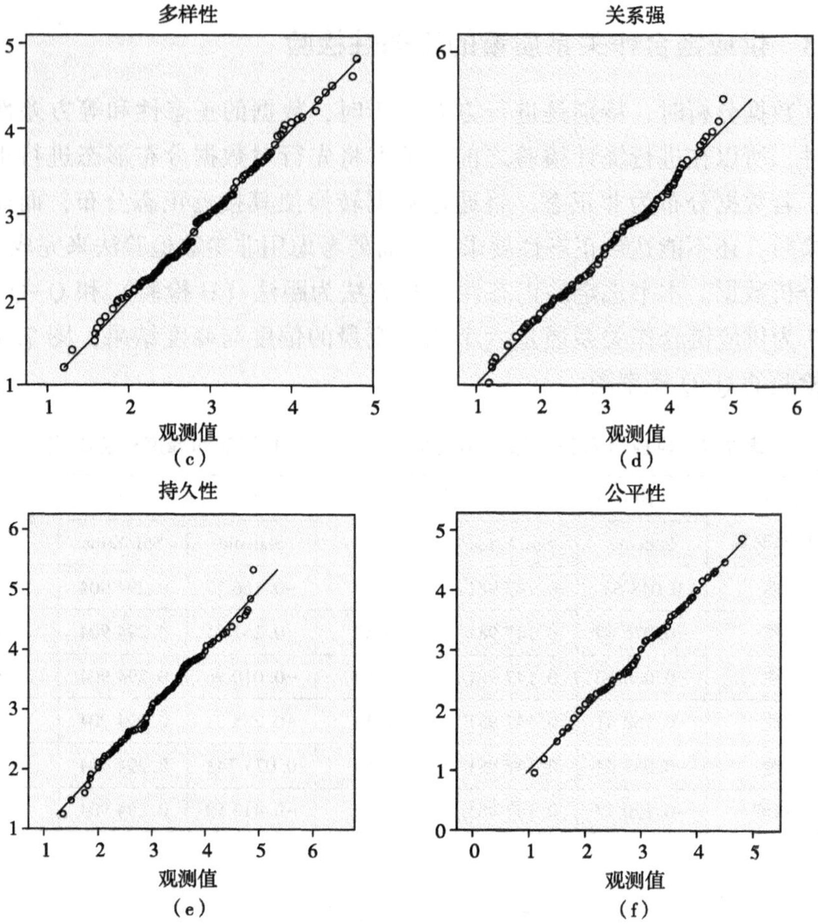

图7.3 关系质量六维度的正态概率组合图

距法检验数据是否符合正态性的标准为偏度系数（偏度/偏度标准差）和峰度系数（峰度/峰度标准差）是否小于2，若其中有任何一项大于2，则可初步断定数据不属于正态分布（刘庆武，胡志艳，2005），再结合Q-Q概率图法基本可以最终确定数据是否属于正态分布。

Q-Q概率图法主要是看各观察值是否都落在概率线上或紧邻概率线，观察值离概率线越近则越接近正态分布。

表7.7中的数据显示，供应链合作关系质量的六个构成要素数据偏度系数（偏度/偏度标准差）均小于2，峰度系数（峰度/峰度标准差）也都明显

7 综合模型及路径分析

小于2，而且从图7.3上也可以比较清晰地看出样本数据基本散落在一条直线上。由此可见，供应链合作关系质量的六个构成要素都符合正态分布，这为后续的方差分析和结构方程分析奠定了很好的数据基础。

7.3.4 影响供应链合作关系质量的控制因素分析

结合调查量表和一般经验分析，本书选定的相关因素包括企业性质（3个变量）、企业成立时间（4个变量）、企业所处产业（3个变量）、企业规模（4个变量）以及企业在供应链中所处地位（3个变量）共计17个变量进行研究。

本书确定的检验程序包括两个步骤：相关分析和方差分析。相关分析的目的在于通过相关分析初步判定影响因素和供应链合作关系质量之间的相关程度和方向，为后续的方差检验的确凿性提供支持，而方差检验的目的在于判定具体相关因素的影响效果。

7.3.4.1 相关分析

对供应链合作关系质量与其5个控制变量的相关分析，如表7.8所示。

表7.8 供应链合作关系质量与控制变量的相关系数矩阵

类别	1	2	3	4	5	6
关系质量	1.000					
企业性质	-0.114*	1.000				
企业成立时间	0.148**	-0.005	1.000			
企业所处产业	-0.152**	0.044	-0.003	1.000		
企业规模	0.012	0.039	0.057	-0.103	1.000	
企业在供应链中所处地位	-0.228**	0.016	-0.057	0.404**	0.002	1.000

注：** 代表双尾检验显著水平低于0.01，* 代表双尾检验显著水平低于0.05。

统计学常识告诉我们，相关分析只为我们判断变量之间是否存在限制关系提供了初步的信息，至于两个变量间的关系大小、方向，则还需要通过其他统计方法进一步确认。

7.3.4.2 单因素方差分析

由于本研究设计的控制变量均为三个以上水平观测值，因而应采用单因素方差方法来进行分析。供应链合作关系质量与其 5 个控制变量的方差分析结果见表 7.9。

表 7.9　供应链合作关系质量与其控制变量的方差分析结果

因素		样本数	质量均值	Leven 等方差检验	F 值	P 值	比较方法	备注
企业性质	国有	74	3.170 1	0.390	2.559	0.079	Dunnett 事后多重比较	等方差检验不显著
	民营	140	3.082 9					
	外资	57	3.208 6					
企业成立时间	5 年以下	47	3.089 6	0.542	3.619	0.014*	Dunnett 事后多重比较	等方差检验显著
	5~10 年	97	3.071 8					
	10~20 年	103	3.161 1					
	20 年以上	24	3.346 3					
企业所处行业	批发零售业	79	3.057 1	0.942	6.358	0.002**	Dunnett 事后多重比较	等方差检验显著
	加工制造业	137	3.215 3					
	其他行业	55	3.037 7					
公司规模	100 人以下	40	3.131 9	0.099	0.643	0.588	Dunnett 事后多重比较	等方差检验不显著
	100~500 人	101	3.125 3					
	500~1 000 人	70	3.096 1					
	1 000 人以上	60	3.190 3					
供应链中所处地位	核心主导者	95	3.235 8	2.701	20.004	0.000***	Dunnett 事后多重比较	等方差检验显著
	积极响应者	135	3.159 4					
	被动参与者	41	2.808 9					

（1）企业成立时间因素对供应链合作关系质量的影响效果。从企业成立时间来看，企业成立时间长短对其在供应链合作中的关系质量有着显著影响，表现为成立时间越长的企业在供应链中的合作关系质量越好。成立时间在 20 年以上的企业明显比成立时间稍短的企业有着更好的供应链合作关系质量。究其原因，我们认为，成立时间越长的企业，尤其是成立时间超过 10 年的企业，一般都拥有雄厚的实力和良好的企业声誉，而且它们在供应链合作中基本上都已形成了各种稳定的合作关系。

（2）企业所处行业因素对供应链合作关系质量的影响效果。企业所处的

7 综合模型及路径分析

行业差异对其供应链合作关系质量也有着显著的影响，表现为处于加工制造业的企业比处于批发零售业的企业拥有更高的供应链合作关系质量。我们认为这可能与我国当前商品生产严重过剩、供货商完全处于被动地位的紧张的零供关系有关。近几年，许多批发零售企业长期拖欠供货商的货款、不断对供应商增加硬性条款、无章乱罚款、以滞销商品抵扣货款，一些大型商场收取供货商相关费用后随意终止合同、经常调整经营场地等诸多行为令零供矛盾日益凸现。

（3）企业在供应链中所处地位因素对供应链合作关系质量的影响效果。企业在供应链合作关系中所处的地位对其合作关系的质量也有着显著影响，表现为处于核心主导的企业和积极响应供应链合作的企业拥有比被动参与者更好的合作关系质量。这一点其实也比较容易理解，在供应链中处于主动地位的企业往往拥有较强的实力、良好企业声誉和稳定的业务合作网络，不仅如此，在供应链中的主导地位也让其有更多的选择合作伙伴的可能，它可以选择与自己在组织文化和业务流程上与自己最具兼容性的企业。

需要说明的是，企业性质在单因素方差分析中对供应链合作关系质量的影响没有表现出显著的差异，这可能与当前大多数企业的产权结构日益多元化有关系。此外，由企业人数决定的企业规模对关系质量也没有表现出显著的差异，这在一定程度上说明企业员工数量不会对其在供应链中的合作关系质量产生影响。

7.3.5 供应链合作关系质量子维度与影响因素相关性分析

本研究以皮尔逊（Pearson）相关分析考察企业声誉、柔性组织、活力型企业文化与供应链合作关系质量各构成维度的相关系数，考察各研究变量间是否显著相关，并将其作为下一步分析变量间相互作用的基础。

从表7.10中可以看出，供应链合作关系质量的三个影响因素（企业声誉、柔性组织结构和活力型企业文化）与供应链合作关系质量各构成要素之间都不同程度地存在着相关关系，其中，企业声誉和活力型企业文化与供应量合作关系质量的六个维度之间都存在着显著的相关关系；柔性组织结构与供应链合作关系质量中公平性、灵活性、沟通性、多样性存在着显著的相关关系。

表7.10 供应链合作关系质量及其影响因素相关系数矩阵

	均值	标准差	1	2	3	4	5	6	7	8	9
企业声誉	3.133 8	0.507 94	1								
柔性组织结构	3.051 6	0.544 73	0.701**	1							
活力型文化	3.472 3	0.550 98	0.839**	0.689**	1						
持久性	3.292 8	0.720 89	0.182**	0.090	0.181**	1					
公平性	3.033 7	0.731 93	0.395**	0.359**	0.440**	0.131*	1				
灵活性	3.149 1	0.699 92	0.561**	0.536**	0.638**	0.080	0.245**	1			
沟通性	3.266 8	0.637 19	0.562**	0.562**	0.573**	0.152*	0.394**	0.423**	1		
多样性	3.028 5	0.647 34	0.238**	0.192**	0.250**	0.045	0.083	0.152*	0.137*	1	
关系强度	3.040 5	0.800 72	0.219**	0.116	0.188**	0.135*	0.182**	0.090	0.190**	0.171**	1

注：* 代表双尾检验显著水平为0.05，** 代表双尾检验显著水平为0.01。

此外,从供应链合作关系质量各构成要素之间的相关性分析也可以得到许多非常有价值的信息,主要包括:①供应链合作关系质量中的持久性与公平性、沟通性和关系强度在 0.05 的显著水平下,存在着明显的相关关系,这在一定程度上说明了供应链企业长期的合作关系有赖于双方的平等相待、经常性的沟通和必要的专用性投资;②供应链合作关系质量中的沟通性与公平性、灵活性和关系强度在 0.01 的显著水平下显著相关,与持久性和多样性在 0.05 的显著水平下显著相关,这说明在供应链合作关系中,保持顺畅有效的沟通是非常有必要的。

7.4 供应链合作关系质量及其影响因素的验证性分析

7.4.1 验证性研究方法简介

本研究采用结构方程(structure equation modeling,简略标志为 SEM)法对本书前面探索性研究得出的供应链合作关系及其影响因素的结构模型,即相关量表进行验证。

7.4.1.1 结构方程模型:潜在变量的线性因果关系建模方法

结构方程模型(structural equation model:SEM)是针对传统因果模型和路径分析的不足,将因子分析引入路径分析后提出来的。在 20 世纪 70 年代,在乔尔斯科(Joreskog,1973),基辛(Keesin,g1972),威利(Wiley,1973)等统计学家的努力下,由因子分析所代表的潜在变量研究模型与路径分析所代表的传统线性因果关系模型得到了有机整合,结构方程模型理论逐步发展起来。在数值分析和计算机科学的带动下,其理论和方法在 20 世纪 80 年代末期逐渐成熟并完善,并在社会学、经济学、管理学、心理学等方面得到更加广泛的应用,如图 7.4 所示。

结构方程模型的基本原理是"三个二":即两类变量(测量变量和潜在变量)、两个模型(度量模型和结构模型)以及两条路径(潜在变量与测量变量之间的路径和潜在变量之间的路径)。一般来说,应用结构方程有五个主要步骤(Bollen, Kenneth & J. Scott Long,1993)。

(1) 模型设定(model specification):即在进行模型估计之前,研究者要根据有关理论和过去的研究成果对假设的变量之间的关系进行设定,建立初

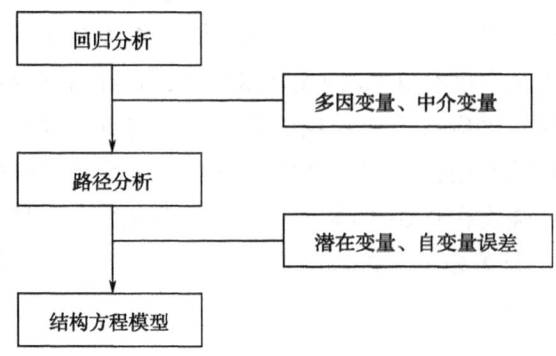

图7.4 线性因果关系建模方法论体系

始理论模型。建立初始理论模型要明确以下问题：哪些变量是自变量、因变量、中介变量？哪些变量是最直接产生效应的变量？哪些变量是通过其他变量产生作用的变量？是否存在干扰作用的变量等？

（2）模型识别（model identification）：在这一环节里主要是看能否依据研究数据对模型中的位置参数求得唯一解。在有些情况下，因为错误地设定模型，对于未知参数不能求出唯一解，导致模型误解。

（3）模型估计（model estimation）：对于模型的估计一般采用最大似然法（maximum likelihood，ML）和广义最小二乘法（generalized least squares，GLS）。

（4）模型评价（model evaluation）：依据模型参数估计值对模型与数据之间的拟合情况进行评价，并与所有的替代模型的拟合指标进行对比分析。

（5）模型修正（model modification）：一旦出现模型与数据拟合不好的情况，模型的修正与再次设定就不可避免。此时研究人员需要决定增加或删除哪些参数。

当前进行结构方程建模分析普遍采用的分析工具主要有 AMOS 软件和 Lisrel 软件。本书主要借助 SPSS15.0 和 AMOS7.0 两个统计软件来实现上述各步骤的操作和运算。

7.4.1.2 模型评价过程中的评价指标选择

如何评价被验证模型的好坏，什么是评价一个模型优劣的好的指数等问题一直都是学者们争论的焦点。争论的核心主要在两个方面：一是哪些指数比较好？二是指数的界值（cutoff value）取多大为宜？对于这一问题到目前还没有公认的结论。在这里我们依据大多数相关研究采用的指标来确定本研究

7 综合模型及路径分析

采用的模型评价指标。本研究具体选定的指标如下。

（1）拟合优度的卡方检验（X^2 goodness-of-fit test）：卡方检验是个综合检验，主要通过 X^2 值、自由度、p 值、X^2/df 四个指标来反应。相对于自由度来讲，X^2 值越小越说明模型拟合得好。卡方检验是模型拟合的绝对检验，如果概率值（p 值）低于显著水平，模型将被拒绝。对于概率值，传统的卡方检验一般设定的显著水平为 0.05。① X^2/df 是个经验指标，X^2 代表的是卡方值，df 代表的是自由度，一般认为 X^2/df 的临界值为 3，即若 X^2/df 的值在 3 以下，则数据拟合模型较好（陈加州等，2003）。

（2）CFI（comparative fit index，标志为 CFI）：比较拟合指数，其值域为 0~1，一般认为临界值为 0.9，即当 CFI 大于 0.9 时，即可认为数据与模型拟合得好。

（3）RMSEA（root mean square error of approximation，标志为 RMSEA）：近似误差均方根，一般认为临界值为 0.08，即当 RMSEA 小于 0.08 时，可认为数据与模型拟合得好。

（4）IFI（incremental fit index）：增值拟合指数，它是勃伦（Bollen，1988）推荐出的一个关于 NFI（normed fit index，规范拟合指数）指数的修正，其临界值为 0.9，即当 IFI 大于 0.9 时，可以认为数据与模型拟合得好。

尽管统计学家们设计了许多优秀的评估模型拟合好坏的指数，然而即便是众多指数都表现良好，即 SEM 的检验合格，也只能说明此模型未被证伪，事实上，一定还存在其他通过检验的模型，而现在通过检验的模型只能是众多竞争模型（competing model）中的一个，并非是最优模型（李怀祖，2004）。

7.4.2 供应链合作关系质量影响因素检验

7.4.2.1 活力型企业文化、柔性组织结构与供应链合作关系质量的结构方程分析

图 7.5、图 7.6 为拟验证的模型，表 7.11 为对该数据进行拟合的各项指数情况。

---

① 在结构方程分析中，学者们对此持否定态度。他们的理由是当样本数量 N 比较大时,卡方检验被认为不好，因为卡方会随 N 的增大而不断增大，结果是任何模型都会被拒绝。温忠麟等（2004）提出了依据样本数量而变化的概率显著水平：当 $N \le 150$ 时，$p=0.05$；当 $N=200$ 时，$p=0.001$；当 $N=250$ 时，$p=0.0005$；当 $N \ge 500$ 时，$p=0.0001$；当 $N \ge 1000$ 时，$p=0.0001$，还是不够小。

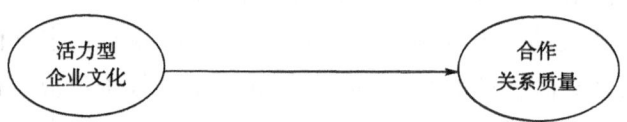

图 7.5　活力型企业文化与供应链合作关系质量的关系模型

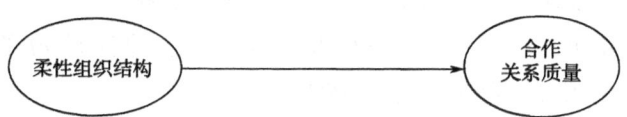

图 7.6　柔性组织结构与供应链合作关系质量的关系模型

表 7.11　文化、结构与供应链合作关系质量结构模型拟合指数

项目	χ^2	df	P值	χ^2/df	RMSEA	CFI	IFI
活力型企业文化	35.4	19	0.000	1.863	0.057	0.926	0.929
柔性组织结构	25.9	19	0.000	1.36	0.037	0.981	0.981

在该模型中，活力型企业文化的两个构成要素（文化灵活性和关注外部）以及供应链合作关系质量的六个构成要素（持久性、关系强度、公平性、灵活性、沟通性和多样性）均为测量变量（measured variable），是真正被分析与计算的基本元素。而活力型企业文化和供应链合作关系质量是两个潜在变量（latent variable），是需由测量变量所推估出来的变量。

与上述模型相似，在柔性组织结构与供应链合作关系质量的关系模型中，柔性组织结构和供应链合作关系质量为潜在变量（latent variable），柔性组织结构潜在变量的两个构成要素（柔性和能力柔性）以及供应链合作关系质量的六个构成要素均为测量变量（measured variable）。从表 7.11 中的各项拟合指数判断，该模型达到了较好的拟合程度。

图 7.7 为阿莫斯图形（Amos Graphic）对上述结构方程模型分析的具体结果，潜变量为活力型企业文化和供应链合作关系质量，活力型企业文化的两个观测变量以及供应链合作关系质量的六个观测变量的因子负荷均高于 0.4 的可接受水平（Comrey，1973）。活力型企业文化供应链合作关系质量具有显著的积极影响，二者之间的标准回归系数达到 0.45，因此，假设 H_{11} 得到验

7 综合模型及路径分析

证。此外，活力型企业文化对供应链合作关系质量的两个子维度（灵活性和沟通性）也有着很强的间接影响效果，在 0.001 的显著水平下，系数分别为 0.25 和 0.18，因此，假设 H_{12} 和假设 H_{13} 均得到验证。

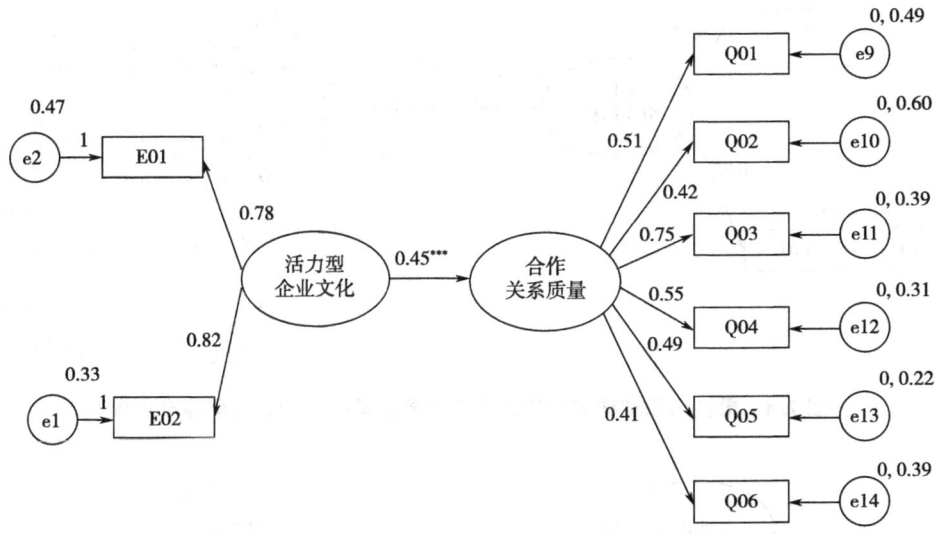

图 7.7　活力型企业文化与供应链合作关系质量结构模型的标准化拟合结果

图 7.8 为 Amos Graphic 对上述结构方程模型分析的具体结果，潜变量为柔性组织结构和供应链合作关系质量，柔性组织结构的两个观测变量以及供应链合作关系质量的六个观测变量的因子负荷均高于 0.4 的可接受水平（Comrey，1973）。柔性组织结构对供应链合作关系质量具有显著的积极影响，二者之间的标准回归系数达到 0.35，因此，假设 H_6 得到验证。此外，柔性组织结构对供应链合作关系质量的两个子维度（灵活性和沟通性）也有着很强的间接影响效果，在 0.001 的显著水平下，系数分别为 0.20 和 0.17，因此，假设 H_8 和假设 H_9 均得到验证。

7.4.2.2　企业声誉与供应链合作关系质量关系的结构方程分析

图 7.9 为拟验证的模型，在该模型中，企业声誉和供应链合作关系质量为潜在变量（latent variable），企业声誉的三个构成要素（价值追求、企业形象和竞争能力）以及供应量合作关系质量的六个构成要素均为测量变量（measured variable）。

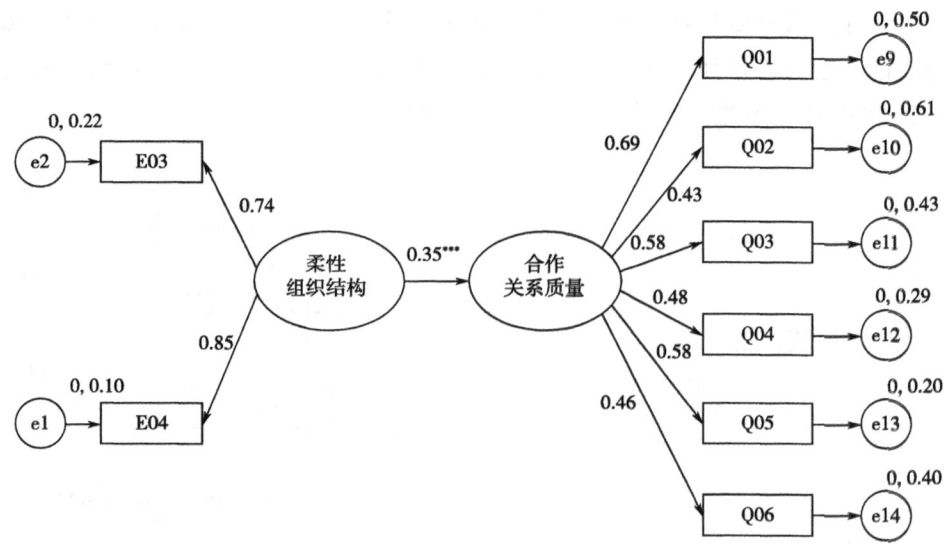

图 7.8　柔性组织结构与供应链合作关系质量模型的标准化拟合结果

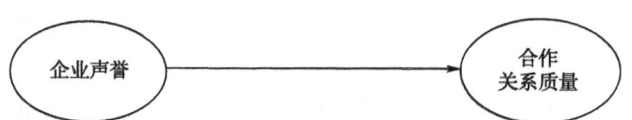

图 7.9　企业声誉与供应链合作关系质量的关系模型

从表 7.12 中的各项拟合指数判断，该模型达到了较好的拟合程度。

表 7.12　企业声誉与供应链合作关系质量结构模型拟合指数

χ^2	df	P 值	χ^2/df	RMSEA	CFI	IFI
77.6	26	0.000	2.98	0.080	0.893	0.896

图 7.10 为上述模型结构方程分析的具体结果，潜变量为企业声誉和供应链合作关系质量，二者观测变量的因子负荷均高于 0.4 的可接受水平 (Comrey, 1973)。企业声誉确实显著影响着供应链合作关系质量，二者之间的标准回归系数达到 0.34。企业声誉对供应链合作关系质量的四个子维度（持久性、关系强度、多样性和公平性）也有着很强的间接影响效果，在 0.001 的显著水平下，系数分别为 0.28、0.14、0.22 和 0.20，因此，假设 H_2、H_3、H_4 和假设 H_5 均得到验证。

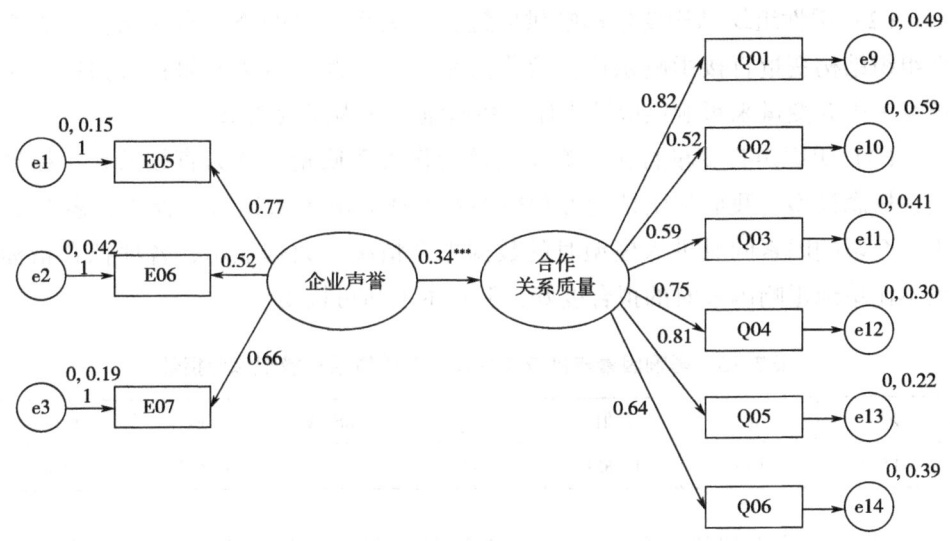

图 7.10　企业声誉与供应链合作关系质量模型的标准化拟合结果

7.4.2.3　供应链合作关系质量及其影响因素整合模型分析

经过前面的理论分析和实证研究，可以初步得出以下结论，即企业声誉、柔性组织结构和灵活型组织文化都与供应链节点企业的合作关系质量存在着显著的线性关系。在接下来的分析中，本书将建立一个供应链合作关系质量及其影响因素的总体分析框架，这主要基于以下目的：一是为了将因变量之间有关系的若干个方程整合在一个联立方程模型里，以使分析和表达更加完整和简洁；二是将在该整合模型中的各自变量对各因变量的"总影响"（total effects）分解为"直接影响"（direct effects）和"间接影响"（indirect effects）；三是分析活力型企业文化、柔性组织结构和企业声誉三者之间的相互作用关系，并判断在中介作用下三者在影响供应链合作关系质量上的路径。

从本书前面提出的理论分析模型可知，活力型企业文化、企业声誉、柔性组织结构和供应链合作关系质量四个变量之间因果关系影响路径共有六条。

（1）灵活型组织文化变量对供应链合作关系质量的影响路径有三条：一是灵活型组织文化变量直接影响供应链合作关系质量，此为直接效果；二是以组织声誉为中介变量来影响供应链合作关系质量，此为间接效果；三是灵活型企业文化影响柔性组织结构，次而影响组织声誉，进而再影响供应链合作关系质量，此条路径为间接效果。

(2) 柔性组织结构变量影响供应链合作关系质量的路径有两条：一为柔性组织结构变量直接影响供应链合作关系质量，此为直接效果；二为以组织声誉为中介变量来影响供应链合作关系质量，此为间接效果。

(3) 组织声誉变量直接影响供应链合作关系质量，此为直接效果。根据上述概念模型，我们利用结构方程模型对上述影响关系进行了检验。表 7.13 为三个影响因素同时进入模型时的数据拟合情况。数据显示，各项拟合指标虽不比单纯影响因素时的拟合度好，但基本上尚可接受。

表 7.13 影响因素与供应链合作关系质量结构模型拟合指数

χ^2	df	P 值	χ^2/df	RMSEA	CFI	IFI
415.9	159	0.000	2.62	0.12	0.827	0.830

图 7.11 为上述模型结构方程分析的具体结果，潜变量为活力型企业文化、柔性组织结构、企业声誉和供应链合作关系质量，而四者的观测变量的因子负荷均高于 0.4 的可接受水平（Comrey，1973），说明我们构建的企业文化分量表和供应链合作关系质量分量表都有着较好的构建效度。

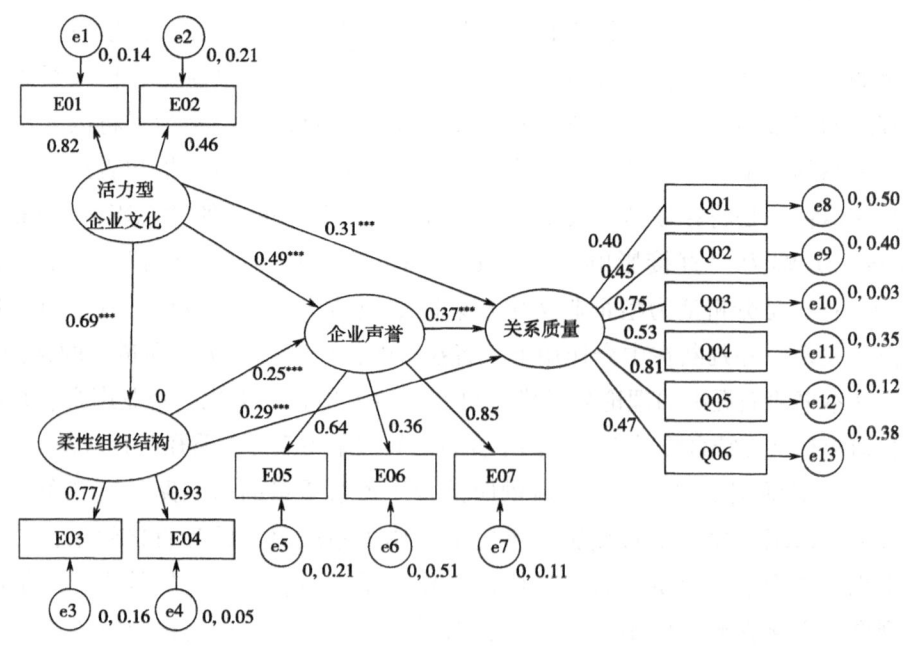

图 7.11 影响因素与供应链合作关系质量结构模型的标准化拟合结果

7 综合模型及路径分析

从图 7.11 可以看出,活力型组织文化变量与供应链合作关系质量的标准化回归系数为 0.31,且在 0.001 水平上达到显著状态,说明活力型组织文化与供应链合作关系质量之间存在着显著的直接影响关系。由前面探讨活力型企业文化与供应链合作关系质量时的结论可知,在单纯的活力型企业文化对供应链合作关系质量的影响中,在 0.001 的显著水平上,标准回归系数达到 0.45,而在保持原来的路径基础上,让柔性组织结构和企业声誉介入二者之间的影响关系,活力型企业文化对供应链合作关系质量直接效果的路径系数表现出了同样的显著性,但直接效果路径系数降低,由 0.45 变成了 0.31,这表明柔性组织结构和企业声誉具有部分中介作用,因此,假设 H_{13} 和假设 H_{14} 得到验证。

柔性组织结构与供应链合作关系质量的标准化回归系数为 0.29,且在 0.01 水平上达到显著,说明柔性组织结构与供应链合作关系质量的直接影响效应显著。由前面探讨柔性组织结构与供应链合作关系质量时的结论可知,在单纯的柔性组织结构对供应链合作关系质量的影响中,在 0.001 的显著水平上,标准回归系数达到 0.35,而在保持原来的路径基础上,让企业声誉介入二者之间的影响关系,尽管柔性组织结构对供应链合作关系质量的直接效果表现出了同样的显著性,但标准化回归系数由 0.35 变成了 0.29,这表明企业声誉对于柔性组织结构对供应链合作关系质量的影响效应具有部分中介作用,因此,假设 H_9 也得到验证。

企业声誉与供应链合作关系质量的标准化回归系数为 0.37,且在 0.01 水平上达到显著,说明企业声誉与供应链合作关系质量的直接影响效应显著。这与前面探讨结论基本一致。在单纯的柔性组织结构对供应链合作关系质量的影响中,在 0.001 的显著水平上,标准回归系数达到 0.34,在整体结构模型下,标准回归系数提高了 0.03,这意味着在整体结构模型中,企业声誉对供应链合作关系质量的直接效应得到了更大的体现,也体现了企业声誉对供应链合作关系质量众多影响因素起着明显的中介作用。

7.4.2.4 对影响路径的各项效果进行分解说明

为了彻底说明整个结构方程模型路径的全部影响,还需要检测路径的间接影响及各个变量相互之间的总影响,即总影响 = 直接影响 + 间接影响(见表 7.14)。

表 7.14 各条路径影响效果分解说明

自变量	内生变量	
	企业声誉	供应链合作关系质量
活力型企业文化		
直接效果	0.49 ***	0.31 ***
间接效果	—	0.18 ***
整体效果	0.49 ***	0.49 ***
柔性组织结构		
直接效果	0.25 ***	0.29 ***
间接效果	—	0.09 ***
整体效果	0.25 ***	0.38 ***
企业声誉		
直接效果		0.37 ***
间接效果		—
整体效果		0.37 ***

注：* 表示 $p<0.05$，** 表示 $p<0.01$，*** 表示 $p<0.001$。

通过表 7.14 路径分析可以看出，在对供应链合作关系质量影响的路径中，六条影响路径均为显著路径，其中，灵活型组织文化变量的间接影响及其以组织声誉为中介变量的间接影响对供应链合作关系质量起的作用最为显著。此外，组织声誉对供应链合作关系质量的直接影响也较为显著。

7.5 本章小结

本章运用 SPSS15.0 和 AMOS7.0 统计软件，对问卷调查数据进行了分析，借助结构方程证实了灵活型企业文化、柔性组织结构以及企业声誉对供应链合作关系质量有着显著的积极影响。其中，企业声誉对供应链合作关系质量中的持久性、关系强度、多样性和公平性四个维度具有显著的间接效应，活力型企业文化、柔性组织结构对供应链合作关系质量中的灵活性、沟通性两个子维度也具有显著的间接效应。在本章最后，还提炼出了影响供应链合作关系质量的六条显著路径，分析了每一条路径的直接效果和间接效果。

7　综合模型及路径分析

上述结论对企业的供应链合作关系实践具有非常深刻的启发意义。既然活力型企业文化、柔性组织结构和企业声誉对供应链合作关系质量发挥着关键的作用，那么，企业可以通过企业文化的变革和组织结构的再造来实现供应链合作关系质量的改善。在此过程中，企业需要特别关注企业声誉作用的发挥，它不仅直接影响着企业的供应链合作关系质量，其他许多因素也都通过企业声誉来间接影响供应链合作关系质量。

8 案例分析

8 案例分析

本章主要借助两组案例来进一步分析供应链上下游企业之间的合作关系质量及其影响因素。第一组列举了三家国内大型企业,即格力、海尔与国美,它们之间是一种非常具有代表性的零供关系。本章试图通过分析格力与国美合作关系的失败、海尔与国美合作关系的成功,挖掘零供关系质量背后潜在的影响因素。为了使本章的案例更具代表性,第二组选择一家外资企业和一家国内企业,前者是一家知名度很高的生产型企业,后者是一家中型规模的第三方物流企业,本书试图通过对二者长期的合作关系进行分析,进一步验证影响供应链合作关系质量的企业声誉、组织结构和企业文化因素。

8.1 零供关系:格力、海尔与国美合作关系的对比分析

供应商和零售商属于供应链中下游的两类企业。随着市场经济的日益繁荣,消费引导生产,商业引导制造业;同时,商业也因激烈的竞争不断改变自己的形式,百货商场、购物中心、超市、连锁店等新业态层出不穷,零供关系逐渐演变为零售商支配供应商,由此而产生的供应商与零售商的关系紧张和矛盾冲突问题也日益激化。然而,随着供应链管理时代的到来,无论是零售商还是供应商,再也无法通过单打独斗维持其竞争优势,市场环境要求他们必须协同合作才能满足消费者的需求,所以如何在零供之间建立一种良好的供应链合作关系,成为摆在零售商和供应商面前的一个亟待解决的问题。本案例将运用供应链合作关系理论深入分析格力、海尔与国美之间的零供关系,以期得出一些有益的经验和结论。

8.1.1 格力与国美零供关系及其影响因素分析

8.1.1.1 相关背景分析

自2000年以来,中国家电行业的流通渠道发生了显著变化,以国美、苏宁为代表的家电专业连锁对一、二级市场的影响日趋重要,传统的以制造企业为主导的厂商合作模式受到严重的冲击。家电专业连锁是一种新生的业态和新的销售力量,其成功有着符合行业发展趋势的内在规律。家电市场供大于求的格局决定了市场发展的方向是更快、更好地满足消费者的需求,与消费者直接接触的家电零售商具有较强的市场信息优势,并试图利用价格杠杆来强化自己的市场主导地位。

格力和国美属于家电产品供应链上的两家企业。格力是空调行业的领头羊，自1995年连续12年产销量、市场占有率居中国空调行业第一，2005年、2006年连续两年格力空调产销量位居世界第一，2006年销售额将近240亿元。而国美则是家电零售业的龙头企业，2006年其在全国200多个城市拥有直营门店近千家，年销售额达800亿元以上。由此可见，格力和国美都具有很强的经营能力和竞争实力，但是双方在价值观和合作理念方面显著的差异性，使双方在合作过程中冲突不断，而组织柔性的缺乏又使双方的矛盾日益深化。

2004年2月，成都国美和成都格力发生争端，原因是国美在没有提前通知厂家的情况下，突然对所售的格力空调大幅度降价。对此，格力表示，国美的价格行为严重损害了格力在当地的既定价格体系，也导致其他众多经销商的强烈不满。国美不甘现状，要求绕过格力"各省一级销售子公司"（见图8.1）。

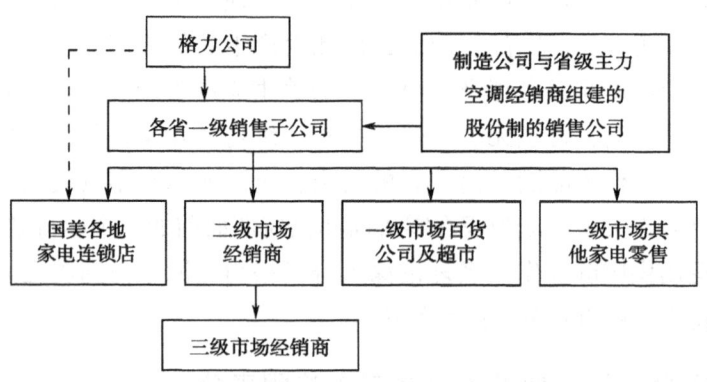

图 8.1　格力空调的营销渠道

2004年3月，由于国美和格力在价格促销问题上没有谈妥，导致双方供应链合作关系进一步恶化。国美总部向各地分公司下发了一份"关于清理格力空调库存的紧急通知"，通知表示，格力代理商模式、价格等不能满足国美的市场经营需要，要求各地分公司将格力空调的库存及业务清理完毕。格力总部也不甘示弱，也发出了撤出国美卖场及停止向国美供货的通知，并表示，"如果国美不按照格力的规则处事，格力将把国美清除出自己的销售体系"。自此，国美、格力的供应链合作关系正式宣告破裂。

8 案例分析

国美与格力的供应链合作关系彻底破裂后,国美开始全力扶植二三线空调品牌的成长,格力也开始与苏宁、大中、永乐等家电连锁零售企业进行业务联系。随之而起的就是国美"品类调整"和格力渠道内部的"成员更替"。"调整"和"更替"无疑会对双方产生很大的负面影响——降低经营效率,增加运行成本。

8.1.1.2 格力与国美合作关系质量评析

下面将运用供应链合作关系质量理论对国美与格力之间的零供关系进行分析。对于格力和国美关系恶化,大多数学者都是从新、旧分销渠道模式的冲突和对抗的角度来看待这一事件的。本书认为,对于格力与国美的"分手",还可以从供应链企业合作关系质量的层面来进行分析。格力和国美分别是我国家电行业的制造企业和零售企业,是处于同一产业链条上相邻的节点企业,它们之间的关系属于供应链企业关系中的制造商—销售商关系或供应商—客户关系。那么在双方合作关系破裂之前,格力与国美的合作关系质量如何呢?我们依据本书的分析框架,从合作关系的持久性、强度、公平性、灵活性、沟通性、多样性六个方面逐一做出分析。

(1) 双方合作关系的持久性和强度分析。格力是一家连续 12 年占据国内空调销售量第一的生产商,国美是有着近千家连锁商城的全国最大的家电零售商,它们不可能不知晓对方的声誉和影响力。但是,格力与国美之间的供应链合作关系却仅仅停留在普通的交易性合作关系层面。

格力产品从 2001 年下半年才开始进入国美家电商场,双方合作关系持续时间不长,在很多方面尚未建立一种共同的认知。格力公司将自己的精力和资金都放在了自建渠道上,通过与当地优秀代理商合资的形式组建当地的格力销售公司,并不断推行格力专卖店建设,以此来稳固格力的渠道体系,到 2007 年初,格力已经在全国建设了 35 000 多家专卖店。而且在全国的 20 多家销售公司中,格力公司也只有 5 家与国美有业务往来,由此可见,格力和国美除所售产品之外,这两家公司几乎不存在任何专用性资产投资和社会性联系纽带,因此转换成本低,不存在关系退出障碍。由于双方缺乏合作的持续性和专用性投资的约束,不重视伙伴关系的长期发展和维系,仅以价格作为彼此的评价标准,必然导致双方合作关系质量低下,自然无法创造与分享优质供应链关系带来的利益,企业更注重从短期行为中满足利益欲望,也正因为如此,才使两家企业互不依赖,导致冲突激烈、"果断分手"、关系破裂的结果。

（2）合作关系的公平性分析。良好的合作关系往往意味着双方能够根据各自的贡献合理分配合作收益，双方在合作过程中能够进行平等的协商和交流。但是，如果在交易性关系中，买方或卖方都试图运用自己相对于对方的优势地位影响对方，以获取一己之利，虽然势力较弱的一方可以暂时妥协，但一次性交易之后，双方便各奔东西或随时准备"分手"，基本不存在弱势一方继续妥协或适应的意愿和空间。因此，合作关系的相对公平性是合作关系得以健康发展的一个重要保证。反观格力与国美这两家公司，在有限的业务往来中，格力从未把国美当作"重要"客户来对待，而仅把国美看作是其全国一万多家经销商中普通的一家，格力与国美的交往并没有被提到战略的高度；而国美作为家电零售业的龙头，其强势地位迫使各个生产厂家向其妥协。国美的市场经营原则是直接从厂家低价进货、低价售出，取消中间商利润，实现从生产商到零售商的零渠道，以此节省营销费用、扩大市场份额。而格力自身拥有完善的空调销售渠道，不肯仅为国美一家改变自己运作多年的区域代理经销模式，更不肯在价格上做出让步，以维护格力空调在市场中长期稳定、统一的价格体系。国美依自己意愿行事，格力自感公平性无法保障，双方的合作关系必然是不稳定的，也就无法实现健康发展。

（3）合作关系的沟通性分析。对于良好的合作关系来说，仅仅对交换条件和产品感到满意已经不够了，还需要双方通过各种渠道进行信息交流和知识共享。伴随着沟通的深入和频率的增加，合作双方增进了解，努力协调适应，合作关系才能日益融洽。

在格力和国美的合作关系中，各种沟通渠道和沟通机制都还没有建立起来。双方的高层管理人员极少进行直接沟通；在很多时候，双方甚至连基本的业务沟通都成问题，它们在采取行动时，往往不考虑这种行动是否会给对方造成负面影响。例如，国美在没有与格力进行必要沟通的情况下，突然对所售的格力空调大幅度降价，严重损害了格力的定价体系，也引起了其他众多经销商的强烈不满。

上述事例充分证明了格力与国美在供应链合作关系的沟通方面存在着很大问题。

（4）合作关系的多样性、灵活性分析。多样性的合作关系往往意味着在主要合作领域，双方合作关系涉及多个方面，除了主要合作领域外，还涉及其他一些领域。灵活性的合作关系往往使合作双方能够迅速消除意外事件对合作关系的不良影响，在处理具体事务时，双方能够不被合作契约的规定所束缚。

现代化的供应链合作关系包括信息共享、物流合作和服务的无缝衔接，最终形成由消费者需求为导向到生产商研发生产，再到销售商销售的扁平化平台。在格力与国美的合作关系中，除了普通的商品交易之外，基本没有其他方面合作的迹象。双方的互补空间也非常有限，因为格力专一生产和研制空调产品，并不涉猎其他家电品类，而国美所经营的家电品种多样，如果双方只在空调这一产品上展开深度合作，由于平台太小，对每一方来说可能都是一种得不偿失的投资。或许正因为对未来合作潜力没有过高预期，且又厌倦了在销售返利、供货价格等"低层次"问题上的彼此讨价还价和被动卷入价格战的烦恼，以及双方也没有进行及时沟通，或者即使做出一定让步，也是在相互较劲，结果使双方矛盾激化，格力借机选择了退出。

8.1.1.3 合作关系的影响因素分析

我们认为，如果只是把目光停留在事件本身，而不去仔细分析这一事件背后的内在影响因素，并主观地认为"现在是商家掌握主导权的时代，谁与商家针锋相对，最后倒霉的一定是谁"，这似乎有失偏颇。因此，不必把太多的焦点停留在两个行业"第一"的冲突上，而是透过这一系列事实来分析隐藏在供应链合作关系背后的影响因素。

如果将"格力与国美关系破裂"事件放到供应链企业合作关系质量的层面来加以分析，根据本书对供应链合作关系的界定及其影响因素的分析，可以看出，尽管在声誉、地位和规模上这两家企业比较对称和相似，但它们在经营理念、管理体系上存在较大差异，在组织结构和工作流程上也没有进行很好的整合，这些因素势必影响双方合作关系的开展。具体分析如下：

（1）工业精神与商业精神的冲突[①]。良好合作关系的开展需要双方具有共同的价值观。但是在商业精神的引领下，零售企业出于对利润的苛求，已经将成本转嫁到了生产企业。采购价格的压低，附加费用的提高，商品回款

---

① 徐正辉，董明珠.将工业精神发挥到极致[J].当代经济，2007(2).

的挤占，使得制造商在资金链条上时刻处于紧张的状态。在此状态下，零售企业很难把人的力量和智慧从单纯的商业交换吸引到创新领域，最终只会用纯粹的"商业精神"来决定发展思路，追逐短期利益。如此简单的利润标尺只能将企业推向价格战、同质化、产能过剩的"泥沼"，而不能真正打造一个品牌。

而格力公司极力主张工业精神，倡导放弃短期利益、追求长期价值的精神。格力集团总裁、总经理董明珠认为："如果说商业精神是水，哪儿有利润就流向哪儿，工业精神则是专注，专注于产业的崛起。制造业不要有那种投机心理，不能盲目地急功近利，追求眼前效益。企业要让商家意识到，格力所倡导的不是唯利是图，商家可以赚钱但不能暴利。大家是在经营一项事业，产品卖出去以后还要服务到位。"的确，过于强势的商业精神，只会使企业更富于投机性，更短视，产生更多的不正当竞争，会使工业家们也像商人们一样行事，其结果必然是工业行为的短期化和商业化，失去永续经营的动力。董明珠认为"格力最大的成功是创造了品牌"，以工业精神为核心的格力，要打破"价格低廉—压价竞销—贸易摩擦—出口受限—资金短缺—提升产品结构受限"的怪圈，必须同时拥有独立的技术和市场。"先做事再赚钱"，董明珠面对经销商强硬地说："你不能说今天卖格力，明天卖其他品牌。空调不好卖，卖洗衣机；洗衣机不好卖，卖冰箱。"全国各地的格力经销商们，被董明珠要求对格力的企业文化"绝对认同"。董明珠要以一种不容置疑的态度，把她的工业精神推进到格力的渠道中去。

由此可见，格力和国美在经营理念上存在着根本分歧。这种理念上的互不适应直接导致了行为上的互相排斥，正如格力公司发言人所称，格力"不与违反游戏规则者合作"。于是，一方以降价促销相逼，另一方以断货相胁；一方要"清场"，另一方干脆全线"撤出"。在这一过程中，我们看不出哪一方有协调适应的意愿和倾向。

（2）企业声誉并没有转化为相互间的信任和依赖[①]。声誉是影响供应链企业间相互信任的重要因素之一。在企业利己主义、信息不对称、不完全合同等条件下，互惠利他很容易转变为利己不利他，机会主义行为很可能发生。一般情况下，企业声誉发挥着向合作企业传递以往合作信息的功能，能够有

---

① 陈英毅.论合作性客户供应商关系——有感于"格力国美分手"事件[J].经济管理，2004，18：87-96.

效地限制信息扭曲,增加交易的透明度,降低交易成本和不确定性。一个企业拥有诚实、公平、可信赖的声誉,意味着它在将来的合作中的行为更加透明,更值得信任。国美和格力在业界都有着非常好的业绩,知名度也不断得到提升。2003年,国美取得了177.9亿元的骄人销售业绩,成为中国最大的家电销售企业。格力电器始终专注于空调业务发展,在技术创新与产品研发、生产质量控制、营销体系建设、产品售后服务方面形成了强大的综合竞争优势,公司在空调领域的技术研发水平已居于国际领先地位。然而,格力和国美各自良好的声誉没有转化为相互间的信任和依赖,也没有对供应链合作关系起足够的强化作用。在两家企业供应链合作关系出现矛盾时,声誉在供应链合作关系中发挥的作用非常有限,没有对相互间的矛盾和不协调产生"舒缓"和"润滑"作用,终使合作中的小冲突、小矛盾演化为不可挽回的破坏性冲突。

(3) 组织结构和业务流程缺乏有效整合。构筑良好的供应链合作关系,其目的在于提高消费者的满意度,进而提升产销双方的业绩和竞争力。因此,交易过程的合理化、简单化、效率化是一项最基本的需求。基于此,产销双方应以消费者需求为出发点,重新检讨工作流程和各自的经济活动。双方所要做的第一步是重组与完善内部的工作流程,在此基础上再与合作伙伴共同讨论改进彼此的交易流程。通过从内到外的流程再造与组织结构的变革,达到服务的无缝衔接,消除不增值的活动,从而提高整个供应链的价值,提高消费者的满意度。

但是,在格力与国美的合作过程中,以顾客需求为导向的工作流程再造或者相应的组织变革尚未开展,双方各行其是。2003年8月,董明珠的"削藩"行动悄然展开:增持销售分公司的股份,强化对其控制。通过逐步削弱各省市大经销商的力量,直接加强与二、三级经销商的合作关系。到2007年年初,格力已在全国开设了35 000多家专卖店,并对专卖网络的规范管理及销售能力进行了全方位的提升。目前,格力90%的空调产品通过专卖店及零售终端售出。因此,双方在组织结构协同和业务流程整合上未采取行动,不仅无法实现物流、商流、信息流的高效传递,还使双方合作关系缺乏必要的柔性和应变能力,致使双方的合作关系愈行愈远。

8.1.2 海尔与国美的零供关系及影响因素分析

8.1.2.1 海尔与国美合作关系的演变

在国美发展早期，即 1999—2001 年，国美一直奉行低价，海尔早期则主张"只打价值战，不打价格战"，双方关系一度僵化。随着国美的扩张，海尔迫于市场份额下降的压力，2002 年开始妥协，与国美展开合作。2004 年以来，海尔调整战略，其产品改走优质平价路线，与国美的合作也不断升级。2005 年 6 月，国美与海尔签订 6 亿元订单，创造了当时国美一次性采购金额的最高纪录，且双方互相承诺开辟供货和结款等诸多方面的"绿色通道"。

后来国美和海尔均处于各自发展的瓶颈期，有进一步深化合作的强大动力。为应对苏宁、百思买及其他厂商自建渠道的挑战，国美大力整合供应链、改善零供关系。2007 年 5 月 11 日，国美宣布募资约 65.5 亿港元，其中 40%用于改善与供应商的关系，尤其是缩短应付账周期。国美与海尔签署的 2007 年战略合作协议，订单总金额高达 100 亿元。与国美一贯对待供应商的做法不同的是，国美此次与海尔的战略合作，创新之处在于试点零进场费，并将大幅拓展合作领域。

国美称将不再向海尔收取合同外的费用及进场费，逐步实现双方交易透明化。在采销层面，国美与海尔今后将通过物流体系的整合，实现 B2B、B2C 业务的一体化运作，提升供应链效率。

8.1.2.2 海尔与国美合作关系质量分析

与国美和格力的合作关系破裂不同，海尔与国美的合作关系表现出了较高的质量，见表 8.1。

表 8.1 国美与格力、海尔的供应链合作关系质量比较

关系质量 \ 合作关系	国美与格力	国美与海尔
关系持久性	格力产品从 2001 年开始进入国美，距合作关系破裂仅三年时间	截至 2005 年，国美和海尔的合作已有 6 年之久，属于持久性较强的合作关系
关系强度	国美在格力的总体业务中所占比重较小，双方缺乏合作的专用性投资约束，转换成本低，关系退出障碍小	双方有深化合作的强大动力，签署战略合作协议和高额订单，大幅拓展合作领域。双方投入了专用性较强的人力资源

续表

关系质量＼合作关系	国美与格力	国美与海尔
关系沟通性	合作期间，沟通渠道和沟通机制未建立，缺乏基本沟通，很少考虑行动方案给对方造成的负面影响	双方有着密切的互动，双方能站在对方利益的角度进行决策和采取行动，例如，免除进场费、交易透明化等
关系多样性	除了普通商品交易外，基本没有其他合作，双方合作的互补空间非常有限	除普通物流业务外，将合作延伸到分析市场、研发产品、营销策略、服务标准和服务行为等领域
关系灵活性	合作出现问题时，不是相互信任和包容，而是相互较劲，使双方矛盾激化	在合作理念上进行及时调整，不断探求双方之间可操作的合作关系模式
关系公平性	格力从未把与国美的交往提到战略高度；而国美作为家电零售业的龙头，依靠其强势地位迫使格力向其妥协	以实现消费者价值为导向，共同创造合理的产业盈利水平，在全国范围内全面结成战略伙伴关系
总体评价	关系质量水平较低	关系质量较好，逐渐步入深度合作

从合作关系延续的时间维度来看，截至2005年，国美和海尔的合作已有6年，属于持久性较强的合作关系。在关系的强度方面，国美海尔事业部的成立使双方投入了专用性较强的人力资源，具体包括采购、销售、研发、服务及财务等职能部门的员工。同时，国美和海尔合作活动所涉及的范围除普通的采购、销售之外，双方将通过物流体系的整合，实现B2B、B2C业务的拓展，国美海尔事业部的成立使合作延伸到共同分析市场、共同研发商品、共同制定市场营销策略、统一服务标准和服务行为等领域，说明双方合作关系的多样性程度较高。订单金额的激增，合作领域的深入，很大程度上是国美和海尔在合作中沟通和交流的结果，双方能站在对方利益的角度进行决策和采取行动，免除进场费，交易透明化，都表现出合作关系的较好的沟通性、公平性和灵活性特征。

总之，国美和海尔在家电产品供应链中的合作关系展现出了较高的关系质量。无论是迫于市场压力还是为加深合作主动进行的整合，都使这种制造业和销售业的合作关系进入良性发展轨道,双方也从中获得了丰厚的利润,海尔笔记本电脑投入销售后,依靠其与国美良好的合作关系,展开营销攻势,使销售额迅速上升就是一个非常好的例证。

8.1.2.3 成功合作的影响因素分析

从上述材料不难看出,与同格力合作不同,国美与海尔的合作关系显示了较高的关系质量,双方合作的深入性和稳定性逐步加强,那么,哪些因素促使了双方的成功合作呢?我们不妨先将这两种合作关系的影响因素做一下比较,见表8.2。

表8.2 国美与格力、海尔合作关系影响因素比较分析

合作关系质量 影响因素	国美与格力	国美与海尔
企业声誉	合作双方良好的企业声誉并没有转化为相互间的信任和依赖	合作双方都具有较好的企业声誉,而且使双方的信任和相互依赖加深
企业文化	工业精神与商业精神的冲突。工业精神专注于产业崛起,追求长远效益;商业精神以利润为标尺,追逐短期利益	在为消费者创造价值的前提下,共同创造合理产业盈利水平的合作理念以及对广阔合作前景的共同认知
组织架构 业务流程	以顾客需求为导向的工作流程再造,或者相应的组织变革尚未开展,双方各行其是	以消费者导向进行供应链整合,联合组建家电研发设计部、国美海尔事业部,并通过联网实现信息互动

由此可见,海尔与国美高质量的供应链合作关系,得益于双方在企业文化、组织结构上的良好整合。

(1) 合作理念的重大转变。海尔与国美的关系也出现过低谷,但是没有像格力与国美决裂得那样彻底,关键是海尔文化的包容性和灵活性使双方从对抗走向联合。海尔在经营管理的理念创新和实践探索方面几乎始终走在国内企业的前列,在客户关系管理方面也不例外。在集团总部提出的"让客户赚钱、让用户满意"的客户关系管理核心思想的指导下,海尔的销售人员通过仔细研究国美的需求,发现双方的市场定位冲突是可以解决的。正如海尔首席执行官张瑞敏所言:"既然和对手都能竞合,为什么不能和企业上下游进

行整合？"① 因此，对于同国美之间的关系，海尔在观念上迅速做出了调整，即由1999—2001年的"只打价值战，不打价格战"，转而有所妥协，与国美展开合作。

当然，使制造商和销售商的合作理念发生革命性转变的还是严峻的竞争形势以及对自身未来发展定位的思考。在合作过程中，海尔和国美都逐渐认识到除各自在行业的地位和实力外，以实现消费者价值为导向的战略指导方针是双方合作的一个基本前提。在为消费者创造价值的前提下，共同创造合理的产业盈利水平，是行业健康发展的根本途径。国美与海尔的合作，标志着厂商之间的关系将由原来相互关注各自资源和利益，调整为共同关注消费者，这种从对抗到对接的转变，标志着以消费者为中心的战略合作模式的应用。

（2）合作双方的共同认知。从行业发展现状来看，存在着促进两者长期合作的因素。销售商和制造商需要由相互对抗、争夺产品销售利润转向共同挖掘客户价值的局面。与沃尔玛等国际流通巨头相比，国美等家电连锁企业尚缺乏完善的物流及准确的需求信息流等基础要素的支撑，利润多来自对制造商利益的挤压，上下游企业之间更多的是"零和"博弈而不是双赢。由于家电厂商的利润进一步被削薄，只能靠组装加工获取微薄的利润。家电厂商和连锁卖场之间围绕进场费和产品定价权等问题的冲突层出不穷，厂商纷纷效仿格力自建渠道。同时，家电连锁企业竞争也日趋激烈，在门店网络、产品、价格等方面趋于同质化，利润不断下滑。

国美和海尔分别作为中国家电渠道商和制造商的"老大"，具备打造新型战略合作模式的基础。国美与永乐于2006年成功合并，新国美集团已是全国连锁百强第一位，2007年国美拥有近1 000家的门店规模和1 000亿元的销售能力。同时，海尔集团是世界第四大白色家电制造商，已拥有冰箱、洗衣机、彩电、空调、电脑、手机、厨卫、小家电等品类系列的产品，2006年营业收入达1 039亿元。

截至2007年，国美已成为海尔在国内最大的经销商，2003年，海尔各品类商品在国美的销售总额达15亿元，2005年更是达50亿元左右。不难看出，较之格力，海尔与国美有着更大的互补潜力，由于海尔家电产品种类多样，

---

① 引自：张瑞敏在2002中国企业领袖年会闭幕式上的演讲[EB/OL]. http://business.sohu.com/30/00/article205140030.shtml.

双方的密切互动有着更合理的经济基础。或许正是基于对关系前景的这一共同认知，海尔、国美决定在全国范围内全面结成战略伙伴关系，其意图在于超越单纯的产品销售与采购范畴，消除制造业企业与零售业企业之间的障碍，变价格纽带为价值纽带，追求共赢，并为终端用户创造最大的价值。

（3）组织结构的密切配合。随着合作节奏的加快，海尔与国美在组织上也实现了创新性的整合。具体设想是，海尔和国美将联合组建家电研发设计部，使国美利用其熟悉、了解用户需求的优势，参与海尔产品的设计开发；海尔也将参与国美的卖场促销，双方通过连续不断地开展联合促销，实现资源的深度共享；此外，双方还成立了国美海尔事业部，将合作延伸到共同分析市场、共同研发商品、共同制定市场营销策略、统一服务标准和服务行为等领域。据悉，国美海尔事业部由双方采购、销售、研发、服务以及财务人员共同组成。

另外，海尔与国美还将通过联网实现信息互动，让海尔可以随时掌握其在国美的零售数据，国美也可以随时了解海尔的产品生产、用途、库存信息，这样可大大减少国美的不动销库存，同时也加快了海尔自身的资金周转速度。它们通过总部对总部、分部对分部的定期营销沟通会、定制产品看样会等方式，开辟了一条增进厂商了解、理解，并能达成默契的有效途径，不断探求双方之间可操作的合作关系模式，最终实现了双方在业务和心理上的"零距离"，达到共存共荣、"相融共生"的境地。

8.2 两业融合：北京海金物流与ABB供应链合作关系分析

本案例主要解析了以生产为主业，以技术见长的北京ABB高压开关设备有限公司和以精益化综合物流服务为主业的海金物流两家企业长期的供应链合作关系。借助高层访谈和内部资料整理，重点分析三个方面的问题：①双方供应链合作关系的成长历程；②对双方的供应链合作关系质量进行评价；③对影响双方供应链合作关系的因素进行剖析。

8.2.1 背景分析

"海金物流"是一家以供应链管理为核心业务的第三方物流企业和物流品

牌，主要为客户提供以原材料供应链管理、产成品库存及运输管理、国内公路运输、产成品包装、物流过程质量评估、IPO项目管理等为主要内容的综合物流服务。海金物流的核心竞争力就是海金公司自主开发的覆盖原材料供应、生产、销售、运输、结算全过程的物流信息技术。信息技术的广泛应用使海金公司初步具备了独立的知识产权，也成为海金公司迅速发展的主动力。海金公司的主要客户群为国内外有实力的制造业企业，如北京ABB高压开关设备有限公司、北京京东方半导体有限公司、西门子（中国）有限公司、快递（TNT）、三洋（SANYO）、耐克（NIKE）等。

ABB是电力和自动化技术的全球领导厂商，致力于为工业和电力行业客户提供解决方案，以帮助客户提高生产效率，同时降低对环境的不良影响。ABB集团总部位于瑞士苏黎世，并在苏黎世、斯德哥尔摩和纽约证券交易所上市交易，业务遍布全球100多个国家，拥有约110 000名员工，属于全球500强企业。北京ABB高压开关设备有限公司①是ABB集团下属的合资企业，成立于1995年12月，主要生产先进的高、中压开关设备以满足中国快速发展的输配电网络市场对高品质开关设备的需求。该公司成功地通过了ISO9001的国际质量体系认证和ISO14001环境管理体系认证。并且，作为中国首家企业通过了OHSAS18001职业安全卫生管理体系认证。北京ABB高压开关设备有限公司还获得了北京市对外经济贸易委员会颁发的外商投资先进技术企业确认证书，北京市科学技术委员会颁发的外商投资高新技术企业证书，北京市工商行政管理局颁发的守信企业证书。

8.2.2 供应链合作关系发展历程

从1998合作开始，海金物流作为一家综合物流服务供应商，其与ABB（北京）的供应链合作关系经历了数年的发展，从单纯的销售物流服务逐渐发展成为供应链深度合作关系。双方合作关系的发展历程大致经历了以下三个大的发展阶段。

第一阶段：供应链合作关系的初步发展阶段（1998年6月—1999年11月）。

海金物流成立于1995年，其最初业务是在简单代理产成品运输的基础上

---

① 本书论述的供应链合作关系主要是指海金物流和北京ABB高压开关设备有限公司之间的关系，因此，下面论及的ABB公司如果不加说明，均指北京ABB高压开关设备有限公司.

发展起来的。1998年6月，海金物流与北京ABB高压开关设备有限公司开始了物流运输代理的试运营合作。由于快速、及时的高质量运输服务以及未来广阔的合作前景，海金物流赢得了ABB这个对自己未来事业发展产生巨大影响的客户。1998年9月15日，双方签订了第一份运输代理合同，负责ABB产成品的外运，这种合作模式一直持续到1999年11月。

第二阶段：供应链合作关系创新发展阶段（1999年11月—2008年1月）。

在这个发展阶段，海金物流以ABB的需求为导向，持续创新服务模式，不断完善服务内容和提升服务质量，实现了单一物流服务向集成化精益物流的转变。这一转变过程可以总结为以下四步跨越。

第一步：建立外库，增加产成品仓储服务（1999年12月—2001年12月）。

在合作过程中，海金物流逐渐发现了两个问题：一是随着生产规模的扩张，ABB的仓库凸显紧张，没有空间存放大量产成品；二是ABB难以对生产进度进行准确掌控，只能提前三四个小时下达发货单，而其以销（单）定产的生产模式又需要将产成品快速送达客户，这就给双方带来了很多麻烦，使得海金物流需要寻找实际承运人，组织运输的时间就显得非常紧张，而且由于ABB距离货运站较远，往往需要工人加班保证货物装卸作业的完成，这无形中也增加了ABB的物流成本。

海金创业者意识到业务中的问题是服务提升很好的机会，当然也是自身的发展机会，于是建议ABB将产成品放进海金的仓库，这也就形成了ABB的外库。设立外库是海金物流服务模式的创新。海金物流建立外库以后，在较短的时间内完成了库存管理软件的开发和配备，并及时将ABB的产成品运进外库。如此，ABB在工厂里就不必再设立产成品仓库和堆场，大大减缓了工厂的空间压力。由于外库空间充裕，租金便宜，向公路、铁路转移货物比较容易，不仅提高了ABB物流运作的效率，而且降低了物流成本。对于海金物流来说，由于及时获得了ABB的所有产成品，而且解决了不同种类产成品的组装问题，因而更有效地控制了ABB的货物外运，使物流运作更加有序和高效。总之，外库的设立使合作双方取得了双赢。

第二步，拓展外库功能，纳入设备和原材料（2001年12月—2004年10月）。

随着外库服务模式的不断实践，双方对外库的潜能有了更深入的认识，而进一步拓展外库服务功能也就成为必然。为了进一步节约工厂内的空间，自2001年底开始，ABB陆续将一些不常用的工具、设备放入外库，交由海金物流进行管理。2002年，ABB又增加了外库中原材料的存放。随着企业回收物流和废弃物物流日益受到关注，ABB的逆向物流业务也开始交由海金物流来进行管理。总之，在这一阶段海金物流从事了ABB除生产物流以外的全部物流活动。

第三步，供应商管理库存（VMI）模式下的供应链管理（2004年10月—2007年6月）。

在2004年以前，ABB的物料采购主要采用买断形式，所以存放在海金仓库中的原材料从产权归属上来说归ABB所有。2004年10月，ABB在向新库区搬迁的过程中开始使用VMI模式（即供应商管理库存）采购原材料。供应商管理库存是一种先进的物流运作模式，它是一种在客户和供应商之间的深度合作性策略，以对双方来说都是最低的成本优化产品的可获得性，在一个相互同意的目标框架下由供应商管理库存。VMI不仅加快了整个供应链面对市场的回应时间，较早得知市场准确的销售信息，而且可以最大化地降低整个供应链的物流运作成本，即降低供应商与生产企业以及零售商因市场变化带来的不必要的库存，达到挖潜增效，开源节流的目的。

在VMI执行过程中，往往要将准时制（JIT）、供应链延迟、快速反应（QR）、有效客户反应（ECR）等技术进行有效地融合，这对实施VMI提出了更高的要求，单靠供应链上游企业自身的设施和运作水平往往不能达到预期的效果。第三方物流参与到供应链库存管理模式是VMI的必然选择。海金物流敏锐地认识到了这种需求，从ABB最初实施VMI就参与其中，作为联系下游制造商与上游供应商的桥梁，在信息和资源方面与供应商和制造商高度共享，代理供应商完成管理客户库存的工作，使整个供应链无缝结合。

由此，海金外库的功能范围扩展到了供应链管理方面，显示了其强大的物流配送和库存控制能力及公共信息平台的建设和运营能力。不仅如此，在VMI模式下，海金和ABB之间的运输量大大增加，从而使往返车辆的空载率降到了最低，消除了不合理运输。

经过前三个步骤，外库的功能和模式进一步完善，ABB工厂的空间要求减少到了最低，工厂就发挥着一个通道功能，原材料的配送、分拣、初加工、包装等都是由外库完成的。

第四步，拓展物流服务范围，增加了 ABB 生产物流服务（2007 年 6 月—2008 年初）。

前三个步骤是海金外库功能的拓展，而第四步则是将外库已取得的成功经验引入厂内物流，拓展了海金整体物流服务内容。2007 年 6 月，ABB 搬入北京亦庄新厂址，新厂址在设计时就规划了物流外包业务。在紧邻 ABB 组配车间的地方，海金物流利用 10 000 平方米的区域为 ABB 提供厂区内部的物流服务，这种物流服务是与 ABB 整个生产工艺过程相伴而生的，实际上已构成 ABB 生产工艺的一部分，包括 ABB 的产品的原材料数量配比供应及包装、分割、分拣、刷标志、贴标签、组装等流通加工作业。自此，ABB 的生产物流服务也全部由海金物流负责。

第三阶段：供应链合作关系面向未来的发展（2008 年初至今）。

为了进一步提升物流服务能力，改善物流服务质量，海金物流进一步完善物流信息系统，从而实现双方全部业务的信息化，包括物料管理的信息化及看板管理信息的网络化，完成外库、主库信息的全部对接和联动。通过条码技术和信息识别技术实现信息录入和识别的快捷化，减少人工作业，使信息传递更加准确。

8.2.3 供应链合作关系质量分析

在不断创新服务内容和合作模式的过程中，海金物流真正实现了从单纯销售物流提供商向集成化精益物流供应商的跃变。海金物流长足的发展得益于其与 ABB 良好的供应链合作关系。双方合作关系质量见表 8.3。

表 8.3 海金物流与 ABB（北京）供应链合作关系质量分析

合作关系 关系质量	海金物流与 ABB（北京）
关系 持久性	从 1998 年海金物流与 ABB（北京）展开物流运输代理开始，至今已逾 10 年。长期的紧密合作，使双方均获得了持续、快速的发展。按照专业化分工，双方有着更为广阔的合作空间，双方继续深化合作关系，提升关系质量的意图非常明显

8 案例分析

续表

关系质量 \ 合作关系	海金物流与ABB（北京）
关系强度	双方关系互动日益频繁，大量专用性投资的存在使双方合作关系日益紧密。为了缓解ABB（北京）厂区空间不足的问题，海金物流设置专门仓库作为ABB的配送中心，安排专职人员储存和管理ABB的产成品。随着业务合作的深入，不断扩大配送中心规模，增加ABB库存品种类，并有针对性地开发了物流管理系统软件，进一步提高对ABB的服务水平
关系沟通性	双方高层管理人员一直保持着良好的沟通机制，并通过多种沟通渠道和灵活的沟通方式，使双方在业务上保持紧密协作，节奏一致。为了完成经常性的业务合作，基层操作人员更是频频接触，部分工作人员甚至长期派驻ABB车间
关系多样性	海金物流与ABB的合作涵盖了ABB所有生产经营环节的物流活动，包括供应物流、生产物流、销售物流、回收物流和废弃物物流五个业务板块，而且功能强大的配送中心，使海金物流的服务内容更加丰富，不仅可以管理、配送原材料和产成品，而且可以存放ABB的工具、设备、回收物品和废弃物品等
关系灵活性	ABB（北京）的需求是动态变化的，遵循客户导向的深度服务理念的海金物流不断推进服务创新，通过持续帮助客户排忧解难，创造价值并实现自身成长。在合作中遇到矛盾和冲突时，双方以共赢为指导思想，保持契约执行的灵活性，提高了合作的效率和活力
关系公平性	双方在资源利用、协调沟通及利益分配方面一直坚持公平、合理原则。海金物流通过专业化、精益化的综合物流服务降低了ABB的物流成本和整体运营成本，同时，海金物流也从合作中不断获益，实现了自身的跨越式发展
总体评价	不断完善深度合作关系，关系质量较好

8.2.4 供应链合作关系影响因素分析

海金物流与ABB（北京）在长期合作中能够不断深化合作，提升合作关系质量，既得益于双方有着相似的合作理念和价值判断，也得益双方在组织结构和业务流程设计上的紧密配合。对于双方供应链合作关系质量的影响因素具体分析如下。

8.2.4.1 企业文化的融合是双方合作的价值基础①

ABB作为一个电力和自动化技术的领导者,依据技术领先、开拓精神和本地化能力等传统竞争优势,以责任感、尊重、决心作为主要的经营原则,以胜任力、进取心、诚信三种素质作为评价优秀领导者的标准,积极地为其所在国及所在社区的经济发展、环境保护和可持续的社会发展做贡献。由此可见,ABB的企业文化可保证ABB通过履行对客户、员工及所在社区和社会的承诺,实践公司良好的价值观来创造价值,见表8.3。

虽然海金物流的经营规模和技术实力要远小于ABB,但是海金物流是一个在相互包容、相互支持、共同研发的业务合作中成长起来的品牌。在十多年的发展过程中,海金物流不断发现客户需求,不断创新服务内容,不断追求客户满意,并最终能够发展成一家专业的第三方物流企业,这与其追求"精益创新,合作共赢"的企业文化是密不可分的,也与创业企业家特有的发展眼光和创新性思维及其对企业成长不懈追求的企业家精神是密切相关的。海金物流始终贯彻"急客户之所急,想客户之所想"的经营理念,追求精益求精的管理思想,扬长避短,不断提升自身的服务能力和竞争力。海金物流董事长邱元直经常说的一句话就是:"把你的客户养懒。"他还认为,在市场经济条件下,竞争是永恒的,是不变的前提,是海金物流发展的动力;而合作是海金物流实现发展的途径和艺术。在实践中,海金物流正是通过提供让客户"省心、省力、省钱"的增值物流服务来实现自身价值和盈利的。

综上所述,企业文化是企业的灵魂,而使命目标、价值观是企业文化的核心,并深刻影响ABB(北京)和海金物流企业文化中共有的合作、创新、诚信、包容等内涵,是双方供应链合作关系的价值基础。正是基于一种共同的价值认知,双方才能够持续合作,加强沟通,协调冲突,扩大共识,并不断深化合作内容,提升供应链合作关系质量,实现了共赢共生的战略目标。这也为国内中小型物流企业,甚至其他行业中中小型企业的成长和发展树立了一种标尺和典范。

---

① 该部分内容是笔者在海金物流和ABB(北京)两家企业实地调研过程中,通过与公司的高层管理人员进行访谈得到了很多第一手资料,再结合两家企业主页网站上的一些信息整理而成的,后又将整理完毕的资料送交海金物流董事长进行了审阅。

8.2.4.2 组织结构和业务流程上的协同是双方合作的组织支撑

高质量的供应链合作关系需要供应链上下游企业在目标、资源、能力等方面进行充分的协调和配合,而经常性的协调和配合又必然依赖于上下游企业间物流、信息流和商流高速而有效的传递。如此,供应链合作企业之间在组织结构和业务流程上的整合就显得非常重要。海金物流作为一家中等规模、知名度不高的第三方物流企业,能够为 ABB 量身定做、及时、完整地提供专业化物流服务,并与 ABB 建立长期的深度合作关系,一个非常重要的前提条件就是在组织结构和业务流程上与 ABB 实现了很好的对接。"你中有我,我中有你,组织融合,共生共赢"是对双方合作模式的一种很好的概括。

(1) 在组织结构上专门为 ABB 设立驻厂部。如图 8.2 所示,驻厂部是海金公司派驻 ABB 的物流管理部门,是海金物流在组织结构设计上的一个重大变革。驻厂部负责操作在 ABB 厂区的全部物流业务,并对海金物流总部与 ABB 之间的物流、商流和信息流发挥桥梁作用,全力做好沟通、协调工作。

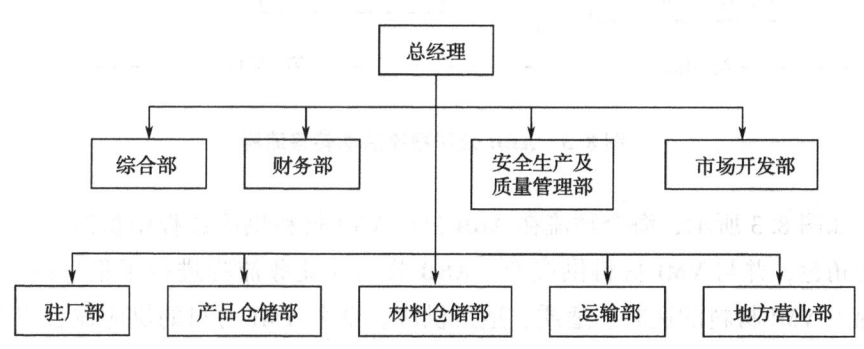

图 8.2　海金物流局部组织结构

驻厂部按职能分为主库组、补货组、产品组三个小组,设计定员为 36 人,全部划入 ABB 物流中心,均随 ABB 车间规定时间作息。主库组的主要业务为全部材料卸车、主库材料管理(接收、仓储、出库)、ASCC 数据库主库数据控制;补货组的主要业务为看板材料和 VMI 材料的看板巡视、通知和跟踪供应商补货、收货和向车间货架补充,巡视主库材料消耗情况,主动到主库办理出库手续,实施补货,并负责一些基础原材料的加工;产品组的主要业务为产品包装、产品接收、安排产品到外库的运输。

（2）在业务流程上进行一体化整合。为了更好地发挥第三方物流的作用，依据 ABB 公司的物流业务类型，海金物流有效地完成了企业内部的整合和业务流程的重组，将多种企业资源动态关联组合，并初步掌握了整合供应链流程的相关技术。因而，海金物流在与 ABB 的合作过程中很好地保持了双方节奏的联动性、同步性和一致性，实现了服务的优化和敏捷化。

图 8.3 清楚地解析了海金物流在 VMI 物料采购过程中与供应商、ABB 公司在业务流程方面所进行的一体化整合。

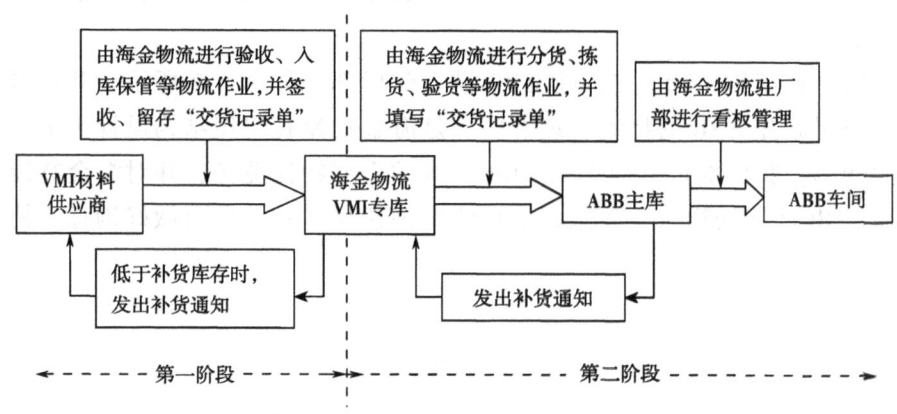

图 8.3　ABB 公司物流活动转移流程

如图 8.3 所示，海金物流在 ABB 公司 VMI 材料供应过程中扮演着非常重要的角色，并与 VMI 材料供应商、ABB 公司在业务流程进行了很好的整合，确保了 VMI 材料的适时、适质、适量供应。整个 VMI 材料的供应流程以 VMI 专库为界可分为两个阶段（如图 8.3 中虚线进行的划分）。第一个阶段的物流供应流程如下：海金物流 VMI 专库管理人员发现库存量低于补货库存量，由此向供应商发出订货通知。供应商送达货物以后，海金物流负责 VMI 材料的验收、入库和保管，在"供应商交货记录单"上签收并留存两联。第二阶段的物流供应流程是出于 ABB 工厂对材料的使用，然后通过海金物流驻厂部的看板管理系统向海金物流的 VMI 专库发出补货通知，当 VMI 专库接到补货通知后，填写"供应商交货记录单"，并依据通知要求完成库存进行分拣和检验作业，并按先进先出原则安排出库作业和运输。

8.3 龙头企业主导的农产品供应链合作关系

本节主要以龙头企业主导农产品供应链合作关系为例,分析农产品供应链合作的特殊性以及各种影响因素。考虑到农产品供应链区域发展的特殊性和差异性,选择了石家庄市农业产业化联合体内相对比较成熟的农产品供应链合作关系展开分析。

8.3.1 农产品供应链合作关系概述

8.3.1.1 农产品供应链及其特殊性

农产品供应链是以农产品物流活动为关注对象,以农产品消费为核心,通过对农产品的实体流动、信息流、资金流的控制,协调农业生产资料供应商、农产品生产者、农产品经销者、消费者之间的利益,从收集农业生产资料开始,完成农产品种植、农产品收购、农产品加工、农产品运输及分销等一系列过程。因而,农产品供应链涵盖了包括农产品生产加工、收购、运输、存储、装卸搬运、包装、配送、流通加工、分销、信息技术等一系列作业环节,并在此过程中实现农产品价值增值。由于农产品供应链能够改进传统农产品生产、流通过程中所涉及的生产者、中间商和消费者等各主体之间的合作状态,有效地进行路线规划、质量控制和降低损耗等,提高农产品生产、加工和流通等方面的工业化程度,进而提升农业及其关联产业所涉及的效率与竞争力,还有助于推动食品安全、公共健康和生态环境等诸多问题的解决,因而使农产品供应链成为农户、农产品经营者获取市场竞争优势的重要手段,也成为农业产业化政策的一个关键着力点。

农业生产过程对自然条件及农作物个体生命的依赖性比较明显。农产品本身具有鲜活性,农产品生产所特有的区域性、季节性和分散性等特点,使农产品供应链从种收、加工、储存保管到运输、配送等都有着显著的特殊性,具体表现在:

(1)协调性、整合性。农产品供应链本身就是一个整体合作、协调一致的系统,它有多个合作者,像链条似的环环连接在一起,为了一个共同的目的或目标,协调动作、紧密配合。

(2)信息共享性。在农产品物流供应链管理中,各节点企业之间是一种战略合作关系，信息共享不仅使得链上企业可以更好地安排生产作业及库存配送计划，降低供应链的整体成本，更能促进合作企业间的相互信任，加快供应链整体对市场变化的响应。

（3）现代化技术手段的支撑性。在信息化高度发展的电子商务时代，物流和信息流的相互配合显得越来越重要，现代信息技术更多地应用于供应链管理中，使供应链各个节点企业相互协调，以提高农产品物流运作的效率。

8.3.1.2 农产品供应链合作关系的概念

（1）供应链合作关系。供应链合作关系（supply chain partnership，简称SCP）是指两个或两个以上独立的供应链上下游企业在一定时期内基于信任共享资源和信息、共担风险、共同获利、能够持续增值的伙伴关系。易正兰认为，农产品供应链合作就是以各种技术，尤其是以信息技术为依托，在供应链节点间建立一种战略伙伴关系，实现从供应商、制造商到分销商、零售商直至最终客户的商流、物流、信息流、资金流在整个供应链上畅通无阻的流通，最终达到多赢。刘瑞涵认为，供应链合作就是供应链上的核心企业，对供应链上的相关过程、组织、资源及其管理进行优化，从而使供应链中的成员都能采取有效的目标优化方法，使所有成员为达成整个供应链的共同目标而努力。易法敏等认为通过供应链流程优化和系统集成，使企业间资源和信息实行共享，整体资源得到优化。

（2）农产品供应链合作关系。杨维霞指出，我国农产品供应链的不足是：供应链协调性差，农用物资的质量难以保证，农产品缺乏统一的质量标准，农产品物流基础设施严重不足等。黄桂红等运用系统动力学反馈分析的思想与理论，对农产品供应链中的制约因素进行反馈分析，提出通过子系统中利益、目标和责任的实现，达到消除农产品供应链负反馈制约上限的总目标，从而实现农产品供应链的有效整合。赵临风认为，对农产品供应链合作实质上就是优化农业产业的资源配置，有效提升农业整体竞争力，从而解决农产品产销失衡问题，稳定农产品价格，保障农业持续发展及农民不断增收。刘助忠等从农产品供应链集成的角度展开研究，认为供应链集成是一个从单供应链内部资源、流程、计划、组织管理等的集成到最后实现供应链网络系统动态联盟的过程。

冷志杰等提出，驱动农业循环经济的核心组织必然是集成供应链的核心企业，该组织有能力从战略上选择具有提升经济效益、生态效益和社会效益的农业循环经济模式,而集成供应链上的其他主体能够依照该模式的流程协调运行,从而达到符合"减量化、再使用、再循环、再思考"原则的农业循环经济结果。高艳等运用模糊理论,采用层次分析法确定各指标权重,建立双层模糊综合评价模型,并利用该方法对集成农产品供应链关键成员发展循环经济能力进行综合评价,在分析中加入了绿色绩效和创新能力两方面内容,建立了集成农产品供应链环境下关键成员发展循环经济能力的评价指标体系以及评价模型。

综上所述,供应链合作的价值实现要求合作企业间的高效协调,即通过对各合作伙伴的状态、结构、功能等表征系统特征的要素进行作用,以产生整体供应链的全局一致性,并实现整体系统在不同发展阶段的预期目标。实现供应链协调,相当于把蛋糕做大,并使得供应链中每个企业的收益得到改善。

8.3.1.3　农产品供应链合作关系分类

由于农产品品种繁多,各品种的品质差异也比较大,其供应链合作形式往往也各不相同。根据主导农产品供应链的核心主体的不同,可将农产品供应链合作关系概括为以下四种类型:以农产品批发市场为主导的供应链、以超市为主导的供应链、以龙头企业为主导的供应链和合作组织参与的供应链。下面将对每一种类型农产品供应链的发展情况及其优缺点展开分析。

(1) 以农产品批发市场为主导的供应链。农产品批发市场是用来集中进行农产品现货批量交易的场所,有产地批发市场和销地批发市场两种形式。农产品批发市场是传统供应链的主要模式,其销售额在农产品销售总额中占比往往最高。在这个供应链组成中,城市各个农产品大型批发市场已经能够有效而紧密地联系农户生产种植与城市市场消费,农户依托农产品经济人或收购商贩,将农产品集中起来,通过储运过程将产品运送到相应的地区进行销售。

以农产品批发市场为主导的供应链的主要参与者和利益相关者包括农户、加工商、批发商和零售商。在整个交易过程中,也出现了许多中间组织,以提供运输、储存、检疫等服务项目为主,以此来保证供应链能够更好地运转。虽然该种模式在沟通农产品产销、服务城乡居民、促进农民增收等方面仍然发挥着不可替代的重要作用,但是由于交易环节多,流通渠道长,一般农产品从农户手中到达消费者手中,需要经过三级甚至更多的中间环节,该模式面临着整体供应链成本偏高的问题。由于各环节层层加价，导致最终农产品价格居高不下，但农民所得利益却很少，出现"贱卖贵买"的现象。此外，该模式在农产品流通中也存在着信息不对称问题。虽然批发市场可以依赖信息平台及市场农产品供需情况实时掌控交易信息，但是农户和消费者仍然缺乏收集市场信息的平台，无法及时把握市场变化，批发商出于对自身利益的考虑，容易出现对农户和消费者实施信息阻断的情况。因此，以农产品批发市场为主导的供应链也面临着进一步升级改造的问题。

（2）以超市消费主导的农产品供应链。现在，大型超市都已经开通了生鲜农产品销售渠道，这条供应链虽然比批发市场的范围要窄一些，但也具备独特的优势，超市经营者可以通过销售数据分析，快速准确地掌握市场的需求变化，从而让进入农产品超市的农户能在加工、包装、配送等环节及时采取措施，做到快速响应市场需求。

以北国超市为例。该连锁超市是北国人百集团有限责任公司旗下的连锁大型商场，北国超市在石家庄市已运营31家（截至2019年5月）连锁门店，是石家庄市开店数量最多，也是超市品牌中数量最多的大型连锁超市，分布在石家庄各个角落，有新石店、天河店、银都店、怀特店、新百广场、谈固店、益友百货、益元、北国商城、中华北店等，在石家庄市内已形成稳定的消费群体和较高的品牌认知度。北国超市通过对每日营业额及消费者的仔细分析，将生鲜、食品升级为营销的主力之一。在每日的寻常促销和大型的节日性促销中，北国超市都会进行详细的布置，使每样商品都让老百姓乐于接受，保证每样商品的价格绝对实惠。如果在经营过程中发现某段时间单个蔬菜的销量较好，而且供应链库存不多，那么公司会依托超市的进销存管理系统，对市场信息进行分析，及时通知农业合作伙伴进行生产或者从其他地区组织调运，以满足市场需求。这样不仅实现了超市、农产品供应商之间的有效沟通，而且信息传播要比传统农贸市场准确有效，缩短了供应环节，节约了大量成本。

再以石家庄永辉超市为例，该超市自2011年建立的第一家店——石家庄民心广场店开业以来，短短几年内连锁门店数已达到十多家。永辉超市之所以能够在激烈的市场竞争中生存并迅速发展壮大，得益于其最大的优势——生鲜农产品。永辉超市充分发挥了其在生鲜农产品方面的优势，其经营特色在于：一是将生鲜农产品引进现代超市，综合了传统农贸市场和现代超市的优势，生鲜农产品的经营面积占比近50%。二是超市坚持自营生鲜农产品，掌握了生鲜农产品经营自主权，它不同于其他超市的"联营""出租经营场所"经营生鲜农产品的方式。三是采取"直采"农产品，建立了一支近1 000人的采购团队，在全国范围内建立了一批农超对接基地，与农户、合作社、农业公司等合作，减少中间流通环节，降低采购成本和流通费用。

总之，以超市为主导的农产品供应链由于掌控着消费终端，所以具有天然的优越性，可以及时展开需求信息分析，进而引导各类农产品的有效供给。此外，该类农产品供应链中间环节较少，有效降低了交易成本。农民采摘的农产品由物流中心通过包装、简单加工、运输等环节直接配送到连锁超市。大型超市自身经济实力强、农产品需求量大，并建立了现代化水平较高的物流设施和物流工具，基本实现了农产品的冷链物流，因此农产品保鲜度好，物流过程中农产品损失率低。在该种流通模式中，农民必须根据超市的具体要求来进行种植和采收，农产品的质量标准应当达到超市的标准要求，有助于农产品质量的提高，能够更好地满足消费者日益增长的健康需求。同时，超市在销售农产品的过程中也会进行一定程度的加工处理，如拣选、净菜加工等，不但产品附加价值得到提升，而且给消费者提供了便捷服务，具有很好的社会效益。但在以超市为主导的农产品流通模式中，大型超市处于绝对优势地位，掌握着定价权。农户因掌握的信息少、资金实力弱、谈判能力低，在价格制定以及利益分配等方面明显处于劣势，利润空间往往会被超市挤占。

(3) 以加工企业为主导的农产品供应链。以加工企业为主导的农产品流通模式是指以农产品加工企业为主体，围绕一种或多种农产品，进行深度加工，形成"加工企业+农户（基地）+其他节点"的供给、生产、销售的运作模式。加工企业的生产基地一般设立在农产品种植相对集中、有地理优势的地区。加工企业与相关农户签订收购合同，保证了果蔬来源稳定和农户收益；对农户进行种植培育技术的传授和指导，保证了农产品的质量；对农产品进行深加工后进入流通领域，获得了加工收益和品牌效益。

与以批发市场或超市为主导的农产品供应链的初级加工不同，以加工企业为主导的农产品供应链特别强调通过对农产品深度加工而获得较高的附加价值。该附加价值在农产品价格中占有重要部分，从而为供应链各参与主体带来了新的可供分配的利益。因为经过深加工的农产品市场需求弹性更大，市场容量相对较小，农产品加工企业必须诉诸产品品质来赢得市场。因此，该类农产品供应链对农产品加工企业自身实力要求非常高，一方面，加工企业不仅要有高水平的原材料深加工能力，还要具备较强的市场营销能力，拥有稳定的销售渠道，准确地预测市场需求；另一方面，加工企业对农产品的品质要求也比较高，做好农户或基地农产品的质量控制是该类供应链合作关系成败的关键环节。因为只有当农户种植的农产品达到特定的品质水平时，才适合进行深加工。土地、气候条件和农户的技术水平等因素都会影响农产品品质、农户收益乃至整条供应链的绩效。

（4）合作组织参与的农产品流通模式。农民专业合作社作为农民的组织和代表，为农户生产和销售农产品提供了一体化服务。石家庄农民专业合作社由于规模、实力等方面的差异，流通渠道也比较复杂。有通过收购商、批发市场销售的，有直供加工企业或连锁超市的，也有进行直销，建立自己的销售网点或到社区配送的。总体来看，石家庄市成规模合作社的发展趋势是企业化发展，在合作社的基础上注册企业，进行现代化管理。从目前来看，以单个大户带头成立的合作社在向家庭农场的形式发展，进行集约化经营。他们的共同特点是农产品供应链中的前向一体化，即倾向于建立自己的营销渠道，直接面对消费者进行农产品销售。

农民专业合作社作为农产品供应链的一个参与主体在加入上述三种模式以后，尤其是发挥主导作用以后，就出现新的农产品供应链合作类型。该种农产供应链类型最大的优势是可以更好地支持和维护在供应链中处于相对弱势的农民的根本利益。首先，合作组织将分散的、独立生产的农户联合在一起，实现了农用生产资料采购中的规模经济，降低了生产成本。其次，合作组织在整个农产品供应链中代表农户参与价格谈判和市场竞争，提高了农户的竞争地位。再次，合作组织通过加大信息搜集和处理的数量，对市场的预测更加准确，农户农产品的种植生产更加符合市场的需求。但是，单纯在上述三种供应链类型中加入合作组织，将会增加农产品供应链的中间环节，使得农产品供应链延长，不可避免地要增加交易费用。因而，应当促进农民专业合作社向企业化运作方向发展，鼓励他们进行前向一体化，建立自己的直销渠道，促进农产品供应链的转型升级。

8.3.2 龙头企业农产品供应链运营现状分析

8.3.2.1 石家庄市农业产业化龙头企业发展现状

从2000年起，国家采取了一系列鼓励和扶持龙头企业发展的政策措施，通过各级政府的扶持，截至2017年12月，我国已发展成为以1 191家国家重点龙头企业为核心，以1万多家省级龙头企业为骨干，以10万多家中小型龙头企业为基础的发展格局。2017年5月，中共中央、国务院联合印发《关于加快构建政策体系培育新型农业经营主体的意见》，明确提出推进农业供给侧结构性改革，引导新型农业经营主体多元融合发展，培育和发展农业产业化联合体。2017年10月，农业部、发展改革委员会等六部委联合下发《关于促进农业产业化联合体发展的指导意见》，进一步明确了发展农业产业化联合体的重大意义，并对培育和发展农业产业化联合体提出了总体要求和具体实施对策。

河北省政府在《河北省农产品流通体系创新建设实施方案》中明确提出建设"环京津一小时"鲜活农产品流通圈，培育壮大农产品流通主体，支持农业产业化龙头企业、农民专业合作社等组建大型农产品流通企业。2016年12月，由省政府牵头评定了102个省级示范农业产业化联合体，其中，河北省会石家庄地区9家，分别由石家庄市君乐宝奶业、兴柏农业等9家大型龙头企业负责。2018年12月，石家庄市政府评定了石家庄双鸽圣蕴食品有限公司、河北恒祥食品有限公司、河北衡大饮品有限公司等306家农业产业化重点龙头企业。2019年2月，河北省政府认定省级重点农业产业化龙头企业762家，其中，省会石家庄市共有75家，其中监测龙头企业50家，新申报龙头企业25家，包括了河北省晋州市长城经贸有限公司、石家庄君乐宝太行乳业有限公司、河北双鸽圣蕴食品股份有限公司、石家庄华牧牧业有限责任公司四家国家级农业产业化龙头企业。近两年，石家庄市以农业产业化联合体和增信基金为抓手，大力培育龙头企业，力争到2020年，市级以上农业产业化联合体达400家以上，县级以上农业产业化龙头企业500家以上，农户覆盖率80%以上。

8.3.2.2 龙头企业主导的农产品供应链物流运营现状

农业产业化龙头企业主导的农产品供应链一般由农业生产资料供应商，农产品种植者、养殖者、初级加工者、物流服务商、消费者等主体组成。作为农业产业化的组织者，农业产业化龙头企业既是生产加工中心，又是信息中心和服务中心，具有开拓市场、深化加工和提供全程服务的功能。

（1）供应链合作伙伴关系情况分析。机会主义行为导致了农产品供应链各参与主体之间契约的不完全性，从而影响了农产品供应链的整体运作效率。

农产品供应链合作契约履约率偏低，其原因主要包括以下两个方面：一是由于信息不对称，农产品市场价格波动大，缺少风险分担机制造成的；二是由于农户的市场主体地位尚未确立，又缺少衔接龙头企业与农户之间利益的中介组织，再加上缺乏专用性资产投资，违约的收益高于违约成本（例如，某些合约法庭执行的困难或成本过高）。为此，石家庄市商务局、财政局、工信局、发展和改革委员会、质量技术监督局等多个相关部门统筹协调供应链创新与应用建设工作，大力推进供应链协同、交易和服务示范平台建设，供应链信用和监管服务体系建设，同时，加强了对信用评级、信用记录、风险预警、违法失信行为等信息的披露和共享，利用区块链、人工智能等新兴技术建立基于供应链的信用评价机制。多项政策保障措施的贯彻实施进一步规范和完善了农产品供应链合作契约，初步建立了风险分担机制，实现了龙头企业与农户之间利益的趋同化。同时，大力推进农民合作社等中介组织建设，鼓励龙头企业开展专用性投资等。

近几年，为了更好地连接龙头企业、农民合作社、家庭农场（专业大户）等各类经营主体，石家庄市大力推进农业产业化联合体建设。截至2018年8月，石家庄市拥有市级以上农业产业化联合体55家，其中，省级示范联合体9家，共连接龙头企业、农民合作社、家庭农场（专业大户）等各类经营主体334家，年销售总产值超过200亿元，辐射带动种植基地47.6万亩、农户近30万户。随着石家庄市农业产业化的不断推进，农业龙头企业与农户、农民专业合作社、第三方物流企业等供应链参与主体的利益协调机制不断完善，供应链合作关系不断发展。尤其是在农业产业化联合体内部，核心龙头企业带动合作社、家庭农场（专业大户）发展订单生产、保护价、股份合作等多种层次的利益联结形式，联合体内龙头企业通过为家庭农场、专业大户垫付生产资金、建设生产设施、提供贷款担保，帮助发展生产，推动联合体形成紧密利益联结。以省级龙头企业河北群强农产品加工有限公司为主导的农产品供应链为例，该企业积极构建与果农之间的利益联结机制，通过签订收购合同，在保证收购质量的前提下收购价格高于市场平均价格23%以上。

农业龙头企业同农户、农民合作社的连接方式从过去简单、松散的订单关系，逐渐发展成更为紧密的合作伙伴关系，例如，通过利润返还、股份合作、按股分红等提高供应链合作方在收益方面的协同性，又如，供应链合作过程与农产品品牌、标准、安全、质量等整个生产过程紧密相连。此外，农业龙头企业在新品种开发、生产加工技术与农业科技技术的创新推进方面发挥着重要的推动作用，也通过组织农户生产、吸纳农民就业等途径，不断提高助农增收能力。总之，农业龙头企业对农产品供应链由传统交易模式向现代供应链合作模式的转换升级发挥了重要的推动作用。

（2）龙头企业主导的农产品供应链物流运作模式分析。在由龙头企业主导的农产品供应链中，由于农产品物流活动具有储运、保鲜要求严格，资产专用性程度高的特点，而石家庄市内专门从事第三方农产品物流企业的运营硬件条件还很不完善。因此，龙头企业依靠自身较强的经济、技术实力，一般设有专门物流部门或者能够组织协调第三方物流企业，来完成果蔬农产品的储存、包装、运输等方面的物流工作，在流通效率、农产品质量控制上有显著优势。在这种条件下，我国许多农业龙头企业所主导的农产品供应链物流仍然选择以自营物流模式为主，少部分农业龙头企业把部分农产品供应链物流交给第三方物流服务商。随着共同物流运作模式的兴起，我国部分农业龙头企业也开始涉足农产品共同物流运作模式，尤其是针对生鲜农产品供应链的冷链物流运作体系，一些农业龙头企业同超市企业、专业的冷链物流企业共同打造物流运作体系。

8.3.2.3 典型案例分析

龙头企业的发展速度和发展质量决定着农业产业化的成效。同时，作为一体化经营的组织者和带动者，龙头企业也是整条农产品供应链物流运作的组织协调中心。下面将以河北马家麦坊食品主导的农产品供应链为例，深入分析该种运作模式的特点和优势。

河北马家麦坊食品有限公司创建于1996年，占地40余亩，拥有高级管理人员16名，技术人员25名，职工260多人，主要生产马家麦坊烤馍片、江米条、沙琪玛、面包等系列产品。该企业于2005年6月率先通过食品安全QS质量体系认证，获得"石家庄市第六届消费者信得过产品"称号，2009年获评"栾城县双百工程十佳农业产业化龙头企业"，2010年获评"河北省中小企业名牌产品"，2012年获评"农业产业化重点龙头企业"。该龙头企业拥有得天独厚的地理位置，一流的生产设备和先进的生产工艺，并"以质量求生存，靠信誉求发展"的理念，"以优质的产品，开拓无限的市场"的宗旨，使"建刚""马家麦坊"等产品畅销于全国20多个省、市、自治区。近几年，该企业加快实现"立足河北，贯穿京津、纵横全国"的经营目标，其数十个面粉加工点每天加工生产数百吨面粉，这些面粉被制成面包、馒头片等食品供应全国超市。

为了确保及时获得优质的原材料供应，通过签订规范的生产服务合同，该龙头企业与5家农业企业、2家家庭农场、7家种植专业合作社结成分工协作关系，在明确各方责、权、利的基础上，成立了河北马家麦坊农产品深加工联合体。在这种供应链合作模式下，马家麦坊作为龙头企业，依靠自身强大的经营实力和品牌优势，承担农产品加工、流通、储运、销售及统一制定生产规划和生产标准等职责，实现了农民专业合作社上联龙头企业，下接家庭农场，起到纽带作用，依协议要求为家庭农场提供产前、产中、产后服务；家庭农场、种粮大户等按龙头企业要求进行标准化生产，向龙头企业提供安全可靠的农产品。

以天亮合作社为例，为了确保农产品供应链合作的顺利开展，马家麦坊食品有限公司与天亮合作社签订了合作契约，再由天亮合作社与农户签订种植订单。天亮合作社将分散的、独立生产的家庭农场、种植大户等联合在一起，向它们统一供应优质强筋小麦品种，实现了农用生产资料采购中的规模经济，降低了生产成本，使每亩地减少了100多元的投资。天亮合作社提供的一体化服务不仅包括统一播种、管理，关键期还派专家上门"把脉"，对农户进行各种指导，统一收购小麦等。

该种供应链合作模式不仅串起了从小麦种植生产到加工销售流通的整个供应链，满足了龙头企业对农产品原料的稳定需求和质量安全保证，而且降低了农产品供应链成本，提高了供应链组织效能，防范了各种风险。更为重要的是，既保障了农民专业合作社的效益，又保证了农产品销路和利润，支持和维护了在供应链中处于相对弱势的农民的根本利益。

经验与启示：在农产品经营合作中，尤其是在产业化联合体内，龙头企业与合作社、农户的合作关系不仅仅停留在公平交易层次，双方已经建立起一种"心理契约"，达到双方合作中的各种行为默契。通过龙头企业对整条农产品供应链的组织协调以及产品宣传、设施设备投资、提供融资担保等，不仅提高了农产品的产量、安全性和品质保证，而且有效改善了农产品供应链的合作关系质量，双方通过一系列互助合作行为，实现了合作共赢。此外，龙头企业的生产经营效率在一定程度上决定了农产品供应链整体的运营效率。做大做强农产品供应链，龙头企业不仅需要具备较强的农产品深加工能力、

8 案例分析

配送能力等，发挥自身的资金优势和资源整合优势，做好农户或基地农产品质量的控制，也需要依靠其较强的市场营销能力，拓宽销售渠道，准确地预测市场需求。

8.4 本章小结

本章主要对零供关系、两业融合和农产品供应链三类典型案例进行了分析。第一组案例中海尔与国美之间的供应链合作关系代表了典型的零供关系。经过研究发现，海尔与国美之间的供应链合作关系质量要明显高于格力与国美之间的关系质量，格力与国美之间合作关系的破裂主要是因为双方工业精神与商业精神的冲突、相互信任和依赖的缺乏，以及组织结构和业务流程上的整合乏力；而海尔与国美高质量的合作关系得益于双方合作理念的重大变化，共同的价值认知及组织结构上的密切配合。第二组案例中的海金物流与ABB公司的供应链合作关系代表了两业融合（生产与物流）合作关系。案例研究发现，海金物流与ABB公司长期保持了高质量的供应链合作关系，究其原因就在于双方在组织结构和业务流程上的高效整合以及在企业文化上的融合等。第三组案例中的供应链合作关系转向了以农业产业化龙头企业为主导的农产品的供应链合作关系。在同一个农业产业化联合体内，以龙头企业为主导的农产品供应链合作关系，超越了低层次的交易关系，龙头企业与合作社、农户等建立起一种"心理契约"，达到双方合作中的各种行为默契。通过龙头企业对整条农产品供应链的组织协调及产品宣传、设施设备投资、提供融资担保等，不仅提高了农产品的产量、安全性和品质保证，而且有效改善了农产品供应链的合作关系质量。

9 我国供应链合作关系发展现状及对策建议

9 我国供应链合作关系发展现状及对策建议

9.1 我国供应链企业合作关系发展现状

从企业案例分析可以发现，在我国供应链企业合作关系的发展中，一方面，出现了一些良好的发展势头；另一方面，一些传统的固有问题并未得到彻底解决，稍有不慎，可能引发直接冲突。

9.1.1 供应链合作观念尚未进行根本转变

近年来，我国企业合作观念有所转变，供应链意识有所加强，但企业短期"自利"价值观仍占主要地位。

（1）"零和博弈"的思想根深蒂固。企业将自己与合作伙伴的关系看作是"非输即赢"的博弈，将自己的收益建立在对方损失的基础上。例如，制造商利用自己的优势地位强行要求供应商降价，以达到降低采购成本的目的。这种做法会使供应商感到双方的交易只是制造商想不断掠夺它们的利润，与自己纯粹是一种"你死我活"的关系，因而会千方百计地抵抗降价的要求或通过偷工减料、在质量或服务上打折扣等方法，弥补自己的损失。如果供应商由于利润低下被迫停止或放缓设备更新和技术改造的速度，对供应商和双方关系的发展都会带来不利影响。又如，一些企业为了实施准时制（JIT）生产，要求供应商JIT送货。但由于诸如空间距离、运输条件、信息传递、生产同步性等种种实际条件的限制，供应商要实现JIT送货就得加大库存，以大的库存缓冲来应付高的送货要求。所以，制造商库存的减少带来了供应商库存的增加，库存压力转嫁到了供应商身上。对于供应商来说，既然JIT送货对它有害无益，必然进行抵制或以其他形式把损失"弥补回来"，使双方形成对立局面。

（2）"以我为主"的山头主义思想严重。在企业内部，各个部门都追求自身利益。例如，运输部门追求低运输费用，采购部门追求低订购单价，销售部门追求低缺货损失。在供应链合作企业之间，各合作伙伴常常仅从自己的利益出发考虑问题，而不是追求供应链的整体最优。例如，我国不少大型零售企业存在一种"店大欺客"的现象，普遍向其他供应链成员收取所谓的"进店费"，每种产品的费用达数万元。例如，从国美对海尔免除进场费尚属"创新"和"试点"可以看出，其他企业在此类支出中受累之重。而分销商利用渠道优势长期拖延供应商货款也是制约合作关系纵深发展的业内难题。

以上两种价值观念必然导致企业目光短浅，短期行为盛行。据报道，肯德基新推出的"墨西哥鸡肉卷"在中国近700家餐厅一上市，就大受欢迎。但是令人遗憾的是，这个看似简单的肉卷除调料"莎莎酱"需进口外，连外面那层薄薄的面皮也要进口。实际上，肯德基中国店一直致力于寻找供应商，不过在整个中国却找不到一家合格的面皮供应商。因为所有的面皮都要做到大小、厚度、规格、韧性、温度控制一模一样，而且要求保证每日的供应数量和质量持续长期稳定。背后更深层次的要求是供应商整个生产的所有环节和物流过程标准、高效、精确和安全，因而要求国内面皮供应商要有长期的战略考虑。这对国内面皮供应商而言是一个很好的发展机会，但遗憾的是我们国内很多供应商更看重的是短期利润，不能致力于长期标准和稳定发展，不愿下功夫整合供应链系统，因此肯德基中国店不得不从美国和澳大利亚进口面皮，中国国内面皮供应商与肯德基再次失之交臂①。

9.1.2 供应链合作关系管理水平有待提高

目前，国内许多企业已设立了供应链管理部门，但一般人数较少，供应链管理部门平均人数占公司员工总数的3%左右；企业越来越重视供应商关系管理，在接受调查的企业中有85%的企业都设立了专业人员管理供应商合同及相关事务。目前，在我国供应链管理的应用方和服务方以大型企业居多。工业部门主要集中在汽车、计算机、通信器材、家用电器等资本和技术密集的行业，如海尔、联想、上海大众等公司，供应链管理的理念都已相当先进；商业领域是大型连锁公司占据主导地位，如在零售行业中排名第一、第二的上海联华和华联集团，家电销售排名前三位的三联、国美和苏宁；服务业中开展供应链管理业务的主要是与物流有关的大型企业，如中国远洋公司、中国外运公司、宝供物流等大型综合物流企业②。

尽管我国企业对合作关系的重视程度普遍增强，但管理和运作中仍然缺乏组织保障。一方面是认识上的问题，不少企业认为供应链管理部门就是物流管理部门，就是负责采购、仓储和运输工作；另一方面是现实中的问题，因为我国绝大多数企业都是以职能来设置部门，即整个企业不管其制造或零

---

① 陈刚,金通,倪淼.过度竞争的本质与我国过度竞争的阶段性分析[J].杭州科技,2005(1):44-47.
② 向欣.中国企业供应链管理现状及主要问题[J].中国流通经济,2004(3):8-11.

售的产品的品类有多少,都由计划部门制订统一的计划,由采购部门进行统一采购,由库存部门统一管理,由销售部门统一销售①。这样的组织结构使合作伙伴觉得不是在和一家企业交易,而是在和多家企业打交道。以订单处理为例:订购登记从一系列活动开始。登记点可以承担销售或商务职能,然后是信用控制,再是产品计划或将产品运到库房成为储备等。一旦订购货物制造或装配完,它就成为配送和运输的责任了。同时,单证(如提单、发运单和发票等)产生存在独立过程。问题是这些活动是顺序执行不是平行的,每个职能部门执行完任务后,把订单传给下一个职能部门。每一步,订单都好似隔墙抛过一样②。

很多供应链成员企业的积极性不高,核心企业的开拓精神不强烈,有些企业安于维持现状,有些企业受到竞争压力而退缩。实际上,企业是在考虑风险和利益两者之间的关系。风险和利益问题是挂钩的,企业承担风险必然是希望得到相应的回报。实际上,出于对利润分配的不确定性的考虑,许多企业不愿意承担无回报的风险,这就导致了供应链上许多对整体增值和竞争力产生作用的新技术、新方法不能得到应用,直接导致供应链上所有企业的利益受损。此外,当一次合同结束后,双方的合作关系会因为双方的需求而延续,双方的关注重点集中在对方是否能提供有价值的服务,因此合作关系的质量对合作双方来说都比较重要。但实际上很多企业的供应链合作双方的沟通渠道仍然不是完全通畅的,合作企业没有建立完善的沟通合作团队以保持供应链企业之间的良好沟通。

9.1.3 对供应链合作关系影响因素重视不够

李静芳(2006)对福建、广东等省市企业的调查结果表明,企业与供应商的信任是在交易基础上形成的基于威慑的信任关系,不能导致双方进一步交流、信息共享和深入交往;帅萍(2005)对中美中小企业与供应商联盟的比较研究发现,中国企业间信任具有明显的感性特征,十分不稳定,其是由企业间关系明显的个人关系特征决定的;张缨(2004)通过调查发现,有外资参股的企业尤其是有外销任务的企业,其产品质量、信誉度都会普遍高于普通内资企业。

---

① 李素彩.中国企业供应链管理调查报告[J].物流技术与应用,2001(5):47-53.
② 胡继灵.供应链的合作与冲突管理[M].上海:上海财经大学出版社,2007:176.

我国的企业声誉很难创造，做出建立声誉的初始资本投资很困难。中小企业受自身实力和发展周期的限制，拥有的声誉资本较低，难以带来更多的价值。声誉是通过不断强化进行积累的，相比声誉可能实现的未来价值，对中小企业更有吸引力的是短期利益。有这样一个事例颇能说明一些问题：T集团倾向于与合作伙伴建立长期关系，其中有个上游供应商H，产品质量不错，与T也有一段时间的合作，在同类产品使用量中排名第二，用量比较多，T对产品采取抽验的方式。但供应商H利用T对它的信任，提供的产品好次混杂，配件到车间才被工人发现问题，影响了T的生产。T认为H是有意利用信任谋取私利，于是与其断绝了合作关系。T调查后发现H正从国有转变为民营，而H失信的事件对其声誉影响不大，即使消息传播出去，其他厂家也可能认为T在做市场策划，因为H还在给别的厂家提供合格的产品。

从国美、格力的合作行为方面也可以透视一下，大型知名企业对声誉的重视程度受短期利益导向的影响，已经拥有龙头地位的"老大们"只注重面向下游利益相关者的声誉，因为他们是直接利益的来源。而对其产品或服务的上游供给方，则没有那么友好。即使与哪个"巨头"分崩离析，也不会撼动其市场"老大"的地位，甚至知名度因而上升，但对商业伙伴而言，其声誉则受到很大损失。

9.2 推动供应链合作关系的对策建议

美国著名供应链专家克里斯多夫（M. Christopher, 1992）曾形象地指出："21世纪的竞争不再是企业与企业之间的竞争，而是供应链与供应链之间的竞争"，"市场上只有供应链而没有企业"。当前，全球化竞争日益激烈，个体企业之间的竞争逐步转变成供应链之间的竞争，企业成功与否将取决于自己管理供应链的能力。

9.2.1 转变经营观念，重视供应链合作关系

9.2.1.1 不断强化供应链合作观念

供应链合作已成为企业参与全球竞争的重要战略。由于竞争力相对较弱和市场需求的不确定性，我国企业参与国际竞争往往面临着很大的风险。然而，企业一旦处在某一条有效的供应链当中，便可以依托供应链与其他

9 我国供应链合作关系发展现状及对策建议

企业或供应链进行竞争。供应链管理一方面可以帮助企业充分利用企业的内部资源（In-Source）和外部资源（Out-Source），快速响应市场，增强企业竞争力。另一方面通过成员企业间的信息共享，可以大大降低生产经营风险，保证企业经营的稳健和持续发展。企业还可以借助供应链主导企业的强大势力，迅速发展壮大自己。为此，国内企业应通过组织结构调整，强化网络化组织集成和信息流、物流、资金流的协调，主动实施供应链管理模式。

随着国际分工和比较优势的进一步加强，单个企业在保留核心业务的同时，生产经营主要从外部配置资源已经成为一种必然的发展趋势。因此，我国企业必须加快思维方式的转变，积极运用系统观念、共赢的观念、动态观念、新型竞争合作观念来指导企业的经营实践。供应链涵盖了整个物流过程，是一个有机联系、不可分离的整体，没有竞争对手和上下游企业之间的相互支持，企业自身也就无法生存。因此，企业在向专业化方向发展，增强核心能力的同时，还应将过去那种你死我活的竞争观念转变为合作共赢的观念，有选择地与其他企业建立长期的合作伙伴关系，依靠协调机制强化合作，彼此信任，资源互补，优势相长，风险共担，利益共享。

9.2.1.2　建立激励机制

在供应链的合作双方都树立了双赢的观念和建立信任机制后，应当加强建立激励机制，没有有效的激励机制，就不可能维持良好的合作伙伴关系。为了保证供应链的整体利益，必须对各节点企业进行有效的激励。激励机制的内容包括激励的主体与客体、激励的目标和激励的手段三个方面。

（1）明确激励的主客体与目标。激励主体是指激励者，激励客体是指被激励者，即激励对象。激励的主体是委托人，激励的客体是代理人。供应链管理中的激励主体是主导企业如制造企业，激励客体是其成员企业，如上游的供应商企业、下游的分销商企业等。

激励目标主要是通过某些激励手段，调动代理人的积极性，兼顾合作双方的共同利益，消除由于信息不对称和败德行为带来的风险，使供应链的运作更加顺畅，实现供应链企业共赢的目标。

（2）创新激励手段。充分利用组织激励手段。在一个较好的供应链环境下，企业之间的合作是愉快的，供应链的运作也通畅，少有争执。也就是说，一个良好组织的供应链对供应链及供应链内的企业都是一种激励；减少供应商的数量,并与主要的供应商和经销商保持长期稳定的合作关系是制造商采取的组织激励的主要措施。但有些企业对待供应商与经销商的态度忽冷忽热,零部件供过于求时和供不应求时对经销商的态度两个样:产品供不应求时,对经销商态度傲慢;供过于求时,往往企图将损失转嫁给经销商,因此得不到供应商和经销商的信任与合作。产生这种现象的根本原因还是企业管理者的头脑中没有建立与供应商、经销商长期的战略合作的意识,管理者追求短期业绩的心理较重。如果不能从组织上保证供应链管理系统的运行环境,供应链的绩效也会受到影响。

充分开展新产品、新技术的共同开发。新产品新技术的共同开发和共同投资也是一种激励机制,它可以让供应商全面掌握新产品的开发信息,有利于新技术在供应链合作企业中推广和开拓供应商的市场。传统的管理模式下,制造商独立进行产品的研究与开发,只将零部件的最后设计结果交由供应商制造。供应商没有机会参与产品的研究与开发过程,只是被动地接受来自制造商的信息。这种合作方式最理想的结果也就是供应商按期、按量、按质交货,不可能使供应商积极主动关心供应链管理。因此,供应链管理实施好的企业,都将供应商、经销商甚至用户结合到产品的研究开发工作中来,按照团队的工作方式展开全面合作。在这种环境下,合作企业也成为整个产品开发中的一分子,其成败不仅影响制造商,而且也影响供应商及经销商。因此,每个人都会关心产品的开发工作,这就形成了一种激励机制,构成对供应链中企业的激励作用。

谨慎使用淘汰激励。淘汰激励是负激励的一种。优胜劣汰是世间事物生存的自然法则,供应链管理也不例外。为了使供应链的整体竞争力保持在一个较高的水平,供应链必须建立对成员企业的淘汰机制,同时供应链自身也面临淘汰。淘汰弱者是市场规律之一,保持淘汰对企业或供应链都是一种激励。对于优秀企业或供应链来讲,淘汰弱者使其获得更优秀的业绩。对于业绩较差者来说,为避免淘汰的危险更需要求上进。淘汰激励是在供应链系统内形成一种危机激励机制,让所有合作企业都有一种危机感。这样一来,企业为了能在供应链管理体系获得群体优势的同时自己也获得发展,必须承担一定的责任和义务,对自己承担的供货任务,从成本、质量、交货期等负有全方位的责任。这一点对防止短期行为和"一锤子买卖"给供应链群体带来的风险也起到一定的作用。因此,危机感可以从另一个角度激发企业发展。

9.2.2 加强声誉管理，增强企业间的相互信任

企业声誉是利益相关者对企业提供有价值的产出的能力和行为属性的综合概括，是企业内外部行为主体对企业的一种综合性评价。提升企业声誉，可以使企业的行为方式和准则获得社会的高度认同，从而在供应链合作中取得较大的支持和较好的社会地位，并能够以此获得所需的资源和机会或者能够减少各种未来不确定性因素带来的影响。声誉管理包括声誉创建、维护、巩固、扩张、挽救、修复等环节，是企业以科学决策为核心，通过多种手段和方法，建立并维持社会公众信任关系的一种现代管理方法。作为一种管理方法，声誉管理是指通过声誉投资、交往等手段，建立和维持社会公众信任关系，其目标是在公众和企业之间建立起相互信任的关系。

9.2.2.1 企业声誉的构建历程

企业声誉的主要特征一般包括：形成因素的综合性（企业、企业利益相关者、外部环境等都对企业声誉的形成产生重要影响）、产权的专有性（企业声誉是企业的特殊属性，作为无形资产较难模仿）、效用的多样性（企业声誉作用于企业经济绩效、市场价值、顾客忠诚度、员工的组织承诺等多个方面）、形成的长期性以及存续的不稳定性。

上述特征与企业声誉的构建过程及其基本规律均有不同程度的相关性。一般认为，构建企业声誉需要经历一个较长的时期而且具有其特殊的路径依赖：①企业声誉的形成是以企业公民行为为基础的。不同的企业公民行为的表现各不相同，好的企业公民行为能在实现经济效益的同时取得社会绩效，在达成社会绩效的同时使企业获得财务盈利。②企业声誉的构建过程可分为计划、组织、领导和控制等主要环节。决策是管理工作的本质，声誉的构建取决于企业正确的决策。③企业声誉随着企业实质性和象征性活动的不断开展而发展变化。企业最先通过身份识别，然后通过企业沟通树立企业形象与企业声誉。④企业在不同发展阶段，有不同的构建目标。例如，在初创时期，企业一般更多地利用传媒，提升其知名度；在成长期，则一般致力于对产品与服务质量的提高，提升美誉度。⑤企业声誉建设是一个系统工程，它遵循"水桶原理"或"短板理论"。企业经营行为作用于股东、管理者、员工、顾客、供应商、经销商、竞争者、政府、媒体、当地社区和非政府组织等利益相关者，如果企业从每一类利益相关者处获得支持，那么建立良好的声誉水

到渠成；而如果有一类利益相关者强烈反对企业的某一项决策，那么企业声誉一定会受到影响。此外，企业利益相关者之间是动态交互作用关系，这种交互作用也会对企业声誉造成影响。⑥良好的声誉一旦确立，就会成为企业的安全网和机会平台。安全网能帮助企业度过危机，机会平台能帮助企业拓展其生存与发展空间。无论是"安全网"还是"机会平台"都有助于企业取得较好的经济绩效，而经济绩效的取得又会产生正反馈，进一步巩固企业声誉。⑦作为一种特殊的资本，企业声誉需要企业进行长期投资。这当然就意味着企业声誉的构建是一个长期的过程，因此，企业应该花大力气提炼自己的企业文化，在很长的一段时间内加大投入、加强宣传。⑧企业声誉构建依赖诸多外部条件。例如，企业的外部经营环境，如制度环境，因为企业声誉需要借助于相关制度保证才能发挥作用。又如本书讨论的文化因素，对企业声誉的构建也会产生影响。

9.2.2.2　企业声誉管理存在的问题及原因分析

中小企业占据了我国企业总数的绝大部分。而中小企业声誉管理的发展受到资金、技术、管理等方面条件缺乏的制约。就目前来看，中小企业具有以下特点：第一，人力资本弱。中小企业人员数量少，人员的整体素质比较差。中小企业大多都是业主自主经营，业主相对于从市场上聘用的职业经理人来说，专业知识有限，管理手段、管理体制相对较差。第二，资产有限。中小企业与大型企业相比较，其中一个最大的特点就是它的资产额、经营额较小，在市场竞争中处于弱势地位。

良好的声誉不同于广告可以在瞬间策划出来，要靠点滴积累持之以恒取得，或许在很长时间内看不到良好声誉给企业带来的潜在价值。中小企业相对于大型企业不仅表现为各种类型的人才的缺乏，财力、物力资源的不足，而且不可能像大型企业一样可以在一个较长时期内不计成本地从事市场份额的扩张以及品牌形象的铸造，这就造成了中小企业几乎缺乏形象力，从而大大削弱了其市场竞争力。中小企业长期忽视和弱化声誉管理有其主观和客观的原因，主要表现在：①观念方面。声誉管理意识薄弱，对声誉管理的内涵及其重要性认识不足。中小企业里，无论是高层领导还是一般员工，还没有建立起较强的声誉管理意识。由于我国之前长期实行计划经济体制以及现实和历史的原因，大部分中小企业还停留在资本的初级积累阶段，管理者在做任何决策时首先考虑的是利润，管理人员时常致力于解决成本、时机、价格、人事方面的问题，对声誉问题却很少注意。即使是在进行企业形象策划时，也很少从声誉建立和维护的角度出发，而更侧重于形象的包装。由于这一疏忽，声誉受损的潜在可能性就变得无时不在。②管理方面。声誉管理职能被肢解，缺乏自觉的声誉管理教育。在部分企业内部，声誉管理的意识还是自发存在的，朦朦胧胧地开展声誉管理工作。声誉管理的职能被肢解到多个部门，难以形成合力。在中小企业里，总经理办公室、宣传部、人事部、工会、销售部门等都承担了一些声誉管理职能，但都不太重视。同时我国企业很少有意识地在员工中培养声誉观念，强化声誉意识。③组织方面。缺少专人负责的专职机构和专业人才。大部分中小企业在组织机构的设置上，没有建立专职的声誉管理机构，没有专司其责的声誉管理人员，同时还缺少训练有素的声誉管理专业人才。高等院校还没有开设专门的声誉管理课程，大学的系列管理课程中，有人力资源管理、生产管理、财务管理、营销管理等，唯独没有声誉管理，企业也没有有意识地在实践中培养声誉管理人才。④企业文化方面。目前，国内中小企业对声誉管理的认识还停留在初级阶段，甚至还有不少管理者认为声誉管理就是公关管理，把声誉管理的工作交给公关部门。其实声誉管理比公关工作有着更丰富更深刻的内涵。因此，实践中要彻底改变声誉管理工作被分配到各个部门、各自为政、不能形成合力的局面。通过高层推广、通力协作，实施训练和考核完善，在企业中培养一种以声誉管理为导向的企业文化，从而维护企业的声誉。

9.2.2.3 提升企业声誉的方法

供应链企业提升自身声誉，可以从以下五个方面着手：

（1）摒弃错误观念，建立声誉目标。在我国企业中，加强声誉管理的最大障碍是观念问题，比如"无商不奸"的农耕文化和"商场即战场"的敌对观念，根本上违背了"平等互利"的交易原则，不利于合作双方信任关系的建立，不可能建立稳定、和谐的合作关系。树立"顾客是朋友""合作伙伴"等观念，将有利于和商业伙伴建立起长期的信任关系。

"企业竞争在经历了价格竞争、质量竞争和服务竞争之后，已经进入了一个新阶段——声誉竞争。"声誉是一项特殊的无形资产，享有良好声誉的企业，可以因此获得超额利润和长期的高额收益。企业高层管理者要有强烈的声誉管理意识和动力，把声誉管理作为企业的一种长期发展战略任务，并对企业声誉进行客观评价，确立企业声誉管理的长期目标。企业声誉管理目标要得到员工的认同和贯彻，必须大力宣传声誉的重要性和作用，使员工认识到企业声誉与企业生存和可持续发展的关系，使重视企业声誉管理成为企业员工的主流意识和共同追求，成为企业文化的组成部分，进而统一全体员工的思想和行动，引导员工将创建、维护和发扬企业声誉作为衡量自己工作的标准，自我约束，在各自的工作岗位上为提高企业的声誉做出贡献。坚守企业文化的灵魂，做到"表里如一"，是引起声誉变化的深层次原因，也是合作伙伴对其产生信任的重要参考。

（2）注重声誉决策。声誉管理的核心是企业的"准确决策"。戴维斯·杨说："创造声誉始于管理者的会议室内，而不是靠新闻发布会。"他特别反对把声誉管理当作问题出现后的补救手段。他说："管理者们总是企盼以事后良好的公关工作来修复受损的声誉，可这种想法是完全错误的，它导致的是声誉问题的产生，而不是问题解决。事实上，即使最完满的公关项目也难弥补错误的决策、不利的后果和不恰当的行为所带来的缺憾。"因此，企业决策层要充分利用各种渠道，广泛征询各类社会公众的意见，站在企业全局利益和社会利益的高度，综合评价各职能部门目标的效果，依据企业全局利益和社会利益来确定决策目标和方案，并在决策方案实施后，及时了解社会公众的反映，以便对原决策目标、决策方案做出必要的调查，使之既反映企业经营管理的需要，又符合社会公众的需要。

（3）保证产品和服务质量，树立良好的品牌形象。不断开发满足顾客需要的新产品、新服务项目，这是培育企业声誉的核心因素。产品是企业与客户发生关系的纽带，客户是通过购买和消费产品，产生偏好和忠诚，进而认识、认同和支持企业的。良好的服务也很重要，特别是在成熟产业中的企业，由于市场竞争异常激烈，技术水平几乎相同，服务就显得特别重要。海尔之所以有较高的企业声誉，就是源于其产品质量"零缺陷""星级服务"及产品创新能力。

品牌形象从某种意义上讲，是产品质量和企业声誉的表征。在国外，大多数消费者购买商品时，都是以品牌形象判断产品优劣。在我国，品牌消费意识也已深入人心，对于讲究品位、追求质量的消费者而言，品牌形象愈来愈受到重视。因此，企业要依靠用户满意度建立品牌形象，通过品牌形象的树立，培育企业声誉。可以说，品牌形象的树立是企业声誉的前奏和初级阶段，品牌形象的逐渐积累有利于企业声誉的积聚。

(4) 坚持诚信守诺，实现合作双赢。商业交易的前提条件是双方的信用、信誉，一个讲信誉的企业，才会受到合作伙伴的信任。将诚信守诺的经营理念、价值观贯彻到企业的经营活动中，直接影响着企业的声誉。讲究商业伦理，追求合作多赢，是企业对待竞争者和合作者的正确态度。一方面，企业要恰当处理与竞争对手的关系，遵守商业道德有利于塑造良好的企业声誉。况且，在商界只有永远的利益，没有永远的敌人。另一方面，企业与合作伙伴在商业行为中应信守合同，诚信的企业将赢得更多的合作者，赢得更多消费者及商业伙伴的信赖和支持，形成合作多赢的局面，从而塑造良好的企业声誉。例如，长期以来，摆在中国企业面前最大的难题之一就是在与供应商的业务流程中，如何才能解决"及时"的问题。海尔一直在探索一条如何才能将自己与供应商之间的互动关系更加紧密的方法。可以说，海尔后来与供应商之间形成的以采购订单为中心的协同关系，极大地改变了海尔与其供应商关系的模式，实现了高质量的供应链合作。

(5) 加强内部沟通，激发员工共同参与。企业管理者要加强与员工的沟通。一方面，要向员工及时通报企业各方面经营活动的信息，使员工明白企业现在在做什么，做得如何，使他们明确目标，树立信心；另一方面，要诚恳地倾听员工的意见，并及时向他们通报意见的处理结果，使员工感到他们的努力是有意义的，激发他们的主人翁意识。要激励员工共同参与声誉管理，对员工的信任和鼓励是他们参与创建企业良好声誉的第一步，每一位员工都是企业声誉的驾驭者，员工是声誉的"心脏"和"灵魂"。企业管理者要重视对员工的培训，使他们明白他们的行为对企业创建声誉和生产经营的成功会带来影响，使每个人树立起保护企业声誉的意识，消灭潜在的声誉危机。

当然，在中国市场经济制度逐渐成熟的背景下，完善社会信用体系建设、加强舆论引导与监督、健全法律法规的制定与执行机制都是企业声誉发挥作用必不可少的制度性支撑因素。

9.2.3 建立长期战略导向的活力型企业文化

短期利益导向的价值观和信念极大地抑制了供应链合作关系的健康发展，因此，企业需要建立长期战略导向的活力型企业文化以适应激烈的市场竞争，保持企业的持续健康发展。正如本书前面所述，活力型企业文化具有"灵活性"和"关注外部"两个子维度，在充满活力型文化氛围的企业中，成员们都有一种信心，即组织可以应对任何机会与威胁，只要对利益相关方（顾客、股东、员工、供应商、社区）的合理利益是必要的，就必须坚持变革与创新和敢冒风险的态度。这种文化鼓励企业员工采取主动的方式识别问题和解决问题，全体成员保持一种为确保长期的组织成功而愿意从事一切必要工作的工作热情。总之，活力型企业文化是实施灵活和适应顾客需要的变化，并把企业战略的重点集中于外部环境之上的文化。这种文化不只是快速地对环境变化做出反应，而是积极地创造变化。

活力型企业文化的建立或变革通常首先由企业领导者率先认识到客观环境对文化的要求，然后倡导企业改变旧的观念和行为方式，不断宣传、反复灌输，使员工接受新的思想观念。同时，在企业领导者的带领下，不断创新实践和补充修正新的思想观念，使其逐步趋向明确、系统与合理。相应的行为规范、制度约束也是必不可少的，强制性要求能够在实践中转变员工的思想观念及行为模式，促进企业文化的建立。

企业领导者应该具备高瞻远瞩的战略眼光和敏锐的洞察力，完全损人利己的对抗性竞争的时代已经走向结束，势均力敌的争斗只会使自己企业的财力、智力枯竭，难以创造出市场上的竞争优势。"大义凛然"地与供应链伙伴决裂，利用自身的强势对上下游企业进行压制，这种合作方式在以竞合为主流的市场环境下必定不会长久。而适应时代潮流，摈弃短期追求，通过合作谋求长期发展的信念是建立灵活合作型文化的关键。在组织内部，管理层与员工之间提倡合作，平等待人。企业管理人员更深切、诚恳、真诚地珍视员工，珍视股东，关心他们的利益。在组织外部，以开放的姿态善待客户，尊重他们的需求，与他们建立信任与合作的关系，成为顾客经营过程与生活过程的一部分，以帮助客户赢利。还要善待供应商，建立相互信赖，通力合作的新型关系，共同为顾客提供价值高的产品和服务。同时，现代企业以更加开放的心态，同昔日的竞争对手合作，结成战略伙伴，共同从事研究开发、合作生产、联合营销等工作。

9.2.4 推动供应链环境下的组织变革

供应链通过集成发挥竞争优势的特性要求参与其中的企业之间必须在组织结构上高度协同，以保证物流、资金流、信息流的流转效率。传统的组织结构难以适应供应链合作的需要，具体从以下几个方面进行变革。

9.2.4.1 对传统组织结构实施柔性化变革

传统金字塔式的等级结构很大的一个弊端就是僵化与迟钝,难以应对变化。面对复杂多变的供应链环境和瞬息万变的信息,供应链集成要求合作伙伴之间信息有效共享、及时传递,冗长的管理层级对此形成了阻碍和制约。因此,企业需要与合作伙伴进行组织体制的整合,以提高企业组织结构对供应链环境的适应性,就必须对传统层级制组织结构实施柔性化变革。柔性化组织结构的显著优点是灵活、便捷、富有弹性,因为这种结构可以充分利用企业的内外部资源,增强企业对市场变化与竞争的反应能力,有利于企业实现集权与分权、稳定性与变革性的统一;柔性化结构还可以大大降低成本,促进企业人力资源的开发,推动企业组织结构向扁平化发展;柔性化组织结构可以强化部门间的交流合作,让不同方面的知识共享后形成合力,有利于技术创新。

组织柔性化要求适度压缩组织的管理层级,从而提高企业适应供应链合作的能力。组织层级压缩的对象主要是中间管理层。由于信息技术的应用使企业信息传递更为方便、直接,传统组织结构中主要用于沟通、连接上下管理层次之间的中间管理层次的作用大大弱化,可以大为减少乃至删除,而且这一层级链条在企业内部比重最大,耗费企业资源最多,因此,它必定成为企业层级压缩的首选。组织柔性化还可借助于组织内部或组织之间设立工作团队的方式来实现。根据团队成员的来源、拥有自主权的大小和团队存在的目的不同,团队至少可分为3种类型:问题解决型团队、自我管理型团队和跨功能型团队。① 例如,国美与海尔联合成立的国美海尔事业部,为双方彼此协调适应提供了较好的组织保障。

调整企业边界,增强企业核心能力。一方面,出于对制造资源的占有要求和对生产过程、销售过程直接控制的需要,我国企业不断扩展自身的纵向边界,因而"纵向一体化"管理模式较为普遍,"大而全""小而全"几乎是大多数企业的组织结构特征。当前,市场正朝着个性化、多品种、小批量、短周期的方向发展,市场的不确定性和扰动性都在增加,采用"纵向一体化"管理模式,不仅使企业丧失了灵活性,无法快速响应市场需求,而且增加了企业的投资负担和市场风险,导致企业竞争力的分散。例如,国内某机器制

---

① 彼得.圣吉第五项修炼:学习型组织的艺术与实务[M].上海:上海三联书店,1994.

造厂为了解决富余人员就业，成立了一个附属企业，把原来委托供应商生产的某种机床电器转由自己生产，由于缺乏技术和管理，不仅成本比外购高，而且产品质量低劣，最后影响了整机产品的性能和质量水平，一些老客户也纷纷撤出订单，使企业蒙受了不必要的损失。另一方面，我国大部分企业在横向边界上还未达到实现规模经济和范围经济的最佳规模，普遍处于幼小或成长阶段，企业"横向一体化"仍有很大的扩展空间。因此，企业应逐步将非核心业务进行不同程度的剥离，并强调与其他企业密切合作，集中精力发展自身核心业务，并做大做强，使自己成为供应链上的一个关键环节，处于有利竞争的位置。

当然，扁平化管理在带来柔性、灵活性、适应性的同时，也带来了不稳定性。是否实施"扁平化管理"，不仅需要考虑企业所处的外部环境，更要认真分析组织是否真正做好了实施"扁平化管理"的技术、人才和心理准备。如果企业实施变革的条件尚不成熟，盲目扁平化，员工晋升机会减少，管理控制难度加大，也会降低组织运行的效率和效果。

9.2.4.2 以供应链合作为导向进行业务流程重组

业务流程是以满足客户需求为导向，以提供对客户有价值的产品服务为核心，按照既定目标、逻辑相关、可持续执行的一系列活动。业务流程活动需要将多种企业资源动态关联组合起来，共同为客户提供有价值的产品服务（Hammer, 1990；Scheer, 1998）。由于供应链合作的出发点和目的在于提高最终客户的满意度，进而达到提升合作伙伴竞争力的目的，所以在最终客户需求和信息技术可行性的推动下，供应链企业实现业务流程的合理化、同步化、融合化、效率化是提升合作质量的一项最基本的需求。由此，企业必须实施基于供应链管理的业务流程重组，建立以流程为中心的组织结构。

（1）供应链企业应从战略层面审视业务流程重组。强调业务流程重组必须以客户为中心，以多层次的产品服务组合实现客户价值，消除单一维度的思考模式，形成企业战略、业务流程和信息系统的协同，全面、多维地挖掘企业业务流程改进的潜力。不仅如此，供应链合作企业还应引入全资源的概念。"全资源"既包含了企业的"有形资源"和"无形资源"，也包含了企业的"内部资源"和跨企业的"外部资源"。供应链企业业务流程的适应性、敏捷性需要企业进行价值链整合，并做好各种资源的配置和运用。

（2）供应链企业的业务流程重组应遵循一定的规律。重组前期应着力重组与完善内部的功能流程，在此基础上再与合作伙伴共同讨论改进彼此的交易流程。通过从内到外的流程再造与组织结构的变革，达到服务的无缝衔接，消除不增值的活动，从而提高整个供应链的价值，提高消费者的满意度。企业还应设立专门的供应链管理部门，或安排专门人员来负责供应链合作关系的管理。

（3）供应链企业应努力实现流程与项目的整合运作。产品和服务是连续的统一体，产品和服务的交付，主要通过业务流程运作和项目运作两种方式实现。业务流程是标准化、规模化产品、服务提供的有效手段，项目是高难度、创新性产品、服务提供的有效手段。项目规范化管理和实施也是基于流程的，而项目也是推动流程管理的一种主要形式。

（4）借鉴成功经验。供应链企业的业务流程重组应结合自身情况实施，但借鉴其他企业的成功经验也是非常有必要的。例如，通用汽车公司（GM）与SATURN轿车配件供应商之间的购销协作关系就是供应链企业业务流程重组成功的典型案例。GM公司采用共享数据库、EDI等信息技术，将公司的经营活动与配件供应商的经营活动连接起来。配件供应商通过GM的数据库了解其生产进度，拟定自己的生产计划、采购计划和发货计划，同时通过计算机将发货信息传给GM公司。GM的收货员在扫描条形码确认收到货物的同时，通过EDI自动向供应商付款。这样，使GM与其零部件供应商的运转像一个公司似的，实现了对整个供应链的有效管理，缩短了生产周期、销售周期和订货周期，减少了非生产性成本，简化了工作流程。

9.3 本章小结

本章对我国供应链企业合作关系的现状进行了概括，一方面，出现了一些良好的发展势头；另一方面，一些传统的固有问题并未得到彻底解决，包括：企业合作观念尚未进行根本转变，供应链合作关系管理水平有待提高，企业对声誉关注不足，加重了合作信任缺失等问题。针对这些问题，本章还有针对性地提出了建立长期战略导向的活力型企业文化，进行供应链环境下的组织变革，提高企业声誉，增强企业间相互信任等对策建议。

10 研究结论及展望

10 研究结论及展望

10.1 研究结论

在充分借鉴前人研究成果的基础上,结合理论分析和实证分析,本书主要得出以下研究结论。

10.1.1 供应链合作关系的影响因素可以进行分类研究

对影响因素进行分类的目的在于更系统地把握已有的文献成果,便于进一步深入研究。根据系统论的观点,系统的输出是系统要素、要素间联系与外部环境共同作用的产物,因此,供应链系统的合作效果受节点企业自身素质、节点企业间作用程度和外部环境的共同影响。据此,本书按照影响因素的来源和性质将影响供应链合作关系的因素划分为三类:①来源于企业自身的可控制因素;②来源于合作企业双方互动过程的可协调因素;③来源于供应链企业之外的环境、政策等不确定性因素。既有研究和分析供应链合作关系影响因素的成果基本可以归入这三类之中。

对来源于企业自身的因素,按照影响因素的特征和性质将其划分为显性影响因素和隐性影响因素。显性影响因素比较直观、含义明确,能够被合作伙伴直接感知,在短期内便能对合作伙伴的绩效产生比较显著的影响,一般用可以进行直接比较的衡量指标来表示和判断,主要包括质量、交货、价格、生产能力或设施、技术能力、销售能力、市场占有率、地理位置、财务状况等因素。隐性影响因素内涵丰富,较难度量,合作伙伴不易直接感知,对合作伙伴的短期绩效作用不明显,但长期来看,会通过合作理念、合作行为对合作关系质量产生深刻的影响,进而影响双方的合作绩效。

10.1.2 通过文献研究和实证分析发现,目前的研究和实践对供应链合作关系的隐性影响因素关注和重视不足

通过对前人研究成果的综述和案例企业供应链合作关系基本状况的调查,获得了基本一致的结论,即:供应链合作关系的影响因素中,企业普遍关注显性因素,对隐性影响因素关注程度较低。我们认为,由于两类因素对合作企业短期绩效的影响力不同,企业更倾向于选择和考虑对短期绩

效产生显著影响的因素。但是，企业所有优异性因素要在供应链合作中发挥出高效的作用，离不开企业价值观、行为理念和组织结构的软硬件支持。调查结论与文献研究结论显著不同的是：商业信誉在国内供应链合作关系中的影响力巨大，而国外实务界和理论界却没有类似的结论，这从侧面说明了中国转型经济背景下企业间信任制度缺失而导致企业必须寻求约束性保障。

10.1.3 国内外企业参与供应链合作的关系质量良莠不齐，隐性影响因素发挥显著作用

从本书的案例分析中可以看出，外资企业与国内企业参与供应链合作的关系质量并没有一个统一的结论。瑞士ABB集团北京高压开关设备有限公司与国内第三方物流企业海金物流之间的深度合作是外资企业与国内企业供应链合作的成功范例，世界家居建材零售巨头百安居却因拖欠货款、高额返点、保底销售数额等问题，导致其供应商雅迪尔等企业在全国范围内停止供货。海尔和格力同为家电业的龙头企业，与国美电器的合作关系却截然不同，国美和海尔的合作关系良性发展，而国美和格力的合作关系彻底破裂。由此可见，尽管国外供应链合作的实践比较发达，但外资企业进入中国参与供应链合作的过程中，并不必然表现出良好的关系质量，背后隐藏的深层次原因正与本书的研究主题不谋而合。

10.1.4 提出了供应链合作关系的三维分类方法

对供应链合作关系的分类一般是选取专用性资产、节点企业在供应链中的力量或作用从一个维度进行划分，本书基于关系发展程度是时间函数的假设，根据合作的三维——时间维、深度维和广度维将供应链合作关系分为交易型合作关系、协调型合作关系、协同型合作关系三类。时间维表示合作时间的长短，深度维和广度维用来描述合作关系的紧密程度。关系的深度主要指涉及专用性资产、共同计划及开发、共享信息的程度，关系的广度主要指合作方之间合作领域的多样性程度。划分出来的交易型、协调型与协同型三类合作关系，其内涵是对不同水平合作关系质量的刻画和描述。

10.2 总结与展望

10.2.1 主要创新点

本书的主要创新处有如下几点。

10.2.1.1 运用多学科的整合研究方法,为供应链合作关系寻求新的理论支持进行了有益探索

本书对供应链合作关系的研究不仅借鉴交易成本理论、资源基础论、关系营销等的研究成果,还从社会学、博弈论等学科汲取新的养料,为供应链管理这门综合性学科提供新的理论和方法支持。例如,本书从关系资本的分析视角出发,对供应链合作关系的价值性、集成性、持久性和排他性等特征进行系统阐释;运用博弈论分析方法中的声誉模型解释供应链企业实现高效合作的可能性和必然性,揭示了企业声誉对供应链合作关系的影响机理。

10.2.1.2 从供应链合作关系的内涵推导出影响供应链合作关系质量的三个重要因素

供应链合作关系内涵主要体现在两个方面:以信任为基础,工作流程高效协调。"信任"被认为是企业间合作的基础性建构,相互信任是供应链合作关系健康发展必不可少的行为路径和治理机制。"声誉"要素是许多学者共同认可的信任前因,能够通过发挥信息显示和隐性激励等作用建立和增强信任;企业文化为企业内每一种制度、每一种制度的每一条规范提供解释,间接提供了供应链成员对规则的信任,企业文化的核心价值观将影响合作企业对该企业的信任水平。供应链工作流程的整合和集成需要节点企业的组织保障,为实现供应链高效运作的要求,企业的组织机构和功能都必须彻底实现转型,转型后的企业组织应该具有扁平化、敏捷化、柔性化的特征。

由上得出,组织结构的柔性化作用于供应链工作流程而进一步影响合作关系,企业声誉、企业文化则通过信任影响供应链合作关系,因此,推导出了组织结构、企业声誉、企业文化作为供应链合作关系的三个隐性影响因素。

10.2.1.3 基于对供应链合作关系发展演进的分析,本书认为不同影响因素在关系发展中的作用存在差异

企业声誉、组织结构和企业文化在合作关系的不同阶段发挥着不同的主导作用。在合作关系的初建期，企业声誉的信息显示功能扮演着主导角色；随着供应链合作关系的逐步深入，组织结构对合作双方物流、信息流和商流的影响作用愈发突出；在合作关系发展到一定阶段后，双方能否深化合作，则往往取决于双方的价值追求、行为准则等企业文化特征的作用。

10.2.1.4 通过实证分析验证了活力型企业文化、柔性组织结构、企业声誉与供应链合作关系质量之间显著的相互影响作用

本书在样本调查数据的基础上，运用结构方程方法验证了灵活型企业文化、柔性组织结构以及企业声誉对供应链合作关系质量有着显著的积极影响。具体包括：

（1）企业声誉对供应链合作关系质量及其持久性、关系强度、多样性和公平性四个维度具有显著的积极影响。

（2）活力型企业文化、柔性组织结构对供应链合作关系质量及其灵活性、沟通性两个子维度也具有显著的积极影响。

（3）影响供应链合作关系质量的显著路径共有以下几条，即活力型组织文化直接影响并通过组织声誉和柔性组织结构为中介变量间接影响供应链合作关系质量，柔性组织结构直接影响并以组织声誉为中介变量间接影响供应链合作关系质量，组织声誉直接影响供应链合作关系质量。

10.2.2 研究不足和展望

由于多方面因素的影响，本书的研究还存在一些不足，希望在今后的研究中能进一步完善。

10.2.2.1 调查问卷的数量和质量有待提高，实证研究的范围可以进一步细化

供应链合作关系实际上是一种复杂的网络关系，节点企业数量繁多，本书的有效问卷数量对于概括我国供应链合作关系的现状可能还有一定差距。另外，企业和不同的合作伙伴处于不同的合作状态，而问卷调查中被调查者只能凭整体印象进行打分，问卷描述的只是一种总体情况，甚至会出现合作关系的特征和类型都不明显的情况。因此，调查问卷的对象可以进一步细化，例如，界定研究供应商与制造商或制造商与销售商的合作关系，增加样本的选取量和代表性，使分析结果更有针对性和说服力。另外，本书的逻辑分析和实证研究是建立在对一般企业考察基础上的，没有对处于特定行业的企业进行专门分析，这正是本书今后努力的方向。

10.2.2.2 本项研究中缺少对影响因素各子维度之间的交叉分析，需要在今后的研究中加强

本书将企业声誉、组织结构和企业文化等隐性影响因素纳入一个统一的分析框架中进行实证研究，证实了其相互作用的关系，但是对各因素子维度之间的相互关系没有进行交叉分析。尽管本书已经验证了组织声誉是活力型组织文化与供应链合作关系质量的中介变量，但是企业文化、企业声誉等变量本身含义广泛，在对影响因素的维度选择和量表题项上难免有重复，因此，进行影响因素各子维度之间的交叉分析显得很有必要。

10.2.2.3 研究中需要将国外的量表本土化

本书对影响因素和关系质量的衡量，主要借鉴国外比较成熟的量表，虽然国内已有学者对国外量表进行了修改和完善，但针对供应链合作关系这样一个独特的研究课题，应该尽可能开发适合本土企业使用的量表，提高量表的信度和效度，使实证研究更具有说服力。

参考文献

[1] MARTINETTE LA, OBENCHAIN-LESSON A. The relationship between learning orientation and business performance and the moderating effect of competitive advantage: A service organization perspective[J]. Service Science, 2012.

[2] TEJPAL G, GARG R K, SACHDEVA A. Trust among supply chain partners: A review[J]. Measuring Business Excellence, 2013.

[3] ANTONIO CAPALDO, ILARIA GIANNOCCAO. How trust affects supply chain performance: The moderating role of interdependence structure[J]. A Department of Management, 2012.

[4] AJAOAQUIN ALEGRE, PICARDO CHIVA. Assessing the impact of organizational learning capability on product innovation performance[J]. An Empirical Test Technovation, 2008.

[5] ANDERSON J, AFAFF R W. Point and figure charting: A computational methodology and trading rule performance in the S&P_500 Futures Market[J]. International Review of Financial Analysis, 2008.

[6] BARNEY J B. Firm resources and sustained competitive avantage[J]. Management, 2011.

[7] BEAMON BENITA M. Supply chain design and analysis: models and methods[J]. International Production Economics, 2008.

[8] CHOUDHARY D, SHANKAR R. Joint decision of procurement lot-size, supplier selection, and carrier selection[J]. Purchasing and Supply Management, 2013.

[9] FAWCETT S E, JONES S L, FAWCETT A M. Supply chain trust: The catalyst for collaborative innovation[J]. Business Horizons, 2012.

[10] GANESHAN R, HARRISON T P. An introduction to supply chain management[J]. Supply Chain Management, 2011.

[11] TEJPAL G, GARG R K, SACHDEVA A. Trust among supply chain partners[J]. Measuring Business Excellence, 2013.

[12] GUNASEKARAN, PATEL, TIRTIROGLU. Performance measures and metrics in

a supply chain environment[J]. International Journal of Operation and Production Management. 2001,21:71-87.

[13] ALFRED WONG. Leadership for effective supply chain partnership[J]. Total Quality Management,2001,12(7&8):913-919.

[14] FYNESA B, S DE BÚRCA, VOSS C. Supply chain relationship quality, the competitive environment and performance [J]. International Journal of Production Research,2005,43(16):3303-3320.

[15] BARNEY J B, HANSEN M H. Trustworthiness as a source of competitive advantage[J]. Strategic Management Journal,1994(15):175-190.

[16] BLEEKE J, ERNST D. The way to win in cross-border alliance[J]. Harvard Business Review,1999(7):127-135.

[17] BRIAN FYNES, CHRIS VOSS, SEAN DE BURCA. The impact of supply chain relationship quality on quality performance[J]. Production Economics, 2005(96):339-354.

[18] BURCHELL B. Trust, business relationship and the contractual environment [J]. Cambridge Journal of Economics,1997,12(6):217-237.

[19] BURKINK T. Cooperative and voluntary wholesale groups: channel coordination and interfirm knowledge transfer[J]. Supply Chain Management,2005,7(2):60-70.

[20] CAMERON K S, QUINN R E. Diagnosing & changing organizational culture: Based on the competing values framework [M]. NewYork: Addison-Wesley Press,1998. 23-63.

[21] CHARLOTTA JOHANSSON, DAVID LEGGE, ANDERS WAPPLING. Factors in the supply chain supporting three-way partnerships[J]. International Journal of Logistics,2000(3):2.

[22] CHAUHAN, SATYAVEER S, PROTH, et al. Analysis of a supply chain partnership with revenue sharing [J]. International Journal of Production Economics,2005,97(1):44-51.

[23] CHOI T Y, EBOCH K. The TQM paradox: relations among TQM practices, plant performance, and customer satisfaction[J]. J. Op. Manage. ,1998(17), 59-75.

[24] CHOPRA S, MEINDL P. Supply chain management: Strategy, planning and operation[M]. Upper Sadr River: Prentice Hall, 2001.

[25] CHRISTOPHER M. Logistics and supply chain management: Strategies for reducing cost and improving service[M]. London: London Financial Times-Pitman Publishing, 1998.

[26] CHUNG-JEN CHEN. The effects of environment and partner characteristics on the choice of alliance forms[J]. International Journal of Project Management, 2003(21): 115-124.

[27] CROSBY, LAWRENCE A, KENNETH R, et al. Relationship quality in services selling: An interpersonal influence perspective[J]. Journal of Marketing, 1990, 54(3): 68-81.

[28] CUSUMANO M A, TAKEISHI A. Supplier relations and management: A survey of Japanese, Japan-plant and US auto plant[J]. Strategic Management Journal. 1991(12): 563-588.

[29] DAS T K, TENG B S. Trust, control, and risk in strategics alliances: An Integrated Framework[J]. Organization studies, 2001, 22(2): 251-283.

[30] DAVID KREPS, ROBERT WILSON. Reputation and imperfection[J]. Journal of Economic Theory, 1982, 27(2): 253-279.

[31] DAVID S L, PHILIP K, EDITH S L. Managing the supply chain: Concept, strategies case studies[M]. Boston: The Mc Graw-Hill, 2000: 1.

[32] DAVID S L, PHILIP K, EDITH S-L. Managing the supply chain[M]. Boston: The Mc Graw-Hill, 2004.

[33] DAVIS T. Effective supply chain management[J]. Sloan Management Review, 1993, 34(4). 35-46.

[34] DICKSON G W. An analysis of vendor selection systems and decisions[J]. Journal of Purchasing, 1966, 2(1): 5-17.

[35] DIXON J R. Measuring manufacturing flexibility: An empirical investigation [J]. European J. Op. Res., 1992(60): 131-143.

[36] DONEY, CANNON. An examination of the nature of trust in buyer-seller relationship[J]. Journal of Markerting, 1997, 61: 35-51.

[37] DONEY P M, CANNON J P. An examination of the nature of trust in

buyer-seller relationships[J]. Journal of Marketing,1997(61):35-51.

[38] DOUGLAS M, LAMBER A, MICHAEL KEREYER. We are in this together [J]. Harvard Business Review,2004(12):116-118.

[39] DUFFY,RACHEL,FEARNE,et al. The impact of supply chain partnerships on supplier performance. International Journal of Logistics Management,2004,15 (1):57-71.

[40] DUNBAR, ROGER, SCHWALBACH. Corporate reputation and performance in Germany[J]. Corporate Reputation Review,2001(3):115-123.

[41] DYER J H, OUCHI W G. Japanese-style partnerships: Giving companies a competitive edge[J]. Sloan Management Review,1996:51-63.

[42] ELLRAM L M. A managerial guideline for the development and implementation of purchasing partnerships [J]. International Journal of Purchasing and Materials Management,1995,31(3):10-16.

[43] ELLRAM L M. The supplier selection decision in strategic partnerships [J]. Journal of Purchasing and Materials Management,1990,26 (4):8-14.

[44] FAMA E F. Agency problems and the theory of the firm[J]. Journal of Political Economy,1980(88):288-307.

[45] FAN Y. Questioning guanxi: definition, classification and implications [J]. International Business Review,2002(11):543-561.

[46] FOMBRUN, CHARLES J, Van Riel, et al. The reputational landscape [J]. Corporate Reputation Review,1998(1):5-14.

[47] FUDENBERG D, LEVINE D. Maintaining a reputation when strategies are imperfcetly observed[J]. Review of Economic Studies,1992(58):561-579.

[48] GANESAN. Determinants of long-term orientation in buyer-seller relationships [J]. Journal of Markerting,1994,58:1-19.

[49] GEORGE BAKER, ROBERT GIBBONS, MURPHY K J. Relational contracts and the theory of the firm [J]. The Quarterly Journal of Economics, 2002: 39-84.

[50] GULATI R. Does familiarity breed trust? The implication of repeated ties for contractual choice in alliances[J]. Academy of Management Journal,1995:85-112.

[51] GULATI R. Allinaces and networks[J]. Strategic Management Journal, 1998

(19):293-317.

[52] GUMMESSON, EVERT. The new marketing-developing long-term interactive relationship[J]. Long Range Planning,1987,20 (4):10-20.

[53] HEIDE J B, JOHN G. The role of dependence balancing in safeguarding transaction-specific assets in conventional channels[J]. Journal of Marketing, 1988,52:20-35.

[54] Hennig-Thurau Thorsten, Alexander Klee. The impact of customer satisfaction and relationship quality on customer retention: A critical reassessment and model development[J]. Psychology & Marketing,1997,12:737-764.

[55] HIPPEL E V. Lead users:A source of novel product concepts[J]. Management Science,1986. 32(7):791-805.

[56] HOFSTEDE G, DAVAL N B, SANDERS O G. Measuring organizational culture: A qualitative and quantitative study across twenty cases[J]. Administrative Science Quarterly,1990,35:286-316.

[57] HOLMLUND, MARIA. The D&D model-dimensions and domains of relationship quality perceptions[J]. Service Industries Journal,2001,21:13-36.

[58] HOLMSTROM B. Moral hazard in teams[J]. Bell Journal of Economics,1982, 13:324-340.

[59] JACKSON B B. Build customer relationships that last[J]. Harvard Business Review,1985:120-128.

[60] JARILLO J C. On strategic networks[J]. Strategic Management Journal,1988, 9:31-41.

[61] DYER J H, HARBIR SINGH. The relational view:Cooperative strategy and sources of interorganizational competitive advantage[J]. Academy of Management Review, 1998,23(4):660-679.

[62] DYER J H, DONG SUNG CHAO, WULIN CHU. The next "best practice" in supply chain management[J]. California Management Review,1998,40(2): 57-77.

[63] MENTZER J T, SOONHONG MIN, ZAEHRIA Z. The nature of interfirm partnering in supply chain management[J]. Journal of Retailing,2000(4): 550-553.

[64] JOHNSON, JEAN L. Strategic integration in industrial distribution channels: managing the interfirm relationship as a strategic asset [J]. Journal of the Academy of Marketing Science,1999,27 (1):4-18.

[65] JOYCE A YOUNG. Strategic alliances: Are they relational by definition [M]. Terre Haute:Indiana State University,2000.

[66] KHANDWALLA P N. The design of organization [M]. NewYork: Harcourt Brace Jaronovich,1977.

[67] KUMAR, NIRMALYA, SCHEER, et al. The effects of supplier fairness on vulnerable resellers[J]. Journal of Marketing Research,1995,32 (1):54-65.

[68] LEE D J, PAE J H, WONG Y H. A model of close business relationships in China(guanxi)[J]. European Journal of Marketing,2001,35(1/2):51-69.

[69] LILJANDER V, STRANDVIK T. The Nature of customer relationships in services[J]. Advances in Services Marketing and Management, 1995 (4): 141-168.

[70] BENSAOU M. Portfolios of buyer-supplier relationships[J]. Sloan Management Review,1999.

[71] KOTABE M, MARTIN X, DOMOTO M. Gaining from vertical partnerships: Knowledge transfer, relationship duration, and supplier performance improvement in the US and Japanese automotive industries [J]. Strategic Management Journal,2003,24:293-316.

[72] MALONI, MICHAEL J, BENTON W C. Supply chain partnerships: Opportunities for operations research [J]. European Journal of Operational Research,1997,101(3):419-429.

[73] MARTIN CHRISTOPHER, UTTAR JUTTNER. Developing strategic partnerships in the supply chain: A practitioner perspective [J]. European Journal of Purchasing and Supply Management,2000(6):117-127.

[74] MASAAKI KOTABE, XAVIER MARTIN. Gaining from vertical partnerships: knowledge transfer, relationship duration and supplier performance improvement in the U.S. and Japanese automotive industries [J]. Strategic Management Journal, 2003,24:293-316.

[75] MATTHYSSENS, PAUL, VAN DEN BULTE, et al. Getting closer and nicer:

Partnerships in the Supply Chain[J]. Long Range Planning,1994,27(1):72-83.

[76] MOHR J, NEVIN J R, Communication strategies in marketing channels: A theoretical perspective[J]. Journal of Marketing,1990,54:36-51.

[77] MOHR, JAKKI, ROBERT, et al. Characteristics of partnership success: partnership tributes, communications behavior, and conflict resolution techniques[J]. Strategic Management Journal,1994,15:135-152.

[78] MONCZKA R, PETERSON K, HANDFIELD R, et al. Determinants of successful vs. non-strategic alliances[J]. Decision Science,1998,29:553-577.

[79] MYHR, NIKLAS, SPEKMAN, et al. Collaborative supply-chain partnerships built upon trust and electronically mediated exchange[J]. Journal of Business & Industrial Marketing,2005,20(4/5):179-186.

[80] NAUDE P, BUTTLE F. Assessing relationship quality[J]. Industrial Marketing Management,2000,29:351-361.

[81] NOOTEBOOM B, BERGER H, NOODERHAVEN N G. Effects of trust and governance on relationships[J]. Journal of Marketing,1997,61:35-51.

[82] QUINN R E, ROHRBAUGH J. A spatial model of effectiveness criteria: Towards a competing value approach to organization analysis[J]. Management Science. 1983,29(3):363-377.

[83] DUFFY R, FEARNE A. The impact of supply chain partnership on supplier performance[J]. The International Journal of Logistics Management,2004,15(1):57-71.

[84] RAO S, PERRY C. Thinking about relationship marketing: Where are we now[J]. Journal of Business and Industrial Marketing,2002,17(7):598-614.

[85] RING P S, VAN DE VEN AH. Developmental processes of cooperative inter-organizational relationships[J]. Academy of Management Review,1994,19:90-118.

[86] RING P S, VAN DE VEN A H. Structuring cooperative relationship between Organization[J]. Strategic Management Journal,1992(13):483-498.

[87] SPEKMAN R E. An empirical investigation into Supply chain Management[J]. The International Journal of Physical Distribution & Logistics Management,

1998(8):630-650.

[88] Ron Sanchez. Preparing for an uncertain future: managing organizations for strategic flexibility[J]. International Studies of Management and Organizational, 1997, 27(2):24-29.

[89] SAKO M. Supplier relationship and innovation[M]//DODGSON M, ROTHWELL R. The handbook of industrial innovation. Aldershot: Edward Elgar Publishing, 1994:242-268.

[90] SEUNG H P, LUO Y D. Guanxi and organizational dynamics: organizational networking in Chinese firms [J]. Strategic Management Journal, 2001, 22: 455-477.

[91] SHEARMUR, JEREMY, KLEIN D B. Good conduct in great society: Adam Smith and role of reputation[M]. Ann Arbor: The University of Michigan Press, 1997.

[92] SMITH J, BROCK. Buyer-seller relationships: Similarity, relationship managements, and quality[J]. Psychology and Marketing, 1998, 15(1):321-342.

[93] SOONHONG MIN, ANTHONY S, ROATH, et al. Supply chain collaboration: What is happening [J]. The International Journal of Logistics Management, 2005, 16:237-256.

[94] STEVENS C. Successful supply chain management[J]. Management Decision, 1992, 28(8).25-31.

[95] STEWART T A. The search for the organization of tomorrow[J]. Fortune, 1992, 5:92-98.

[96] DAS T K, BING-SHENG TENG. The dynamics of alliance conditions in the alliance development process[J]. Journal of Management Studies, 2002, 5:725-746.

[97] VOSS C, BLACKMON K. Total quality management and ISO 9000: A european study. centre for operations management working paper[M]. London: London Business School, 1994.

[98] WEBER C A, CURRENT J R, BENTON W C. Vendor selection criteria and methods[J]. European Journal of Operational Research, 1991, 50:2-18.

[99] WHITLEY R D. The social construction of business systems in east Asia [J]. Organization Studies, 1991, 12(1):1-28.

[100] WILLIAMSON O E. Markets and hierarchies: Analysis and antitrust implications

[M]. NewYork:Free Press,1975.

[101] WILLIAMSON O E. The economic institutions of capitalism[M]. NewYork:Free Press,1985.

[102] WONG Y H. An integrated relationship marketing model in China[J]. Journal of Professional Services Marketing,1998,18:25-48.

[103] XENIKON A,FUMHAM A. A correlational and factor analytic study of four questionnaire measures of organizational culture[J]. Human Relations,1996, 49:349-371.

[104] XIN KATHERINE R,PEARCE J L. Guanxi:Connections as substitutes for formal institutional support[J]. Academy of Management Journal. 1996,12.

[105] XU K,DONG Y,EVERS P T. Towards better coordination of the supply chain [J]. Transportation Research Part E,2001,37:35-54.

[106] 阿马蒂亚·森. 伦理学与经济学[M]. 北京:商务印书馆,2005.

[107] 艾伦·哈里森,雷姆科·范赫克. 物流管理[M]. 张杰,译. 北京:机械工业出版社,2006.

[108] 安德鲁·考克斯. 商业关系赢得竞争优势:采购管理、供应商联盟与失调[M]. 陈涛,译. 北京:经济管理出版社,2005.

[109] 宝贡敏,王庆喜. 战略联盟关系资本的建立与维护[J]. 研究与发展管理,2004,16(3).

[110] 宝贡敏,徐碧祥. 国外企业声誉理论研究述评[J]. 科研管理,2007,3.

[111] 边燕杰,丘海雄. 企业社会资本的功能[J]. 中国社会科学,2000 ,2.

[112] 曹文彬,何建敏. 企业合作性竞争策略分析[J]. 管理工程学报,2002(2):57-59.

[113] 福诺布龙. 声誉与财富(成功的企业如何赢得声誉)[M]. 郑亚卉,译. 北京:中国人民大学出版社,2004.

[114] 柴跃廷,刘艺. 敏捷供需链管理[M]. 北京:清华大学出版社,2001.

[115] 陈刚,金通,倪焱. 过度竞争的本质与我国过度竞争的阶段性分析[J]. 杭州科技,2005,1.

[116] 陈继祥,霍沛军,王忠民. 超竞争下的企业战略协同[J]. 上海交通大学学报,2000(4):86-89.

[117] 陈琦,安茜,张文杰. 供应链管理中的供应商的评价与选择[J]. 铁道物

资科学管理,2001,2.

[118] 陈树文. 组织管理学[M]. 大连:大连理工大学出版社,2005.

[119] 陈英毅. 论合作性客户供应商关系:有感于"格力国美分手"事件[J]. 经济管理,2004,18.

[120] 陈英毅. 企业间营销关系:关系、互动和价值[M]. 上海:上海财经大学出版社,2006.

[121] 陈至发. 跨国战略联盟企业文化协同管理[M]. 北京:中国经济出版社,2004.

[122] 陈志祥,马士华. 供应链中的企业合作关系[J]. 南开管理评论,2001(2):56-59.

[123] 谌述勇,陈荣秋. 论JIT环境下制造商与供应商之间的关系[J]. 管理工程学报,1998,12(3).

[124] 但斌,张旭梅. 基于CPFR的供应链合作关系[J]. 工业工程与管理,2000(1):28-30.

[125] 邓向荣. 资源配置机制与企业组织演化的理论研究[M]. 北京:中国财政经济出版社,2005.

[126] 邓晓辉. 企业研究新视角:企业声誉理论[J]. 外国经济与管理,2004,6.

[127] 范林根. 基于契约合作的供应链协调机制[M]. 上海:上海财经大学出版社,2007.

[128] 方青. 供应链企业合作利益分配机制研究[D]. 武汉:武汉理工大学,2004.

[129] 高陆,童秉枢,董兴辉. 供应商评价体系及方法[J]. 机械科学与技术,2003,2.

[130] 龚鹤强,林健. 关系认知、关系运作和企业绩效:来自广东省私营中小企业的实证研究[J]. 南开管理评论,2007,10(2).

[131] 郭咸纲. 西方管理思想史[M]. 北京:经济管理出版社,2005.

[132] 韩巍,席酉民. 关系:中国商业活动的基本模式探讨[J]. 西北大学学报,2001,1.

[133] 郝身永,涂一峰. 利他主义行为与"经济人"范式[J]. 湖北经济学院学报,2007,4.

[134] 胡继灵. 供应链的合作与冲突管理[M]. 上海:上海财经大学出版

社,2007.

[135] 黄津孚. 企业管理现代化:理论. 轨迹. 经验[M]. 北京:经济管理出版社,2008.

[136] 黄津孚. 现代企业管理原理[M]. 4版. 北京:首都经济贸易大学出版社,2002.

[137] 黄津孚. 现代企业管理原理[M]. 5版. 北京:首都经济贸易大学出版社,2007.

[138] 解进强. 供应链管理下企业边界问题研究[J]. 经济体制改革,2005,5.

[139] 解进强. 组织现代化理论及其在我国的实践[J]. 经济体制改革,2007,2.

[140] 李洪波,赵宇,杨秀苔. 均衡与效率:供应链战略伙伴关系确立的内在机制[J]. 重庆大学学报,2001,24(5):125-132.

[141] 李华焰,马士华,林勇. 基于供应链管理的合作伙伴选择问题初探[J]. 管理现代化,2000,3.

[142] 李静芳. 零时间竞争的供应商关系管理[M]. 北京:中国财政经济出版社,2006.

[143] 李军林. 声誉理论及其近期发展:博弈论视角[J]. 经济学动态,2004,2.

[144] 李良. 供应链成员关系若干问题研究[D]. 西安:西南交通大学,2004.

[145] 李令遐. 建立具有竞争力的供应链:供应链管理理论与方法[M]. 张根林,译. 北京:中国水利水电出版社,2005.

[146] 李敏. 论企业社会资本的有机构成及功能[J]. 中国工业经济,2005,8.

[147] 李敏. 企业社会资本与企业组织变革[J]. 商业研究,2005,21.

[148] 李素彩. 中国企业供应链管理调查报告[J]. 物流技术与应用,2001,5.

[149] 李维安. 网络组织:组织发展新趋势[M]. 北京:经济科学出版社,2003.

[150] 李新春. 战略联盟、网络与信任[M]. 北京:经济科学出版社,2006.

[151] 李勇,陈旭东. 基于博弈论的合作竞争战略[J]. 中国软科学,2001(9):121-122.

[152] 利丰研究中心. 供应链管理:香港利丰集团的实践[M]. 北京:中国人民大学出版社,2003.

[153] 梁启华. 透视格力与国美冲突[J]. 经营管理者,2005,2.

[154] 廖成林,仇明全. 敏捷供应链背景下企业合作关系对企业绩效的影响

[J].南开管理评论,2007,10(1).

[155]林英晖.供应链企业间信任研究:价值、评判与建立[M].北京:经济管理出版社,2007.

[156]刘巨钦.企业组织设计原理与实务[M].北京:企业管理出版社,1996.

[157]刘丽文.供应链管理思想及其理论和方法的发展过程[J].管理科学学报,2003,2.

[158]刘人怀,姚作为.关系质量研究述评[J].外国经济与管理,2005,1.

[159]柳键,马士华.供应链合作的动态过程及合作契约[J].科技进步与对策,2002(9):91-92.

[160]马丁·克里斯托弗.物流与供应链管理:创造增值网络[M].3版.何明珂,崔连广,译.北京:电子工业出版社,2006.

[161]马力,曾昊,王南.企业文化测量研究述评[J].北京科技大学学报(社会科学版),2005,3.

[162]马庆国.数理统计学:数理统计方法、数据获取与SPSS应用[M].北京:科学出版社,2005.

[163]马士华,林勇.供应链管理[M].2版.北京:机械工业出版社,2006.

[164]马士华.论核心企业对供应链战略伙伴关系形成的影响[J].工业工程与管理,2000,1.

[165]缪荣,茅宁.企业声誉的形成机制[J].经济管理,2006,15.

[166]缪荣,茅宁.中国公司声誉测量指标构建的实证研究[J].南开管理评论,2007,10(1).

[167]缪荣.企业声誉的管理学研究综述[J].现代管理科学,2005,6.

[168]欧阳峰.信息时代的企业组织变革[M].北京:经济管理出版社,2005.

[169]彭星闾,龙怒.关系资本:构建企业新的竞争优势[J].财贸研究,2004,5.

[170]綦振法.供应链中供应商评价模型的构建及优化选择[J].山东工程学院学报,2003,1.

[171]乔恩·休斯,马克·拉尔夫,比尔·米切尔斯.供应链再造[M].大连:东北财经大学出版社,2003.

[172]邵荣昭,弋娟.基于顾客的企业价值设计[J].长安大学学报(社会科学版),2005,7(4).

[173] 寿志刚,苏晨汀,周晨. 商业圈子中的信任与机会主义行为[J]. 经济管理,2007,11.

[174] 罗宾斯. 组织行为学[M]. 北京:中国人民大学出版社,2005,1.

[175] 罗宾斯. 组织行为学[M]. 北京:中国人民大学出版社,1997.

[176] 宋华,徐二明,胡左浩. 企业间冲突解决机制对关系绩效的实证研究[R]. 南京:第2届中国管理学年会,2007,11.

[177] 宋华. 企业战略联盟中关系性租金的形成[J]. 经济科学,2000,2.

[178] 宋华. 供应链管理中企业间的冲突和合作机制分析[J]. 中国人民大学学报,2002(4):65-71.

[179] 宋立荣. 供应商的竞争环境及策略分析[J]. 中国流通经济,2001,6.

[180] 孙宝文. 基于委托—代理理论的供应链伙伴关系研究[M]. 北京:中国人民大学出版社,2008.

[181] 孙朋贵. 供应链管理与企业的关系战略[J]. 财经研究,2002,4.

[182] 汤世强,季建华. 论交易成本与供应链战略合作伙伴关系[J]. 工业工程与管理,2003(4):6-10.

[183] 汤世强. 供应链战略合作伙伴关系治理结构的研究[D]. 上海:上海交通大学,2006.

[184] 鲍尔索克斯,克劳斯,库珀. 供应链物流管理[M]. 2版. 马士华,译. 北京:机械工业出版社,2007.

[185] 田金花,唐未兵. 关系资本与企业竞争新优势的构建[J]. 现代管理科学,2006,4.

[186] 王爱民,刘霞,刘洪柱. 供应链内部的竞争[J]. 现代管理科学,2003(3):52-53.

[187] 王冰,张子刚. 基于帕累托原则的供应链企业间创新活动的合作模型[J]. 科研管理,2003,24(3):36-40.

[188] 王凤彬. 供应链网络组织与竞争优势[M]. 北京:中国人民大学出版社,2006.

[189] 王吉鹏,李明. 企业文化诊断评估理论与实务[M]. 北京:中国发展出版社,2005.

[190] 吴开亚,邱允柱. 企业"关系价值"研究[J]. 价值工程,2003,6.

[191] 吴明隆. SPSS统计应用实务[M]. 北京:科学出版社,2003.

[192] 武志伟,陈莹. 企业间关系质量的测度与绩效分析:基于近关系理论的研究[J]. 预测,2007,2.

[193] 武志伟,茅宁,陈莹. 企业间合作绩效影响机制的实证研究[J]. 管理世界,2005,9.

[194] 武志伟. 企业社会资本的内涵和功能研究[J]. 软科学,2003,17(5).

[195] 向欣. 中国企业供应链管理现状及主要问题[J]. 中国流通经济,2004,3.

[196] 钱德勒. 看得见的手:美国企业的经理革命[M]. 北京:商务印书馆,1987.

[197] 肖尚纳·柯恩,约瑟夫·罗塞尔. 战略供应链管理[M]. 汪蓉,译. 北京:人民邮电出版社,2006.

[198] 徐金发,刘靓. 企业声誉定义及测量研究综述[J]. 外国经济与管理,2004,9.

[199] 徐正辉. 董明珠:将工业精神发挥到极致[J]. 当代经济,2007,2.

[200] 许淑君,马士华. 供应链企业间的合作与社会制度[J]. 工业工程与管理,2001(5):29-31.

[201] 许志端. 供应链战略联盟中的风险因素分析[J]. 科研管理,2003,24(4).

[202] 薛薇. SPSS统计分析方法与应用[M]. 北京:电子工业出版社,2004.

[203] 杨静. 供应链内企业间信任的产生机制及其对合作的影响[D]. 杭州:浙江大学,2006.

[204] 姚文斌,王国华,丁文英. 供应链企业关系博弈分析[J]. 中国物流与采购,2003,20.

[205] 姚作为. 关系质量的关键维度:研究述评与模型整合[J]. 科技管理研究,2005,8.

[206] 叶航. 利他行为的经济学解释[J]. 经济学家,2005,3.

[207] 殷盛. 浙江地区企业声誉定量评价模型[D]. 杭州:浙江大学,2004.

[208] 于勤. 对我国企业加强声誉管理的思考[J]. 南京经济学院学报,2001(2).

[209] 余津津. 现代西方声誉理论述评[J]. 当代财经,2003(11).

[210] 张广玲,吴文娟. 关系质量评估的研究范畴、方法与展望[J]. 武汉大学

学报,2005,11.

[211] 张国有. 企业深层竞争是博弈管理[J]. 山东社会科学,2001(1):55-56.

[212] 张珩,张存禄,黄培清. 基于交易成本理论的企业关系研究[J]. 上海海运学院学报,2003,9.

[213] 张杰. 中国制造业买方供应链合作伙伴一体化模式实证研究[M]. 北京:对外经济贸易大学出版社,2007.

[214] 张钦,王冬冬. 供应链中的合作与竞争——EOQ模型的一个扩展[J]. 东南大学学报,2003,33(2):237-240.

[215] 张四龙,周祖城. 论企业声誉管理的必要性[J]. 技术经济,2002(2).

[216] 张维迎. 博弈论与信息经济学[M]. 上海:上海人民出版社,1996.

[217] 张秀萍. 供应链竞争力[M]. 北京:中国人民大学出版社,2005.

[218] 张缨. 信任、契约及其规制:转型期中国企业间信任关系及结构重组研究[M]. 北京:经济管理出版社,2004.

[219] 张岳松. 供应链合作伙伴关系的动态性研究[D]. 南京:南京工业大学,2005.

[220] 章海峰. 供应链企业战略合作风险因素分析[J]. 武汉冶金管理干部学院学报,2004,14(4).

[221] 赵晓烃,汪定伟. 选择分销商的模糊综合评判方法[J]. 管理工程学报,2002,12.

[222] 赵耀莺. 合作竞争:企业竞争的新理念[J]. 山西财经大学学报,2001:23-24.

[223] 郑海航. 企业组织论[M]. 北京:经济管理出版社,2004.

[224] 中国物流与采购联合会. 中国物流发展报告[M]. 北京:中国物资出版社,2005.

[225] 周小虎,陈传明. 企业社会资本与持续竞争优势[J]. 中国工业经济,2004,5.

[226] 周永强. 分散式供应链协调理论与方法[M]. 北京:首都经济贸易大学出版社,2008.

附录 供应链合作关系的调查问卷

尊敬的女士/先生：

您好！

这是一份匿名的学术研究问卷，目的在于揭示供应链上下游企业之间的合作关系现状。我们保证对您的回答完全保密并只用于学术研究，绝不会对您和您所在企业造成不利影响，<u>恳请您在百忙之中抽出一些时间，认真填写这份问卷</u>。您所提供的真实信息不仅能帮助识别我国供应链中企业合作关系的本质特征和关键影响因素，促进我国的学术研究发展；而且最终的调查统计结果也将帮助企业改进工作以强化关系质量和合作绩效。

对您的支持与配合致以诚挚的谢意！

祝您身体健康、工作愉快！

请仔细阅读问卷中的每个问题。对所有的问题，请根据您所在企业的实际情况，选择您认为最合适的答案或最接近您看法的答案，这些答案并没有对错之分。恳请您：

- 每题只选一个答案，在选定的数字（答案）上画"√"
- 请不要遗漏问题

第一部分　企业声誉

以下各项测量您所在公司的企业声誉特征，选项从 1～5，数值越大，表示越同意这个看法。

	完全不同意	基本不同意	不确定	基本同意	完全同意
1. 公司是中国本土的企业	1	2	3	4	5
2. 公司没有什么政府背景	1	2	3	4	5
3. 公司的决策权非常集中	1	2	3	4	5
4. 公司的待人方式体现了很高的伦理标准	1	2	3	4	5
5. 公司拥有优秀的员工团队	1	2	3	4	5
6. 公司不重视与商业伙伴合作	1	2	3	4	5
7. 公司总是被人所称道	1	2	3	4	5
8. 公司的信息披露不够及时和完整	1	2	3	4	5
9. 公司被很好地管理、运作	1	2	3	4	5
10. 公司缺乏清晰的未来发展愿景	1	2	3	4	5
11. 公司在市场竞争中有优异表现	1	2	3	4	5
12. 公司为其产品和服务提供保证	1	2	3	4	5
13. 公司能够提供高质量的产品和服务	1	2	3	4	5
14. 我对公司有很好的感觉	1	2	3	4	5
15. 公司拥有杰出的领导团队	1	2	3	4	5
16. 公司有良好的盈利记录	1	2	3	4	5
17. 公司不断开发创新的产品和服务	1	2	3	4	5
18. 公司善于捕捉和利用市场机会	1	2	3	4	5
19. 公司拥有良好的增长前景	1	2	3	4	5
20. 公司领导具有非凡的社会感召力	1	2	3	4	5
21. 我对公司很信任	1	2	3	4	5
22. 公司是值得为之奋斗的企业	1	2	3	4	5
23. 我很欣赏公司	1	2	3	4	5
24. 公司积极支持慈善事业	1	2	3	4	5
25. 公司有很好的环境保护意识	1	2	3	4	5
26. 公司的母国是欧美日发达国家	1	2	3	4	5
27. 公司是大型跨国公司	1	2	3	4	5

第二部分　柔性组织结构

以下各项测量您所在公司的组织结构特征，选项从 1~5，数值越大，表示越同意这个看法。

	完全不同意	基本不同意	不确定	基本同意	完全同意
1. 公司员工只有依靠正式渠道来进行沟通和获取重要经营信息	1	2	3	4	5
2. 公司持续采用统一的管理风格	1	2	3	4	5
3. 公司员工可以打破层级和权力的界限参与决策	1	2	3	4	5
4. 在管理原则和实践中，公司强调对环境变化的适应性	1	2	3	4	5
5. 公司强调做事可以不遵循正式程序	1	2	3	4	5
6. 公司进行控制时，强调方法、手段的灵活性	1	2	3	4	5
7. 公司强调根据实际情况和员工的个人特质来设置岗位	1	2	3	4	5
8. 公司能够高效地处理外部关系	1	2	3	4	5
9. 公司各部门之间沟通顺畅、及时、有效	1	2	3	4	5
10. 公司具有较强的外界信息收集能力	1	2	3	4	5
11. 公司拥有与合作有关的专业知识	1	2	3	4	5
12. 公司能够积极主动地处理合作中的问题	1	2	3	4	5
13. 公司能够对外界环境信息价值做出准确判断	1	2	3	4	5
14. 公司能够对各种资源进行有效整合	1	2	3	4	5

第三部分 企业文化

以下各项测量您所在公司的企业文化特征,选项从 1~5,数值越大,表示越同意这个看法。

	完全不同意	基本不同意	不确定	基本同意	完全同意
1. 公司员工充满活力和事业心,愿意接受和承担冒险	1	2	3	4	5
2. 公司组织结构明确,控制系统完善,员工的工作完全按照规章制度	1	2	3	4	5
3. 公司注重工作的完成和工作结果,员工也看重竞争和成就	1	2	3	4	5
4. 公司像一个大家庭,存在个性化空间,员工能够同甘共苦	1	2	3	4	5
5. 公司领导能够经常对员工进行指导、关怀和鼓励	1	2	3	4	5
6. 公司领导是企业家、创新推动者或改革者	1	2	3	4	5
7. 公司领导擅长组织、协调和分析,是改善公司运营效率的人	1	2	3	4	5
8. 公司领导是实际主义者,干劲十足,只问工作结果	1	2	3	4	5
9. 高度竞争、高要求、高成果是公司管理的特点	1	2	3	4	5
10. 公司的管理是以团队参与管理和取得共识为主	1	2	3	4	5
11. 公司追求雇佣和员工关系的稳定性、员工行为的一致性和可预知性	1	2	3	4	5
12. 公司的管理中充满着个人冒险主义、自由、创新和独特性	1	2	3	4	5
13. 公司的凝聚力来自于正式的规定和政策,保持组织平稳运行非常重要	1	2	3	4	5
14. 完成目标和重视成就形成了公司的凝聚力,进取和获胜是公司的主旋律	1	2	3	4	5
15. 公司的凝聚力来自于注重革新和发展,公司的关注点是消除边界,融为一体	1	2	3	4	5
16. 忠诚和相互信任是公司凝聚力的来源,员工承担义务对公司非常重要	1	2	3	4	5
17. 公司重视人员的发展、高度信任、开放和持续参与	1	2	3	4	5

续表

	完全不同意	基本不同意	不确定	基本同意	完全同意
18. 公司重视持久和稳定，强调效率、控制和平稳运行	1	2	3	4	5
19. 公司重视获得新资源和创造新的挑战，鼓励为寻找机会而尝试新事物	1	2	3	4	5
20. 公司强调竞争行动和成就，最重要的是达到目的和在市场中获胜	1	2	3	4	5
21. 成功就是公司在市场上获胜、超过竞争对手，成为市场竞争的领导者	1	2	3	4	5
22. 成功意味着公司有最新或独特的技术或服务，是技术、服务的领导者和创新者	1	2	3	4	5
23. 在人员发展、团队、员工承诺和关注员工的基础上才会有公司的成功	1	2	3	4	5
24. 效率是公司成功的基础，关键是可靠的传递、顺畅的计划和低成本	1	2	3	4	5

第四部分 关系质量

以下各项测量您所在公司与供应链中企业合作的质量,选项从 1~5,数值越大,表示越同意这个看法。

	完全不同意	基本不同意	不确定	基本同意	完全同意
1. 双方的合作关系已经持续了 5 年以上的时间	1	2	3	4	5
2. 预期双方的合作还将持续 5 年以上的时间	1	2	3	4	5
3. 公司对某一合作伙伴投入的硬件资源(如机械设备)可以转移用到其他合作伙伴身上	1	2	3	4	5
4. 公司对某一合作伙伴投入的软件资源(如技术、人才)可以转移用到其他合作伙伴身上	1	2	3	4	5
5. 双方的业务经理或员工之间建立了个人感情(如友谊)	1	2	3	4	5
6. 双方能够根据各自的贡献合理分配合作收益	1	2	3	4	5
7. 双方在合作过程中能够平等的协商和交流	1	2	3	4	5
8. 双方能够迅速消除意外事件对合作关系的不良影响	1	2	3	4	5
9. 处理具体事务时,双方被合作契约的规定严格束缚	1	2	3	4	5
10. 公司与合作伙伴间信息交流是双向的和主动的	1	2	3	4	5
11. 双方有定期交流的惯例	1	2	3	4	5
12. 合作双方非正式沟通频率很高	1	2	3	4	5
13. 在主要合作领域,双方合作关系涉及多个方面	1	2	3	4	5
14. 除了主要合作领域外,双方的合作还涉及其他一些领域	1	2	3	4	5

第五部分　背景资料

以下各项测量的是您所在公司的基本情况，题目为单选。

1. 您的性别：
   A. 男　　　　　　　　　　B. 女
2. 您的职务：
   A. 普通员工　　　　　　　B. 基层管理者
   C. 中层管理者　　　　　　D. 高层管理者
3. 您在公司的工作年限：
   A. 1 年以下　　　　　　　B. 1~2 年
   C. 2~5 年　　　　　　　　D. 5 年以上
4. 您所在的部门：_____
5. 您所在公司的地点：_____省（直辖市）_____市（区）
6. 贵公司所在的行业：
   A. 农林牧渔业　　　　　　B. 采掘业
   C. 制造业　　　　　　　　D. 电力、燃气及水的生产和供应业
   E. 建筑业　　　　　　　　F. 交通运输、仓储和邮政业
   G. 批发和零售业　　　　　H. 信息传输、计算机服务和软件业
   I. 住宿和餐饮业　　　　　J. 金融业
   K. 房地产业　　　　　　　L. 其他行业（请注明）_____
7. 贵公司的性质：
   A. 国有及国有控股企业　　B. 民（私）营及控股企业
   C. 集体企业　　　　　　　D. 股份合作制企业
   E. 外商及中国港澳台投资企业
8. 贵公司已经成立的时间：
   A. 5 年及以下　　　　　　B. 5~10 年
   C. 10~15 年　　　　　　　D. 15~20 年
   E. 20~30 年　　　　　　　F. 30~40 年
   G. 40 年以上
9. 贵公司的员工人数在：

A. 100 人以下　　　　　　　　B. 100~500 人

C. 500~1 000 人　　　　　　　D. 1000~2 000 人

E. 2000 人以上

10. 贵公司在供应链合作中的角色主要是：

A. 供应商　　　　　　　　　　B. 制造商

C. 分销商（批发或零售）　　　D. 物流服务商

E. 其他（请注明）_____

11. 贵公司与供应链上游企业（即供应商）的合作主要是：

A. 普通的交易性合作　　　　　B. 比较紧密的长期合作

C. 战略性合作　　　　　　　　D. 战略联盟

E. 本公司已是供应链的最上游供应商

F. 其他（请注明）_____

12. 贵公司与供应链下游企业（即分销商）的合作主要是：

A. 普通的交易性合作　　　　　B 比较紧密的长期合作

C. 战略性合作　　　　　　　　D. 战略联盟

E. 本公司已是供应链的最下游分销商

F. 其他（请注明）_____

13. 贵公司在供应链合作中主要处于_____地位

A. 核心主导　　　　　　　　　B. 积极参与的追随者

C. 被动响应的被领导者　　　　D. 其他（请注明）_____

14. 影响贵公司与供应链上下游企业合作关系的因素，请按影响程度从高到低排列（多选排序）_____

A. 资产规模　　　　　　　　　B. 组织权力的集中或分散

C. 市场占有率　　　　　　　　D. 组织形态（是否柔性化）

E. 企业文化的开放性　　　　　F. 组织层次（是否扁平化）

G. 商业信誉　　　　　　　　　H. 技术研发能力

I. 其他（请注明）_____

15. 如果您愿意的话，请谈谈您对本次调研或供应链中企业合作关系的看法和建议：

16. 如果您愿意的话，请留下您的联系方式，我们将免费提供研究报告。

_____

_____

请您再次核对问卷，以免遗漏！

问卷到此结束，万分感谢您的大力支持！